千年黄鹤

黄鹤楼的文化印象

主编　钟一鸣

華中科技大学出版社
http://www.hustp.com
中国·武汉

图书在版编目（CIP）数据

千年黄鹤：黄鹤楼的文化印象/钟一鸣主编．—武汉：华中科技大学出版社，2019.11
ISBN 978-7-5680-5845-2

Ⅰ.①千… Ⅱ.①钟… Ⅲ.①黄鹤楼-介绍 Ⅳ.①K928.74

中国版本图书馆 CIP 数据核字（2019）第 255511 号

千年黄鹤——黄鹤楼的文化印象 钟一鸣 主编
Qiannian Huanghe——Huanghelou de Wenhua Yinxiang

策划编辑：刘 平
责任编辑：张汇娟
封面设计：赵慧萍
责任校对：阮 敏
责任监印：周治超
出版发行：华中科技大学出版社（中国·武汉） 电话：（027）81321913
武汉市东湖新技术开发区华工科技园 邮编：430223
录 排：华中科技大学出版社美编室
印 刷：武汉科源印刷设计有限公司
开 本：710mm×1000mm 1/16
印 张：17.5 插页：1
字 数：269 千字
版 次：2019 年 11 月第 1 版第 1 次印刷
定 价：58.00 元

中国传统文化学习、传播的最佳切入点——黄鹤楼

中华民族悠久的历史创造了辉煌灿烂的古代文化，如哲学、文学、绘画、书法、戏曲、音乐、建筑、中医等。这些优秀的传统文化有待后人去认识接受、去继承传播。但当真正面对博大精深的优秀传统文化时，你可能会在受到震撼的同时，还会有着不知所措的感觉，因为你身在宝库中，在目不暇接之际不知道从何处入手来认识学习它。

本课程的目的之一就是帮助你找到一个学习优秀传统文化的切入点，让你沿着这个切入点能渐进地认识了解优秀的传统文化，从而掌握中华文化的要义。

我们选择的这个切入点就是蜚声中外的武汉黄鹤楼。为何选择黄鹤楼作为学习优秀传统文化的切入点呢？理由如下：

其一，以黄鹤楼为代表的古代建筑，是构成中国古代文化的一个重要组成部分。作为四大文明古国之一的中国，历史上涌现出了许多建筑大师和建筑杰作，在世界建筑史上曾处于领先地位，并产生了世界性的影响。虽然古代的许多建筑因自然灾害和历朝历代的战火而毁掉，但仍已成为举世瞩目的文化遗产。作为后人，我们有责任、有义务去了解它，并要进行有效的传播。

其二，当建筑摆脱了最初的实用性之后，在思想观念的浸润之下，人们就会寄予它许多文化艺术的因子，这就使它上升为一种艺术、一种文化。所谓建筑是凝固的音乐，建筑是石头写成的史书等说法，即意在认可其本质是艺术的、文化的。而中国古代建筑正是通过其自身独特的艺术特征，形象地表现出中华民族的深刻文化内涵，并由此而形成了中华民族特有的楼阁文化。所以，我们对中国古代建筑的认识了解，也就是对优秀传统文化的认识了解。

其三，中华地域广袤，由此而形成了极具地域色彩的地方文化。中华文化正是在漫长的历史岁月中，在丰富多彩的地域文化基础之上逐渐形成的，并由此而呈现出其厚重性，因此，注重对地域文化的了解学习，也就显得尤为重要。作为荆楚文化的代表，黄鹤楼素来享有“天下绝景”和“天下江山第一楼”的美誉，其所承载的历史和文化已经让它拥有了丰富的外延和内涵。一座楼见证着一座城市的历史变迁，一座楼也书写着一种文化的传奇，作为荆楚文化的一张名片，借助现代传媒的技术，我们既可以抚今追昔，也可以更好地推广荆楚文化的精神品格和人文价值。

本课程还要达到的目的是：以“江南三大名楼”之一的黄鹤楼为讲授内容，对黄鹤楼地理位置、历史渊源、历代兴废、文学创作、文化内涵等诸多方面进行全方位考察，使受众对黄鹤楼这一宝贵的文化遗产有着比较全面深入的了解，从而对中华传统文化产生浓厚的兴趣。通过本课程的学习，使受众了解黄鹤楼的前生今世，能够通过黄鹤楼文化的诸多方面反观中国传统文化的基本面貌，从而增加对中国传统文化的亲近感；通过深入了解黄鹤楼的文化内涵，思考如何在当代传承和推广中国传统文化这一宏大主题。

本课程以点带面、深入浅出，力求将通俗性与学术性紧密结合。主要内容包括黄鹤楼的楼阁文化、地理形胜、道教传说、诗词创作、对联趣谈、书法文化及黄鹤楼文化的传承与推广等。

当然，黄鹤楼文化的内容远不止以上所说的方面，如有关黄鹤楼的绘画、戏曲、曲艺、音乐等，因该课程时间所限，就没有涉及。这就有待于上过此门课的学生，以一种发自内心的热爱中国传统文化的感情，自己去阅读、去了解。这也是我们所期待的。

目录

第一讲 “天人合一”筑楼阁

——黄鹤楼与中国古代楼阁文化

【本讲导读】

建筑与人们的关系十分密切，人们的工作、学习、休息、娱乐都离不开建筑。人类脱离野蛮，走向文明后，就始终生活在建筑所构成的空间里，因此，相对于绘画、雕塑等艺术形式，人们本应对建筑更加容易认识与理解。但在现实生活中，大多数人有关建筑的知识几乎为零，对建筑的认识仅止于其实用性上，这不能不说是一种遗憾。其实，建筑不仅仅是具有不同物质功能的构筑物，它更是一种艺术、一种文化。就中国古代建筑而言，无论是宫殿、寺庙还是园林、楼阁或民居，它们的个体或群体形象，都是某一个特定时代的政治、经济、文化、技术（包括建筑材料、结构方式、施工方法等）诸方面条件的综合产物。黄鹤楼是中国古代建筑史上的一个个体，但更是中国古代文化史上的一个闪光点。本讲内容在对中国古代建筑知识进行必要的介绍外，将教学重点放在古代建筑的文化层面上，尤其是中国古代的楼阁文化，这是由本课程的主旨所决定的。

【学习目标】

对中国古代建筑常识有一个基本的了解，即建筑的形象不能任凭建筑者随意地创造，而必须受物质功能的要求和结构、材料、施工等技术条件的制约，进而从思想文化的层面来认识中国古代建筑艺术。需掌握中国古代建筑艺术的三大特征，重点在对“建筑意”的准确理解上，并在与西方建筑文化的对比中，认识中国古代的楼阁文化。

【重点概念】

建筑艺术特征　建筑文化　楼阁文化

中国古代建筑历史悠久，早在公元前7000年的河姆渡文化中就有卯榫和企口的建筑工艺出现，西安半坡文化于建筑中已有前堂后室之分。但作为真正意义上的建筑，至迟在殷商时期就已起步，此时已出现高大宫室。西周时已使用砖瓦等建筑材料并有四合院布局。春秋战国时已有建筑图传世。秦汉时期木结构建筑日趋成熟，群体建筑宏伟壮观，造型舒展优美，装饰华丽丰富，阿房宫、未央宫即为突出代表。魏晋南北朝时，随着佛教的传播普及，佛寺、佛塔迅速发展，形式多样，其屋脊普遍采用鸱吻饰件。隋唐间的建筑则采用了琉璃瓦，更显富丽堂皇，至今犹存的南禅寺大殿和佛光寺大殿，即是当时的杰作。宋代商业繁荣，城市建筑兴盛，我们可从《清明上河图》中一见飞阁栏槛的豪华酒楼和商店。明清时期的宫殿苑囿和私家园林可谓达到了中国古代建筑的高峰，北京故宫和苏州园林即为典型。

一、作为传统文化重要组成部分的中国古代建筑

人类生存的最基本物质前提就是衣食住行。作为居住的建筑与人类关系十分密切，在人类沿着物质与精神并重的历史道路前行的过程中，建筑是人类物质文明与精神文明最重要的载体，它是人类文明程度的标尺。建筑对人类而言，既是物质的，也是精神的。人一出生就生活在建筑所构成的空间里。建筑为人遮挡风雨，为人避暑驱寒。建筑伴随着人类文明的进程，由简而繁。中国古代建筑经历了穴居、巢居到地上造屋的过程；又有着由“室”而“厦”、而“宫”、而“楼”的质的飞跃，从而构成了世界上历史最悠久、体系最完整的木结构建筑体系，产生了世界性的影响。

中国古代建筑深受中国传统文化的影响。如在儒学思想的浸润下，中华民族形成了宁静、含蓄、内向、中庸的民族性格，这种性格也体现在古

代建筑之中。德国文豪歌德曾说过这样一段话："中国人在思想、行为和情感方面几乎和我们一样，使我们很快就感到他们是我们的同类人，只是在他们那里一切都比我们这里更明朗，更纯洁，也更合乎道德。在他们那里，一切都是可以理解的，平易近人的，没有强烈的情欲和飞腾动荡的诗兴。"[①] 此评价甚为准确。中国古代建筑充满了实用理性精神，其结构逻辑清晰，序列节奏分明；既没有高不可攀的尺度，也没有不可理解的造型，更没有莫名其妙的装饰。作为中华文化的有机组成部分，中国古代建筑表现出了中华民族的艺术特性，它显得博大而亲切、伟岸而俊秀、神秘而浪漫。

中国古代建筑还充分体现出了"天人合一"的宇宙观。中华民族崇尚自然，认为人是自然的有机组成部分，天、地、人是不可分割的一个整体。在建筑上强调建筑与自然环境的融合，而不是与自然对立，任何一处建筑都要借助于自然环境，以构成视野广阔、富有生气的画面（见图 1-1 和图 1-2）。这一点在中国古代园林建筑中表现得淋漓尽致，故而中国古代建筑中盛行着"风水"的观念。

图 1-1　北京周口店山顶洞

图 1-2　苏州园林（局部）

当然，现代建筑技术的发展很可能会使中国古代建筑技术以及在这种技术支撑下的建筑艺术失去很大的现实价值，但中国古代建筑对于当代的最大价值，则在于其建筑实体中保留下来的创造这种建筑艺术的民族文化

① ［德］艾克曼：《歌德谈话录》，北京，人民文学出版社，1978 年，112 页。

脉搏，即建筑界常说的“文脉”。它是一个民族及其艺术生命的标志，是一个民族文化与生命力是否还存在的象征。

(一) 作为艺术的建筑及“建筑意”

建筑是人类通过“造物”活动，把思维和意识物质化的成果之一。马克思在《资本论》中指出：“蜜蜂建筑蜂房的本领使人间的许多建筑师感到惭愧，但是，最蹩脚的建筑师从一开始就比最灵巧的蜜蜂高明的地方，是他在用蜂蜡建筑蜂房以前，已经在自己的头脑中把它建成了。”[①] 这也就是说，动物所营造的“住所”，如鼠穴、蜂巢、狼窝等，尽管其精巧程度令人惊叹，但这只是动物的本能使然，故而不能被称为建筑；而人有思想，可以设计，能按照美的规律来营造自己的住所等，这就是建筑，这也是人类与动物在本质上的差异。所以，建筑的历史就是一部人类的心灵发展史，每个时代的建筑都是那个时代政治经济、文化艺术的标尺。

“建筑”一词是从日语翻译过来的，中国古代并无这一概念。中国古代把建造房屋以及从事其他的土木工程活动统称为“营造”或“营建”。现代汉语中的“建筑”一词有多义：既指营造活动；也指营造活动的成果，即建筑物；还可以是某个时期、某种风格建筑物及其所体现的技术与艺术的总称。我们则把关于建筑物的技术与艺术的系统知识称为“建筑学”。

1981年，国际建筑师协会第十四届世界大会通过的《华沙宣言》，将建筑学定义为：建筑学是一门创造人类生活环境的综合的艺术和科学。[②]

我们说建筑是一门艺术，是因为人类不仅要遵循客观规律来营造建筑，同时也要按照美的规律来营造建筑。还因为“照天性来说，人都是艺术家，他无论在什么地方，总希望把‘美’带到他的生活中去”[③]。而人们之所以将建筑视为艺术，其最终目的是“生活的艺术化”或“艺术化的生活”。

---

① 《马克思恩格斯全集》第23卷，北京，人民出版社，1972年，202页。

② 中国建筑学会：《建筑学报》，1981年第9期。

③ ［俄］高尔基：《高尔基选集·文学论文选》，北京，人民文学出版社，1958年，71页。

黑格尔也认为，建筑“这门最早的艺术所用的材料本身完全没有精神性，而是有重量的，只能按照重量规律来造型的物质；它的形式是些外在自然的形体结构，有规律地和平衡地结合在一起，来形成精神的一种纯然外在的反映和一件艺术作品的整体。”①

对于视觉艺术之一的建筑，人们是通过建筑的形象来感受它的美，这与其他视觉艺术门类没有差异。但建筑不同于其他艺术门类的是：建筑艺术是一种集体智慧的结晶，是一种需要技术与艺术紧密结合才能完成的作品，是一种经济与创造力的体现。它不能够如同雕塑家、画家般挥洒自如地表达自己的审美感受，它必须受经济与技术条件的制约，要动用大量的生产资料与劳动力才能实现。

独特的文化背景，就会衍生独特的建筑艺术，也会培养出独特的审美观念与思维方式。作为艺术的中国古代建筑，在中国古代文化的浸润之下，不仅有着独特的艺术特性，还有着鲜明的审美观念与思维方式。

“建筑意”是中国古代建筑艺术的核心概念。这是梁思成、林徽因于1932年在《平郊建筑杂录》的考察报告中首次提出来的。两位先生认为：“这些美的存在，在建筑审美者的眼里，都能引起特异的感觉，在‘诗意’和‘画意’之外，还使他感到一种‘建筑意’的愉快。……无论哪一个古城楼，或一角倾颓的殿基的灵魂里，无形中都在诉说，乃至于歌唱，时间上漫不可信的变迁；由温雅的儿女佳话，到流血成渠的杀戮。他们所给的‘意’的确是‘诗’与‘画’的。但是建筑师要郑重地声明，那里面还有超出这‘诗’、‘画’以外的‘意’的存在。眼睛在接触人的智力和生活所产生的一个结构，在光影可人中，和谐的轮廓，披着风露所赐予的层层生动的色彩；潜意识里更有‘眼看他起高楼，眼看他楼塌了’凭吊与兴衰的感慨；偶然更发现一片，只要一片，极精致的雕纹，一位不知名匠师的手笔，请问那时锐感，即不叫他作‘建筑意’，我们也得要临时给他制造个同样狂妄的名词，是不？”②

---

① ［德］黑格尔：《美学》第三卷上册，北京，商务印书馆，1979年，17页。

② 《中国营造学社汇刊》，1932年11月第3卷第4期。

从这段话可以看出，所谓“建筑意”就是超出建筑意象“诗”“画”感觉的一种对于历史文化与历史兴衰的感叹。当时梁思成、林徽因考察的重点是中国辽宋时的古建筑，后来更发现中国独存的唐代建筑，那些曾经轰轰烈烈的历史话剧，曾经显赫一时的历史人物，如今安在哉？唯有这些建筑物默默穿越历史的岁月风尘，给后人以无尽的凭吊与感慨。不仅是保存完整的建筑物，即使是那些建筑残骸，甚至只是些碎砖片瓦，在建筑师的眼里，都能引起历史兴亡的感触。所以作者不由得引用了《桃花扇》中的唱词：“眼看他起高楼，眼看他楼塌了。”

梁、林二位先生用深远的历史眼光提出了“建筑意”的概念，显然有着非常重要的意义。这是中国古代建筑艺术研究中的一个创造性的思想，也是建筑之所以能成为“艺术”最重要的因素，它触及了中国古代建筑的灵魂。钱正坤先生认为，可以从建筑艺术的形式和建筑艺术的内涵两个方面来认识“建筑意”。

所谓“艺术的形式”，即造型、比例、尺度、节奏、韵律等，是建筑特有的审美法则。建筑中的有机单元（如门窗、台阶、栏杆等）都是有一定尺度要求的。从艺术的角度来说，出于尺度要求的实用性和比例关系都被升华为审美的内容。如华表，它最初是古代帝王为听取下层民意而立于朝的“谤木”，后来演变为天安门前的“华表”，而现在当它出现在大连市的广场时，其形象虽然是古代的形式，但由于尺度放大，审美的着眼点也发生了变化。形象的语言所反映的已经不再是物质性的，而是含有崇高、伟大等因素的精神性。建筑的尺度关系就如同雕塑上的“影像”关系一样重要，是绝对不能马虎的。

所谓“艺术的内涵”，即美学价值、精神象征等。歌德、黑格尔、贝多芬等人都认为“建筑是凝固的音乐”，这表达出了人们对建筑与音乐之间关系的深刻理解。这不但是因为建筑和音乐所用的术语有着惊人的相似，还因为建筑形象之间的几何关系所形成的对位性，如建筑立面上的墙和窗的排列，所构成的节奏与韵律，也和音乐极为相似。更因为建筑艺术（见图 1-3 和图 1-4）如同音乐一样，可以唤起人们的某种情感，如创造出庄严、雄伟、幽暗、明朗的气氛，使人产生崇敬、自豪、压抑、欢快的情绪。它不能像音乐家的演奏那样纵情发挥，而要更多地受到政治、经济、社会、文化等因素的制约。[①]

“建筑意”概念的提出，其意义就在于：它在提示着人们，建筑并不是砖瓦灰石等无情物的堆砌，它不仅是物质的产品，同时也是精神的艺术产品，其中蕴藏着深意。它借助建筑特有的艺术语言来表达其“诗情画意”。它还启发着人们，建筑师在创作建筑物时，应以立意为要，意在笔先，由意生情，移情入景；而欣赏者在观赏建筑物时，则应从建筑形象（包括空间）入手，以“建筑意”的赏鉴眼光，方能触景生情，由情及意。正如王夫之所说的：“景中生情，情中含景，故曰景者情之景，情者景之情也。”因为有景而无情则无审美对象，有情而无景则情无所寄。所以，对建筑的欣赏，除了要注意建筑本身外，更应关注蕴涵于建筑中的“有意味的形式”，这就是“建筑意”。

图 1-3　北京天坛祈年殿

图 1-4　河北赵州桥

（二）中国古代建筑的艺术特征

中国古代建筑艺术通过建筑的结构——“木结构”，建筑的形式——“大屋顶”，建筑的空间——“四合院”，构成了其最主要的艺术特征，反映出了中国古代建筑艺术精彩的建筑意匠，表现出了中国古代建筑匠师卓越的聪明才智。

① 见钱正坤编著：《中国建筑艺术史》第 2 版，长沙，湖南大学出版社，2010 年，第 5-6 页。

1. 中国古代建筑均以木结构为主

这主要受两个因素的影响：一是受建筑材料和工具的限制；二是受传统文化思想的影响。

就前者而言，华夏大地气候宜人，雨水充沛，树木茂盛，便于人们就地取材。从公元前7000年的河姆渡文化遗址里，可以看到木结构建筑技术已趋于成熟。西汉时期的未央宫、建章宫等大型皇家宫殿建筑群，均为木结构建造。可见庭院式布局的木结构建筑已与汉代的政治、经济、宗法制度紧密结合，成为当时社会普遍认同的建筑形式。而砖石建筑是在铁器工具广泛应用之后才得以发展的。相对于木结构建筑而言，我国砖石建筑因造价高、工期长、取材难等不利因素，故而起步晚，发展迟缓，没有形成大范围的建筑规模。

就后者来说，中国古代哲学思想中的元气论和阴阳五行学说，对木结构建筑产生了深刻影响。人们认为，“土”“木”材料对生命有利，所以房屋（阳宅）以土、木材料为主；砖石虽坚固耐用，但属阴，故多用于建陵墓（阴宅）。

我国木结构建筑以夯土、砖石为基座，以木材为造屋材料，在基座上立柱，在木柱上架梁，各构件之间以卯榫连接，从而构成了一个富有弹性的框架体系，如图1-5所示。

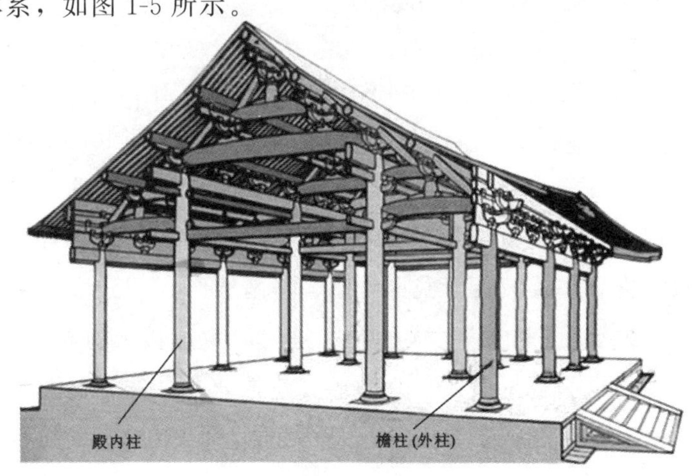

图1-5　中国古代建筑木结构图

1）我国传统木结构建筑主要有三种形式

（1）抬梁式（见图 1-6）。在前后柱间架设大梁，大梁之上重叠数层小梁，用来承托屋顶，逐层缩短，构成两面坡形式。在左右柱间架设额枋，在额枋之上对应梁头间架檩，檩上架椽，构成了抬梁式建筑的空间骨架。这种形式主要流行于我国北方地区，是中国建筑中最为普遍的木构架形式。

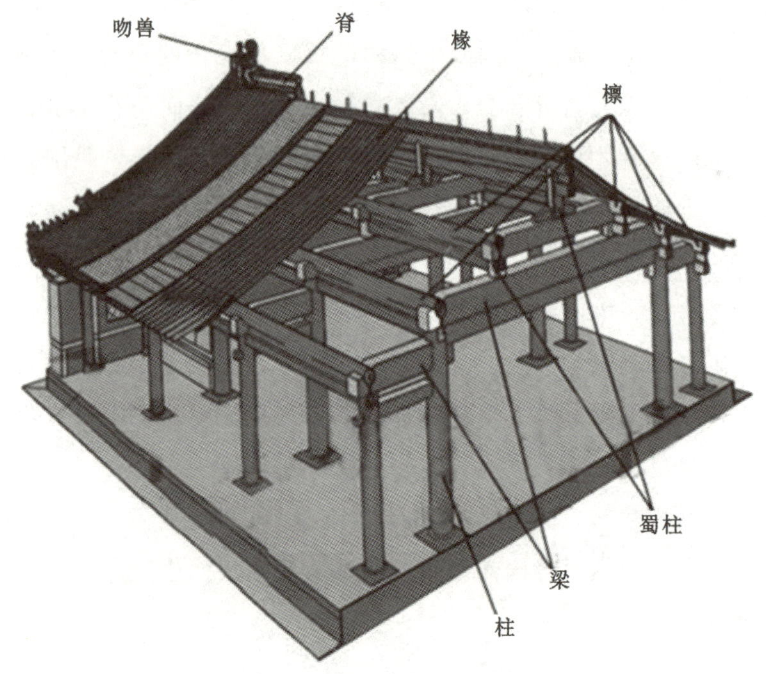

图 1-6　抬梁式

（2）穿斗式（见图 1-7）。建筑为两面坡形式，纵向取消了抬梁式建筑的承重木梁，把进深方向的木柱随屋顶升高，直接承檩。两柱之间用水平木枋穿过，连成一体。可以用较少的木料建筑较大的房屋，但柱枋较多，室内空间较局促，主要流行于我国华东、华南地区。

（3）井干式（见图 1-8）。这种形式是用原木连接成方框，层层叠压，形成墙壁，屋顶也用原木做成。这种形式建造容易，结构简单，但较为简陋且耗费木材，主要流行于我国东北及西北地区。因其形式与古代水井的护壁栏杆相似，故名。

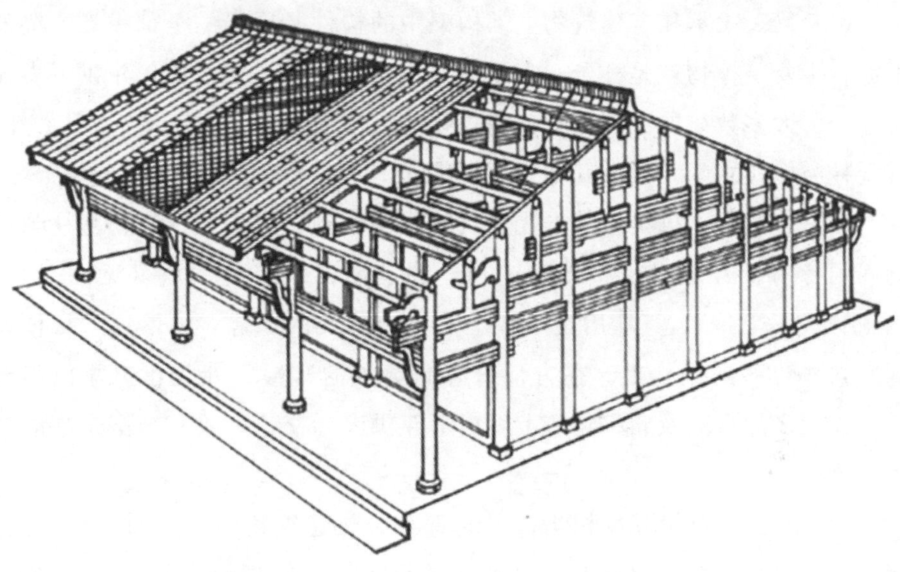

图 1-7 穿斗式

图 1-8 井干式

2）中国古代建筑的几个主要建筑构件

（1）梁。梁承托着建筑物上部构架中的构件及屋面的全部重量。梁的下面，主要支撑物就是柱子。大型建筑中，梁放在斗拱上面，斗拱下方才是柱子。大多数梁的方向，都与建筑物的横断面一致，置于前后金柱之间或金柱与檐柱之间。梁及其他主要构件如图 1-9 所示。

（2）斗拱。斗拱是中国古代建筑特有的形制，是较大建筑物立柱与屋檐间的特有的结构木件，由斗、升、拱、翘、昂组合而成（见图 1-10、图 1-11、图 1-12）。其功用是承托上部支出延展的屋檐，将屋顶重量传递到额枋并转移到立柱上。在古代只有高等级的宫殿、寺院建筑才使用斗拱。在众多的宫殿及庙宇建筑上，檐下斗拱犬牙交错，具有神圣崇高的艺术效果。

（3）枋。枋与梁高度相当，方向垂直，与建筑物的正立面方向一致。额枋，指檐柱与檐柱之间起联系作用的横木，也叫檐枋。大型建筑有上、下两层额枋，上方较大的称为大额枋，下方较小的称为小额枋。

（4）檩。檩是架于梁头与梁头之间，或是斗拱与斗拱之间的横木，置于枋上方，其断面多为圆形。

（5）椽。椽是密集排列于檩上，并与檩正交的木条。它沿着建筑屋顶的坡面铺设，不与地面平行，一般比枋、檩要细得多。

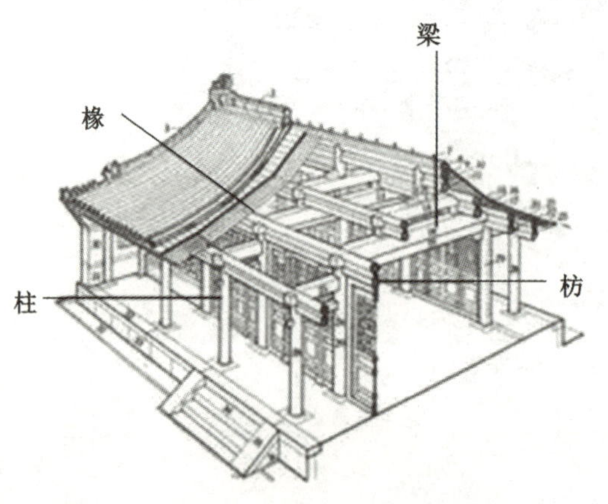

图 1-9　中国古代建筑主要构件示意图

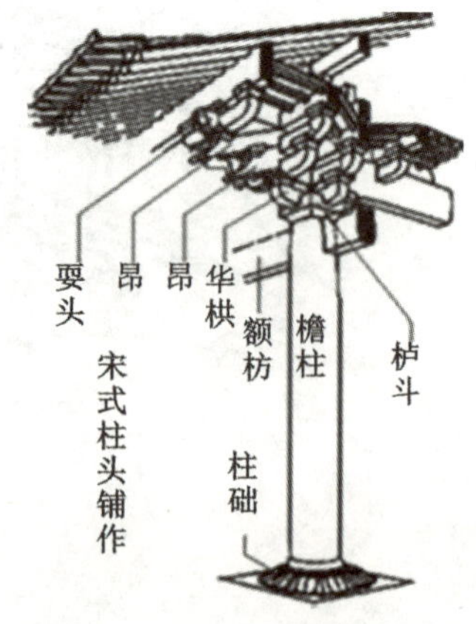

图 1-10　斗拱示意图

图 1-11　斗拱实物图

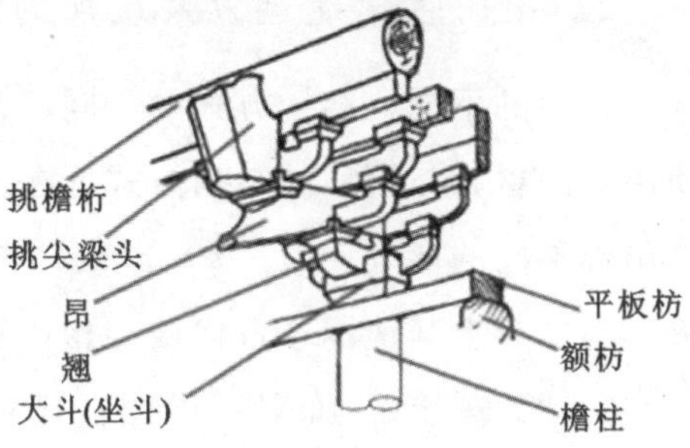

清式柱头科主要构件名

挑檐桁
挑尖梁头
昂
翘
大斗(坐斗)
平板枋
额枋
檐柱

图 1-12　斗拱示意图

3）中国古代建筑由于采用木、梁、柱结构体系，故具有以下特点

（1）中国古代木建筑外形可分为屋顶、屋身、基础三部分，这是由木材自身特性所决定的。木材需要防潮防腐，故每座建筑都需要建在一个高出地面的台基上，并设有砖石柱础（奠基石），以防柱脚糟朽腐烂，同时又加强了柱基的承压力。

（2）中国古代木建筑屋面呈优美的曲线形，出檐深远，翼角上翘，这有利于建筑采光和屋面排水，同时兼具完美的艺术效果。

（3）中国古代建筑在长期的发展演变中，形成了一套科学而实用的建筑设计方法。这种方法形成于唐代，宋代以后成为定制，称作“材分模数制”，即将建筑构件分级处理，标准量化，作为建筑工程预算的衡量标准。

（4）斗拱是中国古代建筑独有的构件，是中国古代木结构体系中最具有特色的部分。斗拱是屋顶与屋身的衔接部分，应用于秦、汉，唐、宋时期发展到高峰，明、清时期逐渐衰落，作用越来越小，成为等级象征和装饰构件。

（5）我国古代建筑的装修装饰也带有鲜明特点，反映了中华民族的传统观念。先秦时期，人们就开始在木建筑构架上装饰彩画图案，这既美观防腐，又能体现房主的社会地位；房脊、翼角等处安置的飞禽走兽形状的砖、木、石雕，能起到防火、避凶的作用。

2. 中国古代建筑为大屋顶的形式

材料的不同，结构方式的不同，建造出来的房屋形式就不同。而即使使用相同材料与同样的结构方式，在不同的文化背景下的国家与地区，也会出现不同的形式。

与世界上其他国家古代社会相比较，中国古代社会最大的特征之一就是它的“大一统”。而对于中国古代建筑而言，则是它的人字形的“大屋顶”（见图 1-13），这几乎是一个历史奇迹：大屋顶下的大一统社会。

图 1-13 大屋顶示意图

中国任何类型的建筑都是由民居住宅演变而来的，它以增加重复单位来解决人所要求的尺度和规模。它们的基本外形都如一个篆书“人”字形，即双面坡的屋顶。通用性成为中国古代建筑构成的基本法则——“人字形大屋顶”。

采用大屋顶的构成形式，主要是由中国古代建筑的木结构体系所决定的。用木料构成的房屋，其屋顶部分在房屋的总体型中就相对地显得大些，房屋的面积越大，其屋顶也就越高大。这种屋顶不但体形硕大，而且呈曲面形，屋顶四面的屋檐也是两头高于中间，整个屋檐形成一条曲线，这也是中国古代建筑所特有的。

硕大的屋顶，经过曲面、曲线的处理，显得不那么沉重和笨拙，再加上一些装饰，大屋顶就增添了许多情趣。古代文人将其形容为“如鸟斯革，如翚斯飞”[1]。能像翚鸟一般展翅高飞，再笨重的屋顶自然也就变得轻巧了，这是中国古代匠师们的一种创造。“如翚斯飞”的曲线翘檐如图 1-14 所示。中国古代建筑中的各种大屋顶示意图如图 1-15 所示。

图 1-14 “如翚斯飞”的曲线翘檐

3. 中国古代建筑的空间为四合院

建筑最早的功能是供人居住，所以，住宅是人类历史上出现最早，也是最基本、量最大的建筑类型。而中国人对内向型封闭空间的习惯性远大于对外开放式空间的习惯性，这样，中国古代民居住宅就形成了以“合院”为单位的封闭性的组合体，以四合院形式最为普及。

在生活空间上，民居建筑“有宅必有院”的“院”是其精华所在，建筑内部的内庭院空间，使整体建筑形成多进式格局。中国式庭院，院墙门一关，就是自己的天地，门外始终是别人的。这种更讲究私密性、安全性，而不对外开放的建筑格局，就是中国传统民居的特色，无论南方还是北方都一样。

---

① 《诗经·小雅·斯干》。

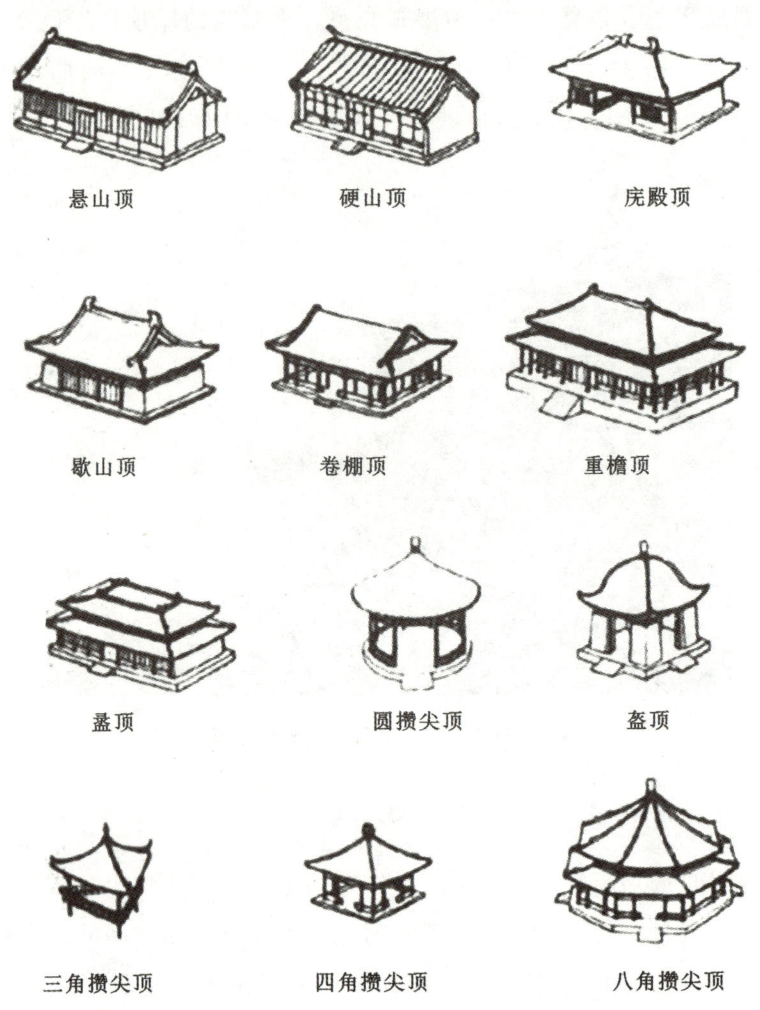

图 1-15　中国古代建筑中的各种大屋顶示意图

中国古代建筑注重群体组合，形成以“合院”为单位的组合体。合院的尺度、空间形式常常形成变化序列，有主从，有韵律，既有宫殿建筑那样严整的对称布局，也有园林建筑那样灵活的非对称布局。

中国古代建筑的空间组合与布局，大略可分为两种形式：一种以明、清故宫和北京四合院（见图 1-16）为代表。它以主要建筑为中心，有方正严肃的庭院，庭院四周配以廊庑式厢房，周围是较小的庭院，前呼后拥，两侧建筑如衙役侍立之势。大多数现存的唐、宋与明、清寺庙建筑群也是如此。另一种组群形式以北京天坛为代表。其艺术氛围更为浓厚，呈现出一种空灵、恬淡、宁静的气氛，山西永乐宫的建筑布局亦属此类。

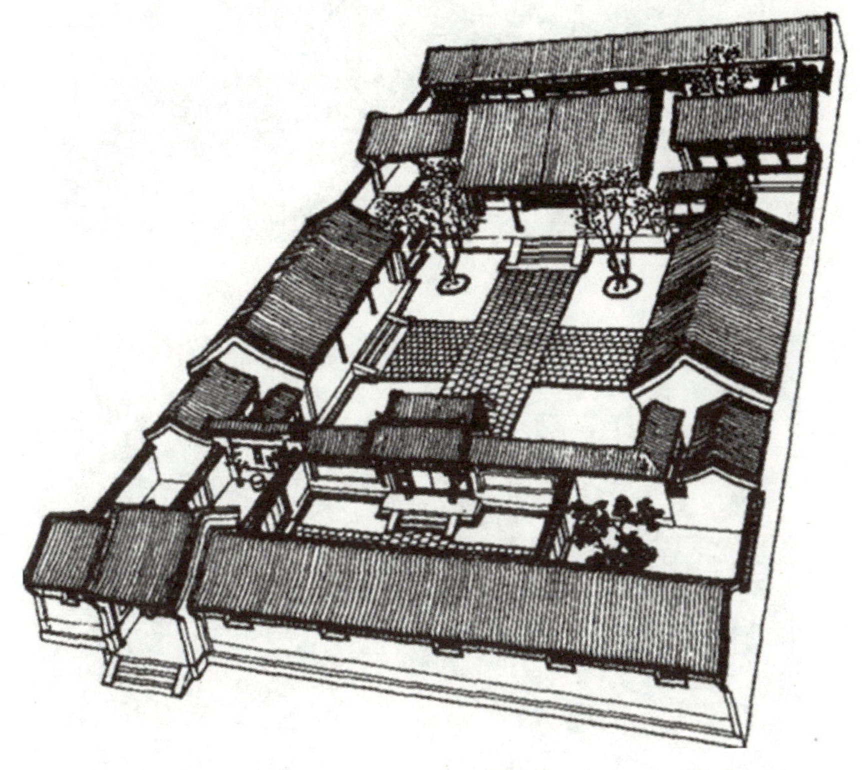

图 1-16 北京四合院示意图

4. 中国古代建筑按等级划分

中国古代建筑按建筑所有者的社会地位规定建筑的规模和形制。这种制度至迟于周代出现，直至清末，延续了 2000 多年，是中国古代社会重要的典章制度之一。一般来讲，按等级划分为两类，即大式和小式。

(1) 大式。大式也称殿式，即宫殿样式（见图 1-17），主要用于坛庙、宫殿、园囿、陵墓、城楼、府邸、衙署和官修寺庙等组群的主要殿屋，属于高等级建筑。

(2) 小式。小式建筑主要用于平民阶层，如民宅、店铺等民间建筑（见图 1-18），以及重要建筑群中的次要建筑，属于低等级建筑。

图 1-17　中国古代建筑宫殿样式

图 1-18　中国古代建筑民居样式

二者之间的具体区别在于：

（1）间架。大式建筑开间可到九间，特例用到十一间，通进深可到十一架（两柱之间为一架），特例用到十三架。小式建筑开间只能有三或五间，通进深不多于七架，一般以三至五架居多。

（2）出廊。大式建筑可用各种出廊方式，而小式建筑只能用到前后廊，不许做周围廊。

（3）屋顶。大式建筑可用各种屋顶形式和琉璃瓦件。小式建筑只能用硬山、悬山及卷棚，不许用庑殿、歇山，不许做重檐，不使用筒瓦和琉璃瓦件。

(4) 大式建筑可以用斗拱，也可以不用。小式建筑不许用斗拱。大式建筑在梁架上要增添飞檐、随梁枋、角背、扶脊木等构件。

(三) 中国古代建筑与外国建筑在文化上的差异

在现代建筑诞生之前，世界建筑可分为两个不同的形态：东方建筑和西方建筑。它们的风格迥然不同。

东方建筑以中国建筑为中心，同时包括日本、朝鲜等其他亚洲国家的建筑。它以木结构为典型特征，是世界建筑史上风格独特的建筑形式。

西方建筑以欧洲建筑为中心，但它的源头是古代埃及和西亚建筑。古代埃及神庙和神庙中的柱式结构都在日后包括古希腊的建筑中被保留和继承下来。

中国的建筑是人住的房屋，而西方的建筑就像是神住的殿堂。这牵涉一个以“人”为中心和以“神”为中心的文化观念。神是“永恒”的存在，而人却是暂时的存在。明代的计成在《园冶》一书中说得很清楚：“固作千年事，宁知百岁人，足矣乐闲，悠然护宅。”[①] 意思是说，人与物的寿命是不相称的。物可以传至千年，人生不过百岁，人所创造的环境只要适合自己可使用的年限就足够了。所以，除了陵墓建筑外，中国人一直都没有把建筑物作为一件永久性的事物来看待。房屋或其他建筑物破了、旧了，就会随着一个新的朝代的更替而重新修建。在中国历史上，几乎所有的开国君主都会重新建筑自己的宫殿和都城。而要在短时间内兴建大规模的建筑，就得用容易加工的木材料。

但西方人从遥远时代开始就把建筑作为一件永久性的纪念物，西方人不惜长年累月，甚至是一代接一代地去修建。因此，他们选择了石料作为建筑的基本材料。但这种砖石结构的建筑，加工难度大，耗费的时间长，其工作量要比中国建筑大得多。当古希腊人在雅典花费了近300年的时间构筑雅典卫城后，中国人则仅仅花了10年的时间，就建起了阿房宫和秦始皇陵，还构筑起了一道砖石大墙——长城。

---

① 明·计成：《园冶·相地·傍宅地》。

我们可选中西两座建筑物来做比较：德国科隆大教堂（见图 1-19 和图 1-20）和北京故宫太和殿（见 1-21）。

图 1-19　科隆大教堂外景

图 1-20　科隆大教堂内景

图 1-21　故宫太和殿

科隆大教堂，是位于德国科隆的一座天主教主教座堂，是科隆市的标志性建筑物。在所有教堂中，它的高度居德国第二（仅次于乌尔姆市的乌尔姆大教堂），世界第三。论规模，它是欧洲北部最大的教堂。集宏伟与细腻于一身，它被誉为哥特式教堂建筑中最完美的典范。它始建于1248年，工程时断时续，至1880年才由德皇威廉一世宣告完工，耗时超过600年，至今修缮工程不断。塔高157.3米，相当于现代建筑的45层楼高（若以3.5米为1层楼来计算），在1880年代乃是全世界最高之建筑物。教堂占地约8000平方米，建筑面积约6000平方米，东西长144.55米，南北宽86.25米，面积相当于一个足球场。它是由两座最高塔为主门、内部以十字形平面为主体的建筑群。一般教堂的长廊，多为东西向三进，与南北向的横廊交会于圣坛成十字架；科隆大教堂为罕见的五进建筑，内部空间挑高又加宽，高塔将人的视线引向上空，直向苍穹，象征对人与上帝沟通的渴望。自1864年科隆发行彩票筹集资金至1880年落成，它不断被加高加宽，而且建筑物全由磨光石块砌成，整个工程共用去40万吨石材。教堂中央是两座与门墙连砌在一起的双尖塔，南塔高157.31米，北塔高157.38米。除两座高塔外，还有1.1万座小尖塔烘托。双尖塔像两把锋利的宝剑，直插云霄。

故宫太和殿俗称金銮殿，为中国古代宫殿建筑之精华，东方三大殿之一，中国现存最大的木结构大殿，位于北京紫禁城（故宫）南北主轴线的显要位置。明永乐十八年（1420年）建成，当时称奉天殿，明嘉靖四十一年（1562年）改称皇极殿，清顺治二年（1645年）改为今名。建成后屡遭焚毁，多次重建，今殿为清康熙三十四年（1695年）重建后的形制。太和殿上承重檐庑殿顶，下坐3层汉白玉台阶，采用金龙和玺彩画，屋顶仙人走兽多达11件。太和殿面阔十一间，进深五间，长64米，宽37米，建筑面积2377.00平方米，高26.92米，连同台基通高35.05米，为紫禁城内规模最大、等级最高、体量最大的建筑物。殿前有宽阔的平台，称为丹陛，俗称月台。月台上陈放日晷、嘉量各一，铜龟、铜鹤各一对，铜鼎18座。龟、鹤为长寿的象征。日晷是古代的计时器，嘉量是古代的标准量器，二者都是皇权的象征。殿下为高8.13米的三层汉白玉石雕基座，周围环以栏杆。栏杆下安有排水用的石雕龙头，每逢雨季，可呈现千龙吐水的奇观。其建筑规制之高，装饰手法之精，堪列中国古代建筑之首。而太和殿之上为建筑形式最高的重檐庑殿顶，屋脊两端安有高 3.40 米、重约 4300 千克的大吻。在中国古建筑的岔脊上，都装饰有镇瓦兽，这些镇瓦兽的排列有着严格的规定，按照建筑等级的高低而有数量的不同，最多的是故宫太和殿上的装饰（共有 10 个），这在中国汉族宫殿建筑史上是独一无二的，显示了至高无上的重要地位。第一个饰物是一个骑凤仙人，相传原是南朝齐明王，后修道升仙。仙人之后是十个小兽：龙、凤、狮子、天马、海马、狎鱼、狻猊、獬豸、斗牛、行什。在其他古建筑上一般最多使用九个走兽。这里有严格的等级界限，只有太和殿才能十样齐全。中和殿是七个、保和殿是九个。其他殿上的镇瓦兽按级递减。天安门上也只是九个。

当我们站在德国科隆大教堂前的广场上，立刻会被那一对高达 150 多米的尖顶塔楼所震慑。这个直插云霄的建筑全部用石头雕刻、堆垒而成，站在它的面前我们只有惊叹人类的伟大了。整座教堂的表面由垂直线条统贯，加上直刺苍穹的那对塔尖，使整个建筑有一种向上飞腾的动势，仿佛随时能使这些巨大的石头建筑脱离地面、冲天而起。而人们的灵魂也随之升腾，升到天国上帝的脚下，这充分体现了基督教宣扬的那种绝尘脱俗的精神。

而站在太和殿广场上，则又会是另一种感受。整群建筑采取院落方式组合，向横向发展，大殿最高处虽只有 30 多米，但其内涵表现得似乎更加深沉而丰富：庄重严肃之中蕴含着平和、宁静与壮阔。庄重严肃显示了“礼”，“礼辨异”，强调区别君臣尊卑的等级秩序，渲染天子的权威；平和宁静寓含着“乐”，“乐统同”，强调社会的统一协同，维系民心的和谐安定，也规范着天子应该躬自奉行的“爱人”之“仁”。在这里既要保持天子的尊严，又要体现天子的“宽仁厚泽”，还要通过壮阔和隆重来彰显皇帝统治下的这个伟大帝国的气概。

这两座建筑物，在很大程度上，代表着中西古代建筑的总体风格和它们之间的差异。西方建筑以教堂的成就最高，而中国建筑则以宫殿的成就为最高。前者只用石头建造，后者却以木结构为本。前者强调向高处伸展，几乎穷尽了石头材料所能达到的极限；后者却注重于横向的延伸，用大殿周围的全群建筑来衬托大殿，同样也显出了大殿的伟大。前者的内部空间迷离变幻、幽深莫测；后者的内部空间却只是一个简单的六面体，只在当中作了一些强调，突出皇帝宝座的所在。前者的外部空间很不发达，只是一个不大的、与其他空间没有什么联系的不规则广场，在广场上甚至看不到教堂的全貌，要退到很远才能找到合适的拍摄角度；后者的外部空间却是一个面积有 3 万平方米的、规整的大广场，其前后还有另外一些广场，对这个主体广场起着陪衬作用。

建筑材料及其结构决定了建筑的形体与空间。温和亲切的木结构，决定了中国建筑的形体与内部空间。世界上曾出现过七大建筑体系，但只有中国建筑是以木结构为本位的，其他六大体系，虽然没有完全拒绝木材，但主要以砖石结构为本位。一根横梁、两个梁头下面各立一根柱子，就是一个最简单的构架，在力学上，这根横梁被称为“简支梁”，即简单地被支承着的梁。这个构架可以用石头来构成，事实上，古埃及和古希腊就广泛地使用了它。但石头却不擅长于这种任务，横梁稍长一点，长于抗压却不能抗弯的石梁，就会折断，即使上面没有多少外力。所以，西方自古罗马以后，这种做法逐渐消失，而代之以拱、券或穹隆。而中国古代建筑，长期以木结构为本位。木材质量较轻，加工容易，纤维肌理沿树木纵向延伸，将其用作横梁时，处于受拉状态的梁的下缘纤维可以很好地承受外力。而且，属于柔性材料的木梁具有一定的挠度，即横梁中部可以略向下弯转而不至于折断。这样，就可以用一种跨度比柱径大出很多的梁架，满足内部空间的需要。但也正是受材料的尺度和力学性能的限制，与砖石结构相比，木结构建筑单体的体量不能太大，形体不能太复杂，有定型化的趋向。如中国古代建筑的造型，其屋顶起着很大的作用。受木材料的影响，中国古代木结构体系建筑由于构件多，在结构和构件上体现的复杂与精微都为砖石结构所远远不及，其形成的结构美和构造美，体现了中国人的智慧。

坚强有力的石结构，是决定西方建筑形体和内部空间的关键因素。西方建筑是一种以石结构为主的建筑体系，肇兴于公元前两三千年的爱琴海地区和公元前一千年的古希腊，也融合了一些古埃及和古代西亚建筑的某些因素。从古埃及到古希腊，都采用石头构筑的梁柱式结构。但这种结构并不符合石头长于抗压而不宜抗弯的材料本性，跨度、空间和形象都受到极大限制。古埃及建筑的柱子都很粗很密，有的石柱直径甚至大过柱与柱之间的空档。古希腊建筑的柱子虽较为疏朗，但仍然不能构成跨度较大、形象更加多样的空间和形体，所以，其建筑开间都呈竖高状。代表性建筑如古希腊帕特农神庙（见图 1-22）和古罗马万神庙（见图 1-23）。

图 1-22　古希腊帕特农神庙

图 1-23　古罗马万神庙

在本质上更能体现石材的受力性能的却是券、拱和穹隆结构。说来有点出人意料，这种结构是由东方人发明的。有考古资料表明，至迟在亚述时代（公元前1500年至前8世纪），西亚人就发明了它，当时是由土坯或烧砖建造的，用在城门、墓室或居室。但接触过西亚的古希腊人却对它很不热心。之后，这种技术传给了原居住在小亚细亚西岸的伊特鲁里亚人，他们在特洛伊战争之后不久（公元前1000以后）来到意大利半岛，定居于今罗马城一带，是这一带较早的居民之一。公元前4世纪，代之而起的拉丁人从他们那里了解了这一技术，并对此大感兴趣。碰巧半岛上有很多火山，火山爆发后散落的火山灰遍地都是，用水浇淋后可以重新凝结，坚如石头。罗马人利用火山灰，加入水或同时加入石灰，合成灰浆，把石块或砖头凿成楔形，以这种灰浆为黏结材料，可以建造券、拱或穹隆、十字拱，这比西亚的砖砌拱券更加坚固也更加巨大。各石块只承受压力而不受弯，建筑跨度比梁柱式大得多。以后，更发展了只用混凝土而不用砖、石的拱和穹隆，施工大为简化，材料供应充足，也更加便宜了。罗马人使用的这种技术并不复杂，但需要投入大量的劳动力，这对实行奴隶制的罗马帝国来说倒不算什么问题，于是就大为盛行起来，为建筑的发展提供了巨大的可能性。

二、中华楼阁文化的意义

（一）神州名楼简介

神州大地，名楼众多。

岳阳市岳阳楼与南昌市滕王阁、武汉市黄鹤楼被人们称为“江南三大名楼”。

岳阳楼始建于公元220年前后，距今已有1800年历史，现在的岳阳楼为1984年重修，沿袭了清朝光绪六年（1880年）所建时的形制。

江西南昌滕王阁几经兴废，在漫长的1300多年中滕王阁屡毁屡建。1989年10月，南昌市政府拨巨款对滕王阁实施了历史上第29次重建。

烟台蓬莱阁（见图1-24）同武汉市黄鹤楼、岳阳市岳阳楼、南昌市滕王阁齐名，它们被誉为我国古代“四大名楼”。蓬莱阁始建于宋嘉祐六年（1061年），明万历十七年（1589年）巡抚李戴于其旁增建了一批建筑，清嘉庆二十四年（1819年）知府杨丰昌和总兵刘清和主持进行扩建，使其大具规模，后又得以多次修缮，1982年被列为国家重点文物保护单位。

图1-24　烟台蓬莱阁

山西永济鹳雀楼（见图1-25）又名鹳鹊楼，始建于北周（557—581年），元初（1272年）毁于战火，2001年底新落成的鹳雀楼系仿唐形制，总投资5833万元，楼内设有两个楼梯间和两个载人电梯。

昆明大观楼（见图1-26）始建于哪一年？一说为清康熙三十五年（1696年），一说为清康熙二十九年（1690年），清光绪二十年（1894年）重建。昆明大观楼地处西南边陲，历史较短，因清朝孙髯翁所作的“天下第一长联”，而驰誉九州，跻身中国名楼之列。

图 1-25 山西永济鹳雀楼

图 1-26 昆明大观楼

南京阅江楼如图 1-27 所示。明太祖朱元璋于公元 1360 年在此以 8 万伏兵大败陈友谅 40 万军队，奠定了大明王朝的基业，公元 1374 年赐改卢龙山名为狮子山，下诏建造阅江楼，并亲自撰写《阅江楼记》，又命众文官每人写一篇《阅江楼记》，大学士宋濂所写为最佳，后被选入《古文观止》。600 多年来虽有 2 篇《阅江楼记》流传于世，但因种种原因，楼终未建成。南京阅江楼于 2001 年终于建成并对外开放，从此结束了“有记无楼”的历史。

图 1-27　南京阅江楼

四川绵阳越王楼，居唐代四大名楼（越王楼、滕王阁、黄鹤楼、岳阳楼）之首。现参照西安大雁塔、武汉黄鹤楼、宁波天一阁等名塔名楼规划重建，主楼为全框架钢筋混凝土现浇。

江西九江浔阳楼（见图 1-28）因九江古称浔阳而得名，初为民间酒楼，至今已有一千二百年的历史。

图 1-28　九江浔阳楼

山东聊城光岳楼主体结构建于明洪武七年（1374 年），是一座由宋元向明清过渡的代表建筑，明弘治九年（1496 年），考功员外郎李赞与当时东昌府太守金天锡商定将其命名为“光岳楼”，系我国现存明代楼阁中最大的一座。

贵阳甲秀楼始建于明万历二十六年（1598 年），现在看到的甲秀楼是按照原貌修复的，为省级文物保护单位。

西安钟鼓楼始建于洪武十三年（1380 年），清康熙三十八年（1699 年）和清乾隆五年（1740 年）先后两次重修。20 世纪 50 年代开始，政府曾多次修缮鼓楼，20 世纪 90 年代又贴金描彩，进行了大规模的维修，1996 年国务院公布鼓楼为全国重点文物保护单位。

南京鼓楼建于明洪武十五年（1382 年），康熙在 1684 年南巡时曾来鼓楼，次年在楼上建一巨碑，改鼓楼为碑楼，但当地人仍习称其为鼓楼。

宁波天一阁始建于明嘉靖四十年（1561年），建成于明嘉靖四十五年（1566年），原为明兵部右侍郎范钦的藏书处，是我国现存最古老的私人藏书楼，也是世界上现存历史悠久的私人藏书楼之一。

（二）楼阁文化的成因

于是问题来了，国人何以喜欢修楼阁？

是啊，国人为什么喜欢修楼呢？这个问题很难用一句话两句话来说清楚，因为它是一种文化，是中国作为一个历史悠久的封建帝国而特有的文化。

如前所说，中国人重视人与自然的亲和关系，强调“天地与我并生，而万物与我为一”（《庄子·齐物论》），崇尚“天人合一”，其建筑物不唯独是实用的，还可以用来抒情写意，或用来纪念大事，或用来宣扬政绩，或用来镇妖伏魔，或用来求神拜佛，故而在建筑上呈现出独特的文化意趣。乐嘉藻在《中国建筑史》① 一书中较为详细地阐述了社会的发展与人的欲望增加影响各种建筑的构建的具体情况，这样亭台楼阁等建筑物在漫长的岁月长河中纷纷出现，它们一方面是中国古代建筑的重要部分，另一方面又是中国文化的有机组成部分。

亭台楼阁是最具中国特色、也是最有中国文化底蕴的建筑样式，但就亭台楼阁具体说来，又可以分为内容有所不同的两类，一是亭台，二是楼阁。这里我们侧重讲一下楼阁的情况。

古代楼、阁建筑有何区别呢？虽然楼、阁都是中国古代建筑中的多层建筑物，但二者在早期是有区别的。

一般来说，“楼”是有别于平房的高层建筑，至少有两层，体量高大。《说文解字》中说，“楼，重屋也”，讲的就是这个意思。另外，高台式建筑的上部结构也被称为楼，如钟楼、鼓楼、城楼、角楼、箭楼等。

“阁”是我国传统建筑楼中的一种，《尔雅》云，“阁，楼也”，说的就是这个意思。这是一种底部架空的高层建筑，一般也是二层以上，但也可

---

① 乐嘉藻：《中国建筑史》，北京，团结出版社，2005年。

以只有一层。“阁”的特点是通常四周设隔扇或栏杆回廊，供远眺、游憩、藏书和供佛之用。

“阁”在建筑组群中可居主要位置，佛寺中有以阁为主体的，如天津独乐寺观音阁。“楼”在建筑组群中常居于次要位置，如佛寺中的藏经楼，王府中的后罩楼、厢楼等，处于建筑组群的最后一排或左右厢的位置。一般而言，城门、城墙上的建筑物被称为楼，如城楼、闸楼、敌楼、箭楼等；报时性的建筑物被称为楼，如钟楼、鼓楼等；观景、瞭望的建筑也被称为楼，如望江楼、望海楼、烟雨楼、大观楼等。而存书的、供佛的、倡导文教的建筑物，一般都称为阁，如天一阁、文津阁、大乘阁、文殊阁、文昌阁、魁星阁等。但后来“楼”“阁”二字互通，再无严格区分，故楼阁并称。

无论是“楼”还是“阁”，在中国古代建筑中，其主要的建筑材料是木头。从东汉开始，我国的高层木结构建筑物已很普遍，但早期的楼阁建筑物保存至今的，一座也没有。但辽宋以后，特别是明清时期建的楼阁式建筑物，至今保存完好的还不少。

还是回到前面的问题上来：国人何以喜欢修楼阁？究其原因有下面两点。

1. 帝王起到的主要作用

居住是人类生存的最基本物质前提之一。说到居所，构木为巢始，人类就开始为自己构建安居场所。人类是自穴巢而“室”、而“厦”、而“宫”、而“楼”的。随着生产力的发展，社会日渐繁荣，人的欲望亦日增，故于安居之外，更思有游观之乐，登高望远亦游乐之一法也。而人们最初一层之建筑，则不便于远观，故于住宅之外，又思有其他土木之兴作。最先发现者即为台。

在中国传统文化中极具影响力的道家文化是极力崇拜神仙的，道家认为，仙人好楼居，所以，意欲通过修炼而成仙的道家，对楼阁建筑有着一种极为特殊的感情。传说在公元前 11 世纪西周康王时期，函谷关令尹喜为迎候神仙降临，便于终南山北麓修建了一座草楼，即我国传说中的第一座道观，名为“楼观台”。因其为草建成，故也称作“草楼观”。

直到现在，陕西省周至县境内的楼观台，仍然是我国一处道教圣地。

众所周知，古代中国是一个有着五千年文化的封建君主帝王制国家，普天之下，莫非王土：东南西北，所有的山，所有的水，全都归帝王所有。帝王要控制其领地，就要出巡，就要微服私访、实地考察，帝王跋山涉水，沿途视察，考察边防、政务、宗教、学术，了解各地的风土人情，见官员，见贤达，听汇报，发指示，到处建楼立碑，这些都有着重要的象征意义，目的是要大家知道君临天下，无远弗届，无时不在，以宣示王权。帝王走过的地方都要建一些华丽的亭台楼阁，而亭台楼阁，雕梁画栋，无处不彰显出帝王的高贵之势，目的就是打上帝王的印记。他自己也要检查这些印记，隔三岔五，几年来回转上一圈，这是最原始的领地控制法。（你只要看看动物对领地的管辖就能理解。）

早期典籍《山海经》中就记载有轩辕台、帝尧台、帝舜台。夏代有钧台、睿台，商有鹿台、南单台，周有灵台。最初这些台是帝王游乐、举行盛大仪式的场所。

中国的亭台楼阁体系，都来源于远古的“台”。古代文献中，从人类始初的女娲、伏羲到三皇五帝，到夏王朝，帝王们都建造有台，台在高山上，显得比山更高，台在平原上，高出大地。高显之台，其文化功能，就是与天（神）交往，用古代文献中的话来说，台是“登之乃神”“登之乃灵”[①] 之处。所以亭台楼阁是最具中国特色、也是最有中国文化底蕴的建筑样式，古人留下的亭台楼阁，总是文化历史高度的意象，由此而形成了独特的中华楼阁文化。

中国的天文书是以星辰为“文”，地理书是以山水为“理”。人从地上望星空，可见星汉灿烂，但从地上望大地，却只有眼前不大的一片，我们在地上望远怎么也看不远，“欲穷千里目，更上一层楼”，但楼能有多高呢？当然没有山高，所以还得把亭台楼阁修在山上，登高而望远，从上往下看：山，高低起伏；水，蜿蜒曲折。此情此景还暗示着想象中君临天下、俯瞰大地的一种视觉效果。

---

① 《淮南子·地形训》。

古往今来，历朝历代，上至真命天子，下到州官县府，都喜欢修建亭台楼阁。中国的名胜园林古迹中有众多著名亭台楼阁，有的虽年代悠久，经历漫长岁月，却至今保存完好；有的设计匠心独运，结构精巧古朴，造型奇特宏伟；也有的名同而景不同，极富情趣。

我国历代帝王，还有地主豪绅，是十分看重楼阁这种建筑形式的，因为高大的楼阁，最能体现他们的尊严、权势和财富，因此他们纷纷大修楼阁。传说黄帝修了十二楼；秦代皇家修了齐云楼；汉武帝则修了井干楼，传说此楼全由上好大木筑成，高达五十余丈，雄伟壮观，在那个时代可真称得上是摩天大楼了。

中国传统的楼阁建筑，在道家和佛家看来，是庄严而神圣的；在皇家和贵族们看来，是尊严而威武的；在现代的人们看来，是高大、显赫而宝贵的。

2. 文人起到的主要作用

帝王登高，睥睨群雄；文人墨客登高，豪情满怀。登高使人心旷，临流使人意远；读书于雨雪之夜，使人神清；舒啸于丘阜之巅，使人性迈；林间松韵，石山泉声，静里听来识天地之鸣佩。闭眼沉思也好，举目观望也罢，同样进入的是登临送目的境界，思绪自然天马行空。那山高水远的意境与怡悦，古人体会甚深："登高壮观天地间，大江茫茫去不还"①，"只有天在上，更无山与齐，举头红日近，回首白云低"②，"江流天地外，山色有无中"③，这都是文人骚客的感慨。

随着文化的发展，帝王每有活动总是召集一批文人士子来吟唱，于是亭台楼阁等古典建筑与文学关系逐渐密切。发展至唐宋时期，亭台楼阁等建筑物成寻常百姓可以游观的场所；而游宦士人新到一地，往往喜欢寻找或建造亭台楼阁，以作为自己居住与宴游的场所，并由此诞生了一批相关

---

① 唐・李白：《庐山谣寄卢侍御虚舟》。

② 宋・寇准：《咏华山》。

③ 唐・王维：《汉江临眺》。

的记体文。赵义山、李修生主编的《中国分体文学史·散文卷》[①] 中提到："记体散文在唐代方成为一种样式，韩愈 9 篇，柳宗元 33 篇，分别涉及亭台堂阁、山水游记、书画、杂记等。入宋则蔚为大观，不仅数量多，题材涉及也特别广泛。"

天下好山水，必有楼台妆；山水与楼台，又须文字留。古人留下的亭台楼阁，总是文化历史高度的意象，这些去处，往往点缀名人名文，二者相得益彰。如王之涣之于鹳雀楼、崔颢之于黄鹤楼、范仲淹之于岳阳楼、陈子昂之于幽州台、李太白之于凤凰台、高青丘之于雨花台、欧阳修之于醉翁亭、苏东坡之于快哉亭、辛弃疾之于赏心亭等，诸如此类，不一而足。

登亭台楼阁，赏大好河山，是中国古典文学特别是古典诗歌的一个传统题材，千百年来被历代的文人反复吟咏和描写。

"前不见古人，后不见来者，念天地之悠悠，独怆然而涕下。"[②] 蓟门幽燕，慷慨悲歌之地，陈子昂登幽州古台，感悟岁月时空，抒发天地人生大悲恸。千秋之下读此，犹让人三叹三掬泪。"……江南游子。把吴钩看了，栏杆拍遍，无人会，登临意。"[③] 这是八百多年前，辛弃疾登临建康赏心亭的叹恨。他愤于志士报国无门，英雄无用武之地。居庙堂之高，则忧其民，处江湖之远，则忧其君。这种忧患意识让人感佩，只可惜历代的统治者并不领情，豪杰的抱负也就屡屡落空。睹物兴情，登高远望，面对亘古不变的山川河流和浩渺无穷的宇宙苍穹，人的力量显得微弱渺小，不值一提；面对自然，人的弱点和不足暴露无遗，人在自然力量面前是那样微不足道。这样一来，人生的短暂感、自我的渺小感等种种悲观消极的情绪在人的内心便自然产生，所以说，亭台楼阁中也饱含了文人墨客的一种怀才不遇的情感，这种情感内涵丰富，里面蕴藏的忧国忧民、哀时伤世的思想主题对中国文人和中国文化都产生了深远的影响。

---

① 赵义山、李修生：《中国分体文学史·散文卷》，上海，上海古籍出版社，2007 年。

② 唐·陈子昂：《登幽州台歌》。

③ 宋·辛弃疾：《水龙吟·登建康赏心亭》。

（三）楼阁的用途和分类

神州大地这些体现着先民智慧、才能的楼阁，究竟有着怎样的用途呢？

第一是住人。楼阁的第一大用途就是同所有房屋一样——住人。城楼上可以住人，箭楼上可以住人，藏书楼阁上可以住人，就是长城城墙上的敌楼，不但可以存粮、藏武器，同样可以住人。江南的许多民居中，有一种叫“走马楼”的二层楼房建筑，就是专门用来住人的。古代还有一种被称为“秀阁”的建筑，是专给妇女居住的，如苏州拙政园（见图1-29）中的倒影楼就是这样的建筑。

第二是存物。长城的敌楼，可以存粮、藏武器，一般的城楼、箭楼、角楼、闸楼，也可以存粮、藏武器。而天一阁、文渊阁（见图1-30）、文津阁等，则是专门用来收藏、保存图书档案的。许多佛教寺庙中修建的藏经阁或藏经楼，也是专门用来收藏、保存佛教经书的。

图1-29　苏州拙政园倒影楼

图1-30　故宫文渊阁

第三是军事防御。如城楼、箭楼（见图1-31）、闸楼、角楼、敌楼、碉楼等，主要用来瞭望监视敌情，抵御外来入侵者。为了达到上述目的，这些楼阁都修建得特别高大结实，有的还增添了许多防御设施。如山海关东门城楼迎敌的一面和两侧，均设有箭窗，楼门外还增修了瓮城和罗城。

再如四川阿坝藏族自治州境内的藏寨、羌寨里的碉楼，都是用石料修建的，高达二三十米。这是藏胞、羌胞昔日用以瞭望敌情、抵御来犯者的专门建筑。

第四是报时。日晷和铜壶滴漏是古人的计时器。钟和鼓是古人常用的报时器。搁置钟和鼓的楼就是钟楼和鼓楼（见图 1-32）。古代修建钟楼和鼓楼非常普遍。现在北京、西安的钟楼、鼓楼，南京、大同、辽宁兴城的鼓楼等，都是古代留下来的报时性建筑。

图 1-31　古代箭楼

图 1-32　北京鼓楼

第五是供神、祭神。因对鬼神的敬畏、崇拜，人们往往修建高大的楼阁，供奉祭祀神像。如北京雍和宫的万福阁、天津蓟州区独乐寺的观音阁（见图 1-33）、河北承德普宁寺的大乘之阁、河北正定隆兴寺的大悲阁、广西容县的真武阁、山西运城的春秋楼等，均属此类建筑。

第六是登高望远、观赏风景。古代修建的此类楼阁不少，现在完好保存的也有很多。如江南三大名楼，如昆明大观楼、江苏扬州平远楼、浙江嘉兴烟雨楼等。

第七是倡导文教、鼓励学风。如贵阳的甲秀楼（见图 1-34）、成都的崇丽楼、扬州的文昌阁，以及各地修建的魁星阁、文昌阁，均是此类用途的建筑。

图 1-33 天津蓟州区独乐寺的观音阁

图 1-34 贵阳甲秀楼

第八是娱乐。这就是戏楼，如北京故宫里的畅音阁、颐和园中的德和园大戏楼、贵州瓮安大戏楼（见图 1-35）等。

图 1-35 世界第一“戏楼”：贵州瓮安大戏楼

此外，汉代建有麒麟阁，唐代修有凌烟阁，则是为张挂功臣们的画像之用的。

当然，各座楼阁的功能并非单一的，有的楼阁同时兼有几种用途。如西安的钟楼、鼓楼，楼下有高大的门洞，可通人马，可报时又兼作过街楼。

（四）中国古代楼阁的建筑艺术

从建筑艺术的角度来看，我国的楼阁同其他类型的传统建筑，如殿、堂、廊、庑、观、轩、阙、榭、亭、台等一样，在设计和建造上，都遵循着坚固、实用、美观的共同原则。但作为楼阁，它又具有自己独有而其他类型的建筑所无的建筑艺术特征。

一般来说，城楼、箭楼、敌楼、角楼、钟楼、鼓楼等，都建筑在高大的城台上。如北京的正阳门城楼、故宫角楼、钟楼、鼓楼、山海关东门城楼、嘉峪关城楼等。

供佛用的楼阁，中间修建为空筒式，以便容纳体量高大的神像。如天津蓟州区独乐寺的观音阁、河北承德普宁寺的大乘之阁、北京雍和宫的万福阁等。

登高远眺，观景赏景用的楼阁，除造型上格外讲究美观，并注重与周围的景致协调外，一般楼外均设有平座栏杆，为人们走出楼房、欣赏四周景色提供了条件。如河北承德烟雨楼、江苏扬州平远楼、贵州甲秀楼、江西南昌滕王阁、武汉黄鹤楼等。

在藏书楼前，如北京故宫文渊阁、河北承德文津阁、浙江宁波天一阁等楼阁的前面，都掘有水池，是为了防火，保护楼体和楼中的藏书。

清代修建的皇家戏楼，一般都修为三层，外加一个地下室，既可同时演出天上、人间、地狱的场面，又大大增强了音响的效果。如北京颐和园中的德和园大戏楼、故宫里的畅音阁都是这样。

我国现存古代楼阁建筑，除了上述这些主要的共同点外，有的楼阁在建筑艺术上还有许多独到之处，这在我国现存的古代建筑中，是非常少见的，因而弥足珍贵。

(1) 布局巧妙。有的楼阁体现了某种特殊而明确的思想。

北京天安门城楼（见图 1-36）同其他所有城楼一样，建造在一座高大的城台上，雄伟庄严。但是，它却用了红墙、红柱、黄瓦，楼前、楼后增加了石狮、华表等设施。这样的颜色，这样的辅助性建筑，进一步增添了天安门城楼的雄伟气势。作为昔日皇宫的正门，这种气势不但体现了皇家的威严，同时也体现了皇权的尊贵。

图 1-36　北京天安门城楼

宁波天一阁（见图 1-37）、故宫文渊阁、承德文津阁等，都是我国古代著名的藏书楼。这些藏书楼的一层，均辟为六间，而顶层却是一个大通间。藏书楼最怕的是火。古人认为：“天一生水”，“地六成之”。藏书楼的这种结构，还体现了人们的这种哲学思想，表达了“以水克火”的美好愿望。

在承德的普宁寺中，高高的大乘之阁（见图 1-38），耸立于高台之上，阁中供奉着一尊高大的观音菩萨像。阁东建有日殿，阁西建有月殿，四周还建有象征四大部洲和八小部洲的建筑物。这种布局形象地体现出以佛为中心，太阳、月亮围绕佛身的藏传佛教宇宙观。

天津蓟州区独乐寺的观音阁，高居于寺的中心，周围有低矮的廊庑环绕。这种格局同样体现了佛教以佛为中心的思想。

图 1-37　宁波天一阁

图 1-38　承德普宁寺大乘之阁

（2）构思新颖。有的楼阁具有罕见而美丽的外形。

山西介休祆（xiān）神楼（见图1-39、图1-40和图1-41），从前面看去是一座过街楼，从后面看去是一座山门，从侧面看去又是两座连体楼阁，令人称奇。

图1-39　山西省介休祆神楼（正面）

图1-40　山西省介休祆神楼（背面）

图 1-41　山西省介休袄神楼（侧面）

河北承德普宁寺的大乘之阁，正面为六层，两侧为五层，背面却是四层，人称“三样楼”。

四川成都的崇丽阁（见图 1-42），共四层。下两层为四角，浑厚庄重；上两层为八面，玲珑小巧。这种形态，体现了我国北方建筑艺术与南方建筑艺术的巧妙结合。

图 1-42　四川成都崇丽阁

北京雍和宫的万福阁（见图 1-43），左右各有一阁，其间以飞廊相连，状似凤凰展翅。这种形态实不多见。

图 1-43　北京雍和宫的万福阁

北京故宫角楼、山西万荣飞云楼（见图 1-44），下部楼体较为高大，上部屋檐折角，山花向外，飞檐凌空，有的还有抱厦（或龟须座），上有十字攒尖屋顶。这种造型酷似一篮鲜花，百看不厌。

图 1-44　山西万荣飞云楼

(3) 设计精巧，有的楼阁具有奇特而科学的构造。

天津蓟州区独乐寺的观音阁，由两排檐柱支撑着。各檐柱之间和两排檐柱之间以短拱和斜撑相连，构成一个完整而富有弹性的屋架。同时，檐柱下端的距离和檐柱的高度比例适度。这样，即使遇到大风或地震的袭击，阁顶摇摆，幅度甚至有一两米，阁体也不会偏离重心。这种结构，使观音阁成了我国古代建筑物中的“抗震英雄”。

山西运城解州关帝庙中的春秋楼（见图 1-45），共分为两层。上层檐柱的上端，承受着楼顶的全部重量，下端则雕为莲瓣，悬于下层，其重量则由下层挑出的横梁，转压在下层的檐柱上。这种挑梁悬柱的建筑结构，在我国古代大型建筑中极为少见。

图 1-45　山西运城解州关帝庙中的春秋楼

广西容县的真武阁（见图 1-46）共分三层。其二、三层中间的四根金柱和楼板并不相连，而是悬空的。这四根金柱分别通过穿过檐柱的横梁与檐头相连，檐头和金柱通过檐柱保持平衡。这样，檐柱就成了它们的支撑点。这种天平式的建筑，在我国的古代建筑中十分罕见。

图 1-46　广西容县的真武阁

中国古代多在临水之地建楼，取凭高远眺、极目无穷之妙。达官显贵、墨客骚人登楼一游，或际会四方之客，或酬唱应和之曲，皆可乘兴而来，尽兴而去。故中国历代名楼皆有名诗佳作千古传唱，其中又以湖北武汉黄鹤楼、湖南岳阳楼、江西南昌滕王阁最为出名，它们并称“中国三大名楼”。三大名楼能够享誉海内外，和文人墨客、迁客骚人的文化活动分不开。范仲淹的《岳阳楼记》、王勃的《滕王阁序》、崔颢的《黄鹤楼》成为千古绝唱，三大文化名楼的盛名也就随之而来了。但是在三大名楼中，黄鹤楼（见图 1-47）排在首位，被誉为“天下江山第一楼”，享有“天下绝景”之美称。神州大地，名楼众多，黄鹤楼何以有此殊荣？黄鹤楼究竟胜在何处呢？

这是因为，在三大名楼中，如果要以包蕴文化内容最多、呈现楼阁特色最全这一角度去看，那么黄鹤楼确实要胜出许多。

第一，胜在地理位置的独特优越。

第二，胜在楼名起源的仙道传说。

图 1-47　武汉黄鹤楼

第三，胜在文学景观的内涵厚重。

第四，胜在历史变迁的文化心理。

登临今日的黄鹤楼，不似古代，又似古代；在黄鹤楼上观赏，看不到古代，又看到了古代。真的，有多少中国式的故事，有多少中国式的情思，环绕着黄鹤楼，等着你用心去感受，用心去拾取。

【本讲小结】

本讲首先对中国古代建筑进行定位，即它是中国传统文化的一个有机组成部分。然后重点介绍了中国古代建筑艺术的三大特征，并强调了对“建筑意”的准确理解，这是对中国古代建筑艺术进行欣赏的切入点。还对中西建筑从文化学的角度进行了比较，以使学生能较为直观地对中西建筑有一个大致的了解。本讲第二部分则是对中华楼阁作了一个介绍，包括楼阁的类型、用途、意义等，并从文化的角度进行了解读。

【思考与练习】

1. 中国古代建筑的主要特征表现在哪些方面？

2. 为何说建筑是一种艺术？

3. 中西建筑艺术的主要区别是什么？

4. 请简述中国楼阁文化的意义。

【扩展阅读】

1. 梁思成．图像中国建筑史［M］．北京：生活·读书·新知三联书店，2011.

2. 楼庆西．中国古建筑二十讲［M］．北京：生活·读书·新知三联书店，2004.

3. 钱正坤．中国建筑艺术史［M］．长沙：湖南大学出版社，2010.

4. 张义忠，赵全儒．中国古代建筑艺术鉴赏［M］．北京：中国电力出版社，2012.

第二讲　烟波江畔矗名楼——黄鹤楼独特优越的地理形胜

【本讲导读】

作为“天下江山第一楼”的黄鹤楼，其与众不同之处有哪些？这既是黄鹤楼的独特之处，也是这门课的重点内容，更是开设这门课的意义所在。这一讲的内容，主要是介绍黄鹤楼独特优越的地理形胜，分为四节来展开讲授。第一节强调了黄鹤楼所处的武汉地区、其较为特殊的地貌环境以及在华夏大地中特殊的军事战略位置，接着简述了古代江夏作为兵家必争之地的历史，那么，黄鹤楼作为一座军事岗楼，就有其出现和存在的历史必然性。第二节从地理形胜的角度介绍了黄鹤楼的具体位置，这是黄鹤楼不同于其他名楼的主要之处，也是黄鹤楼由一座军事岗楼衍变为一座宴游之楼的重要原因。第三节介绍了黄鹤楼建筑形制的发展历史。黄鹤楼的建筑形制在不同的历史时期，有着不同的风貌，其实也反映出了中国古代建筑的历史风貌，所以，黄鹤楼有着特殊的建筑文化意义。第四节简略介绍了滕王阁和岳阳楼，以使同学们对江南三大名楼有一个基本的了解。

【学习目标】

能从历史的角度来认识古代江夏在军事战略上的意义，因为这是建造黄鹤楼的起因所在；能从地理形胜的角度来认识黄鹤楼所在的具体地理位置，因为这是黄鹤楼得以存在并能由军事岗楼衍变为宴游之楼，继而成为天下名楼的重要因素；能从建筑形制的角度来认识黄鹤楼在不同时期的建筑风貌，因为不同历史时期的黄鹤楼建筑风貌，既能反映出中国古代建筑艺术的发展风貌，又能折射出人们的文化心理；能了解滕王阁与岳阳楼的基本情况，从江南三大名楼的比较中来认识黄鹤楼的独特之处。

【重点概念】

江夏地理位置　黄鹤楼所在位置　历代黄鹤楼建筑形制

如上一讲所说，黄鹤楼被誉为“天下江山第一楼”，享有“天下绝景”之美称，首先就在于它胜在地理位置的独特优越。

中国古代的楼阁多建筑在江岸、海堤等临水之地，便于登高怀古，极目远眺，故大凡名楼，多得地理之胜概。

一、黄鹤楼所在的武汉地区概述

在远古时期，武汉地区因受地球的地壳运动的影响而隆起成两列山系，又受到长江、汉水的冲刷和交汇的影响，两列山系在汉阳一侧与武昌一侧被长江分隔于南北两岸，形成龟、蛇两山对峙，同锁大江的险势。而黄鹤楼所在的武汉地区，素有“九省通衢”之称，处于华中内陆地理之要害，古人概括为“瞰三江而吞七津，控西蜀而踞东吴”，故而自古就是海内雄州，天下名镇，交通发达，商贸繁盛，既为人文荟萃之区，又是兵家必争之地。

东汉末年，群雄纷起，征战年年，位居华中腹地的武汉地区的战略价值逐渐凸现，成为群雄角逐争夺的焦点。

在黄鹤楼初始建成前的十多年间，武汉地区曾发生过一系列重大事件。汉建安初，荆州牧刘表任命部下黄祖为江夏太守。此时名士祢衡因辱骂曹操，被曹操遣送与刘表；而刘表亦被祢衡侮骂，乃将祢衡送至江夏黄祖处。而黄祖长子黄射（音 yì）曾于鹦鹉洲宴会宾客，祢衡于此写下了著名的《鹦鹉赋》。建安七年（202）和建安十二年（207），周瑜曾两次征讨黄祖于沙羡县。建安十三年（208）春，刘表长子刘琦听从诸葛亮“申生在内而危，重耳居外而安”[1] 的保身之策，出任江夏太守。同年夏、秋之际，曹操率二十余万大军南下，刘表病死，刘备败走汉津道，与刘琦会

---

① 《资治通鉴·汉纪·飞将李广》。

合，俱到夏口。而孙权用鲁肃计，借凭吊刘表之名，遣鲁肃先于当阳与刘备会面，后同往夏口与诸葛亮商议，达成联盟抗曹的初议。同年八月，孙、刘两家联手破曹操于赤壁。三足鼎立之势初现。三国时期的荆州地图如图 2-1 所示。

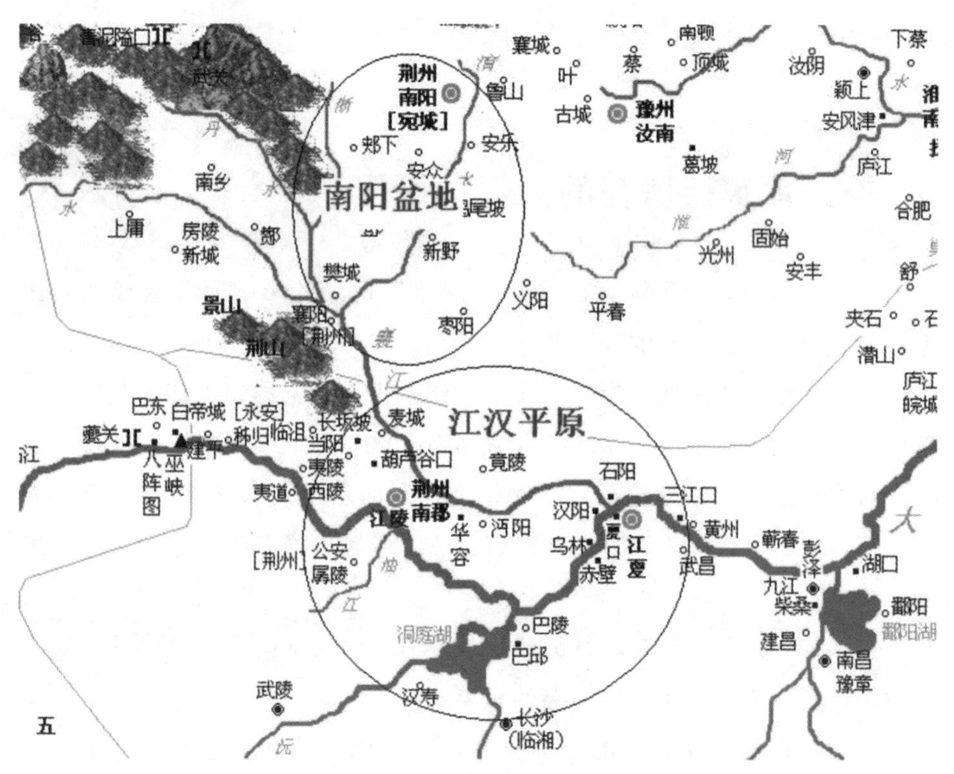

图 2-1　三国时期的荆州地图

赤壁之战后，曹操、刘备、孙权各自占据湖北的一部分，夏口（现武昌）因位于三国鼎立的结合部而受到三方的关注。宋代诗人张俞曾在他的《楚中作》一诗中形象地写道“广泽侵吴壤，孤城接郢丘。山分三楚断，溪入九江流。寂寞休兵月，纷纭战国秋。吴生来赤壁，魏武定荆州。六代凭形势，群雄死寇仇。”

孙权于赤壁之战后，自建业（今南京市）移治于鄂（今鄂州市），改鄂县名为武昌，设武昌郡。而沙羡县（治金口）境内的江夏山（即黄鹄山，又叫蛇山）为拱卫其上游的形胜之地，因此，孙权便于黄武二年（223）派人在山上近江处筑城。此城周围二三里，因隔江面对夏水（汉水）入江口而取名夏口城。城依山负险，居高临下，军事地位十分显要，孙权多以宗室率军镇守。对此，北魏郦道元的《水经注》中有记载："黄鹄山东北对夏口城，魏黄初四年孙权所筑也。"郦道元还在《水经注》中对当时夏口城的险要形势作了如下描述："依山傍江，开势明远，凭墉藉阻，高观枕流，上则游因流川，下则激浪崎岖，实舟人之所艰也。"夏口城上据险山，下俯大江，视野阔远，易守难攻。唐代著名的历史地理学家李吉甫在《元和郡县图志》中也记载了夏口城的重要战略地位："三国争衡，为吴之要害，吴常以重兵镇之。魏明帝问司马懿曰：'二虏宜讨，何者为先？'对曰：'吴以中国不习水战，故敢散居东关。凡攻敌，必扼其喉而舂其心。'"而清初沿革地理学家和学者顾祖禹在其《读史方舆纪要》一书也强调云："夫武昌者，东南得之而存，失之而亡者也。"他认为武昌为东南之咽喉，是称霸天下的根基。

唐代李吉甫的《元和郡县图志》一书又记载："吴黄武二年，（孙权）城江夏以安屯戍地也。城西临大江，西南角因矶为楼，名黄鹤楼。"这说明黄鹤楼最初是一座临江负险、用于军事瞭望指挥用的岗楼，为居高临下、易守难攻的军事据点。在此登楼远眺，江中舟楫及对岸兵马行踪一览无余。而黄鹤楼所筑之处的黄鹄山地势则险要无比。

在此后的岁月中，中国大地战乱不断，黄鹄矶（又叫"黄鹤矶"）上的黄鹤楼与夏口城一直成为各派地方势力争夺的战略目标。如《南齐书》第十五卷称："夏口城据黄鹄矶……边江峻险，楼橹高危，瞰临沔、汉，应接司部，宋孝武置州于此，以分荆楚之势。"嗣后《梁书》《南史》《北齐书》等五史都对夏口及黄鹤楼有记载，神州众多名楼，还没有哪一座楼能有此殊荣，即中国史书二十四史竟然有五史记载黄鹤楼，这自然与黄鹤楼所处的特殊地理位置有关。

直至唐初，现武汉地区位于大统一局面的腹地，甚至在其后的藩镇战乱期间也保持了经济发展和社会安定，为南北文化交融提供了有利的条件。而前朝曾代代增筑的古夏口城垣以及临江负险的黄鹄矶、黄鹤楼也因其特殊的地理位势，逐渐演变成供人登临游憩、凭吊三国遗址、观赏大江东去、抒发离情别绪而“游必于是，宴必于是”[①] 的绝佳场所。

二、黄鹤楼于武昌城中的具体位置

黄鹤楼矗立于城西的黄鹄矶上，前据大江之险，后依青山之固，这使它有一个腾空而起的雄姿，也有一个从天而降的气势。真可谓是“对江楼阁参天立，全楚山河缩地来”（清·方维新撰联）。登临斯楼，上仰苍穹，下俯长江，视接千里，景呈万端，其地理位置十分险要，也便于在军事上发挥它的功能作用。清代学者、骈文家汪中在他的《黄鹤楼铭并序》一文写道：“而江夏黄鹄山当其冲。江还其三面，再折而后东，故地形称险焉。”黄鹄山于三国时称江夏山，又名紫竹岭。北魏时称黄鹤山，宋朝时称石城山，元朝时称长寿山，明朝时被誉为金华山和灵山。其间，以蛇山为山名，是因南宋诗人陆游在《入蜀记》中写有“山缭绕如伏蛇”之句，故后世称蛇山者为多；至清乾隆《江夏县志》已有蛇山之名。它海拔高度为 61.7 米，平地耸起，横亘于武昌城内，为城中制高点；它临江的石壁像刀削斧砍的一样，“如长蛇奋跃瞰江，其首昂然”，具有“依山傍江，开势明远，凭墉藉阻，高观枕流”[②] 的地理优势。李白曾对此山有着形象而又夸张的描述，他在《望黄鹤楼》一诗中说：“东望黄鹤山，雄雄半空出。四面生白云，中峰倚红日。岩峦行穹跨，峰嶂亦冥密。”清代胡凤丹在《黄鹄山志》中描述此山说：“鹤楼西峙，高冠东立，浮岚积翠，隐隐飞落几席间……自有宇宙便有此山。”登此山之西端，临大江之险势，已有极目楚天之感；如复登黄鹤楼，更能将“上倚河汉，下临江流”[③] 的雄奇胜景纳入胸中，“古今无尽大江流”[④] 的感受油然而生。矶，常解释为水边突

① 唐·阎伯理：《黄鹤楼记》。
② 北魏·郦道元：《水经注·江水三》。
③ 唐·阎伯理：《黄鹤楼记》。
④ 清·萨迎阿：黄鹤楼联语。

出的岩石或石滩。按照这种解释，黄鹄矶应该是长江边上的突出岩石，位于黄鹄山上。黄鹄矶的险要可在汪中的《黄鹤楼铭并序》中略见一斑："县因山为城；山之西有矶，起于江中，石立如植，激水逆行恒数里，于行尤为险。"从中可见黄鹄矶为夏口城最为险要之处，其上的军事瞭望楼黄鹤楼具有重要的军事地位。

此外，黄鹤楼所濒临的我国第一大河流——长江，更是以其雄浑壮阔著称于世：滚滚江水，一泻千里，奔腾入海，气势雄伟，曾给多少英雄豪杰以遐想，引无数文人墨客来讴歌。黄鹤楼矗立于长江之滨，背靠蜿蜒之蛇山，面对巍巍之龟山，龟蛇隔江对峙，长江就在两山中间咆哮怒吼，江水滔滔，激流勇进，流动的是豪迈与激情，顽强与拼搏。黄鹤楼可谓是观赏万里长江的最佳处，"登高壮观天地间，大江茫茫去不还"①，"江流天地外，山色有无中"②，"茫茫九派流中国，沉沉一线穿南北"③ 等诗句，就是人们登楼临江的具体感受。黄鹤楼因长江而添其险峻，长江因黄鹤楼而更显其雄姿，江、楼互映，相得益彰。说黄鹤楼为万里长江第一楼并不为过。黄鹤楼还东接洞庭，西连匡庐，北望中原，南临潇湘，其地理枢纽的作用十分优越。对此，晚清湖广总督张之洞曾撰楹联云："昔贤整顿乾坤，缔造多从江汉起；今日交通文轨，登临不觉欧亚遥。"可谓准确恰当。

黄鹤楼还处在长江与汉水的交汇点，登楼可以看到两江交汇、泾渭分明的奇观，这在世界各大城市中，是非常稀见的自然景观。黄鹤楼周边还有如鹦鹉洲、汉阳树、禹功矶、古琴台、龟山以及后建的晴川阁等人文、自然景观点，与黄鹤楼相辉映，构成了一个人文、自然景观群，这也添加了黄鹤楼的景观文化底蕴。

中国的文化精神，特别重视人与自然的融洽相亲，楼阁就很能体现这种特色。天无极，地无垠，在广漠无尽的大自然中，人们并不安足于自身的有限，而要求与天地交流，从中获得一种精神升华的体验。嫦娥、羽

① 唐·李白：《庐山谣寄卢侍御虚舟》。

② 唐·王维：《汉江临眺》。

③ 毛泽东：《菩萨蛮·黄鹤楼》。

人、飞仙是表现这种追求的神话幻想，楼台观榭则是现实的体现。所以中国的楼阁和欧洲古代的楼房在精神风貌上有明显不同：后者用砖石砌造，只开着不大的窗子，楼外没有走廊，内外相当隔绝，强调垂直向上的尖瘦体形，似乎对大地不屑一顾，透露了人与自然的隔阂。中国的楼阁则相当开敞，楼内楼外空间流通渗透，环绕各层的走廊，供人登临眺望；水平方向的层层屋檐、环绕各层的走廊和栏杆，大大减弱了总体竖高体形一味向上升腾的动势，使之时时回顾大地；凹曲的屋面、翘弯的屋角避免了造型的僵硬冷峻，优美地镶嵌在大自然中，仿佛自己也成了天地的一部分，寄寓了人对自然的无限留恋。古人有许多诗文就鲜明地表达了这种人文精神，如“白日依山尽，黄河入海流；欲穷千里目，更上一层楼”[①] 就道出了诗人登楼远观、荡涤胸怀、浴乎天地之间的真切感受。从颇富意境的各种楼名，也可见这层意思，如望海楼、见山楼、看云楼、得月楼、烟雨楼、清风楼、吸江阁、凌云阁、迎姮阁、夕照阁等皆是。

而黄鹤楼独特优越的地理形胜，使其特别符合中国建筑里亭台楼阁本有的审美要求。中国的楼，特别是在名山胜水中的楼，最能反映中国美学所要求的仰观俯察远近游目的审美视线。而游客登楼，最讲究的是由对观赏的时间之线的设计所带来的一种独特感受。如果说，西方美学的“焦点透视”，让你站在一处，用取景框一般的方式去看景色，把景色分割成一幅幅的西式油画，那么，中国美学的“游目观赏”，站在一处“远近俯仰”，却是要你在观赏中形成一幅浑然天成的中国画。在中国人的审美方式中，上下、远近、古代、今天都得到了一种完美的融合。中国人的游目，不是站在一处，而是四向移动的。登上黄鹤楼，在任何视点上，都能获得 360 度的无限广阔的空间。移步楼上，可看街、看江、看帆，武昌城各年代风格的建筑，重叠高低，是一片中国民族风格的景观；山上山下花草林木，曲路小径，是一片带有古意的自然景观。古人登黄鹤楼，上望云天，楚天广阔；下俯江水，长江如带；近观江洲，芳草萋萋；远眺江汉，烟雨苍苍。现代人登黄鹤楼，更能近观横跨江水的长江大桥，如龙之静

① 唐·王之涣：《登鹳雀楼》。

卧；远眺江对岸的高大建筑，如碑之高耸。如果说，仰望云天，给了你黄鹤曾在这里上飞而去的遐想，那么，江中轮、江上桥、街上车、对岸楼，进入眼中的则是一幅幅现代中国的景观。楼上游目，串起来的，却是一种古今的汇通。这样，我们就不难理解为何黄鹤楼会由一所军事岗楼演变成一座供人登临、游憩、咏觞的名楼了。

观赏中国建筑，最讲究的是由对观赏的时间之线的设计所带来的一种独特感受。从江岸方向的街面上楼，沿宽阔的台阶向上，有门坊，有藏传佛教寺庙，有藏式白塔，有黄鹤铜雕，你会感到，黄鹤楼虽以道家为主色，却也兼容佛家，古今的一切，都被容纳，只有理解了中国人容纳万物的胸怀，你进楼之后，对看到的一切，才不会感到意外。而今的黄鹤楼高五层，第一层厅内，彩色瓷画《白云黄鹤图》宽六米，让你回味关于黄鹤楼起源的传说。第二层厅内，正中是唐代阎伯理的《黄鹤楼记》，用大理石镌刻，以文字方式，让你读到黄鹤楼由初建到唐代的兴废沿革和名人逸事，厅里又陈列着唐、宋、元、明、清、现代六个时期的黄鹤楼模型，以建筑的方式，呈现了黄鹤楼从唐至今的变迁。第三层厅内，有《文人荟萃》的大型组画，用与黄鹤楼相关的历史人物，给黄鹤楼的历史进行亮点式的呈现：从古代的李白、崔颢、白居易、贾岛，岳飞、陆游、辛弃疾，杨慎、张居正，到现代的黄遵宪、康有为，都以带有时代和个人的风格特点，呈现在观众的视觉面前。第四层中，用屏风把大厅分割为几个小厅，展览和出售当代的名人字画，一方面让你从黄鹤楼的历史中抽离出来，另一方面又让人身处古代文化氛围中。这里进行了一次古今的对接和相互的扩展。到第五层，也是顶层，你会看到更为广阔的长卷壁画，在这里你可以看到《长江万里图》，它把你此身此时所在的黄鹤楼进行了一种空间的扩展，让你的想象得到一次自由放飞。每上一层，内赏图画、文字、微缩模型，外观四面景色，层层不同，面面各异，上了一层又一层，看了一面又一面，各种视像已经有了多方面的积累，各种思绪得到了多样性的酝酿，而到达顶层上的那一时刻，俯仰江天，心潮怎能不翻腾、不浩瀚、不宽广?!

三、历代黄鹤楼的建筑形制

明代的唐枢曾比较过岳阳楼和黄鹤楼，认为：岳阳楼胜景，黄鹤楼胜制，即前者以周边景观取胜，后者以楼所处的地理位置的险峻和楼的建筑形制取胜。

黄鹤楼的地理位置之险峻的情况，前面已经作了简介，而唐以前有关黄鹤楼规模形制的史料几近空白。我们只能从有限资料间接地对这一时期的黄鹤楼获取粗略的印象。如萧子显的《南齐书》卷十五称："夏口城据黄鹄矶……边江峻险，楼橹高危，瞰临沔、汉，应接司部，宋孝武置州于此，以分荆楚之势。"这说明从孙吴到南朝齐代，黄鹤楼一直作为军事岗楼在发挥着作用，其形制应与孙吴时相差无几。而《梁书》卷二十二云："先是夏口常为兵冲，露骸积骨于黄鹤楼下，秀祭而埋之。""秀"指的是梁武帝萧衍的异母兄弟萧秀，时任郢州刺史。而夏口从晋代到南朝刘宋初，一直属荆州江夏郡。但刘宋政权始，夏口改为郢州及江夏郡治所。这也说明在梁代，夏口仍然是兵家常争之地，故常有战死士兵的尸体堆积于黄鹤楼下，黄鹤楼也仍然于战火中屹立不毁。

唐代的黄鹤楼形制，如唐代卢郢的《黄鹤楼》诗云："黄鹤何年去杳冥，高楼千载倚江城。"这或许可以说明，唐代的黄鹤楼是在前朝楼制基础上扩建的，并非推倒重建。我们还可从唐人阎伯理于公元 765 年所写的《黄鹤楼记》一文中略知当时的黄鹤楼情形："州城西南隅，有黄鹤楼者……观其耸构巍峨，高标巃嵸，上倚河汉，下临江流；重檐翼舒，四闼霞敞；坐窥井邑，俯拍云烟：亦荆吴形胜之最也。"可谓气势不凡。唐代诸多诗人也对黄鹤楼有所描述，王维有"朱阑将粉堞，江水映悠悠"（《送康太守》）的诗句；贾岛有"高槛危檐势若飞，孤云野水共依依"（《黄鹤楼》）的诗句；李群玉有"江上花楼灏气间，满帘春景见群山"（《黄鹤楼》）的诗句；杜牧有"汉水横冲蜀浪分，危楼点的拂孤云"（《寄牛相公》）的诗句。从这或许可知，唐代的黄鹤楼高有两层，朱色栏杆围绕，雕梁画栋，飞檐翼角，如同展翅欲飞的鸟儿，它耸立于矶石之上，在江汉汇流之处，居高临江，并有带堞的墙围着；在云缠雾绕的楼上，可将一城景致尽览眼中。到唐敬宗宝历年间（公元 825—827），权臣牛僧孺改建江夏城，黄鹤楼首次与城垣分离，成为独立的观景楼，这就使黄鹤楼由军事岗楼形制彻底改变为壮观雄奇的游玩赏景楼阁了。当代学者范勤年先生在《黄鹤楼初考》一文中认为唐代黄鹤楼："主楼面江，居高临水。水边建有头陀寺，江心遥对鹦鹉洲。墙堞可能是从三国时期墙上的小阁变化而来，并保有古风。建筑色调为江上红楼。"① 三国时期作为军事岗楼的黄鹤楼如图 2-2 所示。唐代诗人李白的诗句"故人西辞黄鹤楼"被描绘成一幅画卷，如图 2-3 所示。

图 2-2　三国时期作为军事岗楼的黄鹤楼

① 《武汉志通讯》，1981 年第 5 期。

图 2-3 故人西辞黄鹤楼图

从公元907年朱温灭唐，建立后梁，直至960年北宋建立。其间历经50年的战乱，国家处于分裂动荡时期。这个时期的有关黄鹤楼的文献资料是空白的，黄鹤楼是否毁于战火中不得而知。但从宋代的有关资料来看，宋代时黄鹤楼的位置仍在城西南隅。宋代学者王象之在《舆地纪胜》中记载："（黄鹤楼）在子城西南隅，黄鹄矶山上，自南朝已著，因山得名。"范勤年先生在《黄鹤楼初考》一文中据传世至今的宋代界画（见图2-4）来分析："画中的黄鹤楼有小轩、曲廊和重檐方亭围绕，檐下斗拱与曲栏眺台互为呼应，屋顶分别采用单檐十字脊四歇山、重檐歇山、单檐歇山及庑殿式屋顶等，统一中富有变化，给人以虽反复而不乱、既华丽又庄重的感觉。"相比唐代的黄鹤楼，宋代时的黄鹤楼已发展成为建筑群体，坐落在高于城垣的高台之上，整组楼群依山面江，富丽堂皇。作为主楼的黄鹤楼位置突出，与低矮的陪衬建筑形成鲜明的对比，宋代的黄鹤楼更为华丽壮美。曲折的回栏，层层而上的台阶，牌坊式的门坊，黄鹤楼成为人们登高望远、抒发情怀、聚朋会友、吟诗弄词的场所。宋真宗时的礼部尚书张咏有诗云："重重轩槛与云平，一度登临万想生。黄鹤信稀烟树老，碧云魂乱晚风清。何年紫陌红尘息，终日空江白浪声。"（《登黄鹤楼》）生动描绘了黄鹤楼的规模与气势。苏轼也有"江汉西来，高楼下，葡萄深碧。犹自带，岷峨雪浪，锦江春色”的词句（《满江红·寄鄂州朱使君寿昌》）。他登上黄鹤楼，看万里长江自西滚滚而来，卷起的浪花恰似岷山和峨眉山的皑皑白雪，感觉长江如同春天的锦江般迷人。

图 2-4　宋代界画黄鹤楼

元代黄鹤楼的规模形制，我们也只能依据元代画家夏永所画的《黄鹤楼图》（见图 2-5）来推测。画中的黄鹤楼绕一围墙，墙山脊两侧斜坡上覆瓦当。黄鹤楼高两层，位于平台之上。楼分两重，飞檐翘角，出有抱厦，抱厦四周饰有彩画。下层狭长，在下层楼顶的中间筑有一座方形酒楼，楼层之间用斗拱承托。酒楼是重檐庑殿顶，顶脊两端饰有鸱吻，斜脊上饰有脊脚兽。黄鹤楼周围有垂柳等高大的树木，入门处台阶两侧是两棵高大的乖柳。黄鹤楼面向江洲，远处山顶上有一浮屠，江面上船只来往。从总体上看，元代黄鹤楼比宋代规模小，形制简单，注重运用植物造景，斗拱比宋代黄鹤楼更复杂。这或许是因为元代是游牧民族当政，游牧民族对风景名胜的兴趣远低于农耕民族。所以，黄鹤楼在元代统治者心中的地位也不像前朝那样重要了。且从黄鹤楼的规制、位置及修筑记载来看，元代黄鹤楼不是官修而是文人士绅出资所建。引起注意的是：黄鹤楼的位置由城的西南角改为东南。元代的陈孚有《黄鹤楼歌》云：“巢巢乎黄鹤之楼兮，突起乎天之东南。吾不知其几百尺兮，踞石磴而仰望，眩金碧之眈眈。”这表明黄鹤楼位于东南方。元曲家汤式《［南吕］一枝花·黄鹤楼》曲云：“峥嵘倚上流，突兀当雄镇。高明临大道，迢递接通津。从去了鹤山仙人，千载无音信。丹青再创新，架飞楹联走拱不下班倕，敞天窗攒藻井堪攀翼轸。［梁州］龟背织朱帘闪闪，鸳翎甃碧瓦鳞鳞。雕阑一目天之尽。”它生动地描述了重建黄鹤楼时的情景，架飞楹、联走拱、做抱厦、造天窗、做藻井，红色的帘帐闪闪发光，绿瓦鳞麟，雕梁画栋。元初名儒郝经有《黄鹤楼》诗云：“石城踊高楼，瞰临势悬绝。云梦吞八九，沅湘在眉睫。层轩掩石镜，更欲压大别。千帆落山巅，万樯拥舟楫。中天卷晴岚，不与人世接。”此诗写出了雄伟气势以及登楼远眺的感怀。黄鹤楼耸立在石头筑的城头上，形势险绝。登楼放观，视野开阔。楼高过大别山，石镜亭掩映在轩栏之间。众多船只穿梭于楼下江面上。人站在高楼上仿佛与天相接，远离了尘嚣的世间。

图 2-5　元代画家夏永所画的《黄鹤楼图》

明代的黄鹤楼多灾多难，多次重建修葺。从存留的相关史料来看，明代画家曾绘黄鹤楼图三种。景泰年间的宫廷画师安政文的《黄鹤楼雪景图》、江夏画派代表人物谢树臣的《黄鹤楼图》和明末仇英的《江汉揽胜图》，现仅存安图。从绘画的年代看，安政文的《黄鹤楼雪景图》画的是明初的黄鹤楼（见图 2-6）。

图 2-6　明代宫廷画师安政文的《黄鹤楼雪景图》

画中黄鹤楼矗立在高台上，台仿宋朝形式，高台四周围以曲栏游廊。楼高两层，外拱较少，没有斗拱。楼顶为重檐歇山顶，檐下有布篷遮阳。楼座外挑，隔扇漏窗，上层楼内分割成几个雅室，以供游人宴饮，具有明显的元代黄鹤楼体制。整个楼雕梁画栋，栏杆相连，上下楼层有楼梯连通。门帘和栏杆是红色的。整个建筑群依山势而建，层层升高，主次分明，环境幽雅，比宋楼简单，比元楼复杂。明初的黄鹤楼在成化年间因年久倾圮得以修葺，嘉靖《湖广图经志书》载："年久倾圮，本朝成化间，楚府宗室来复轩捐资，倡郡人创建，都御史吴琛修葺。"明成化年间诗人卞荣有《登黄鹤楼》诗云："青山如鹄欲飞翔，昔有层楼依翠冈。"[①] 山在而楼没，表达了诗人对往昔黄鹤楼的怀恋之情。此次修葺后，明黄鹤楼又多次重建修葺。

总之，明代黄鹤楼的规模形制，各次兴工不尽相同。总的趋势是越建越高，越修越大。共同点是传统木结构，朱漆彩绘，外形是"下隆而上锐，望之如笋立，甚耸秀"，"如莲瓣垂垂，洲渚掩映"。[②] 主楼周边辅以亭台阁榭，栽花置树，环境雅致清幽。明末何瑾在《古今游名山记》中较详细记载了黄鹤楼的建筑结构："制方而补四隅为圆，二顶三层，高约五六丈。每隅合九角，每方四溜为柱，中外三起，外二起四面各二十柱，中一起四……"黄鹤楼的结构层叠，外观华丽和气度不同凡响由此可见。明晚期的《江汉揽胜图》中的武昌城和黄鹤楼如图 2-7 所示。

根据绘制于明末清初的《武昌江岸图》，顺治十三年（公元 1656 年）修建的黄鹤楼位于武昌城外。可能是国朝初立，财乏力缺的原因，同以往相比，黄鹤楼修建的极其简略。此时的黄鹤楼临江而立，位于高台，单体建筑。楼高三层，单檐攒尖顶，绕以立柱，不用斗拱，翎檐翼角，像一只展翅欲飞的鸟矗立江边。从中可知黄鹤楼楼体轻盈，位于城外的江边。明末清初时的黄鹤楼如图 2-8 所示。

---

① 明·孙承荣：《明刻黄鹤楼集》，武汉，湖北人民出版社，1984 年。

② 明·何瑾：《古今游名山记》。

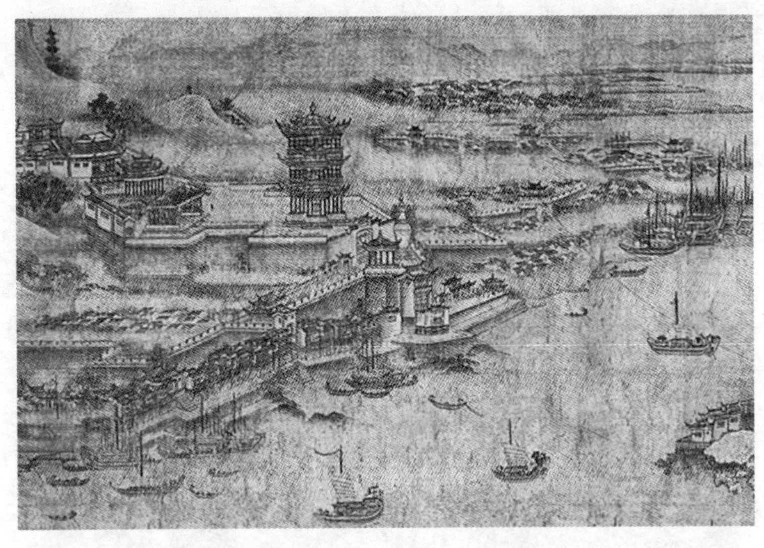

图 2-7　明晚期的《江汉揽胜图》中的武昌城和黄鹤楼

图 2-8　明末清初时的黄鹤楼

清康熙时的黄鹤楼有大的发展，黄鹤楼的位置有变化，由城外江边变为城内山麓，临近平湖门和城外山下的观音阁。新楼比顺治十三年的黄鹤楼更加高大，立在双层高台之上，由三层变为四层。楼的底层和二层墙面是封闭的，底层通往二楼的梯子外露，三、四两层设有立柱。开有门窗。平面大概呈六角或八角形，单檐攒尖顶。此时的文人潘耒有《登黄鹤楼》

诗云："西峰蜿蜒欲入江，压以高楼半天咫。三层迥与三霄邻，八面平当八风起。遥看缥缈接蜃楼，近睇峥嵘叠霞绮。"[①]《湖广通志》中的黄鹤楼如图 2-9 所示。

图 2-9　康熙二十三年《湖广通志》中的黄鹤楼

清乾隆时的黄鹤楼更是"自山以上，直立十有八丈。其形正方，四望如一，高壮闳丽"[②]，清嘉庆时，黄鹤楼因修造时"大木难求，增以石础四十余，皆中贯铁索，号'万牛不能撼'"[③]。楼体建筑上首次采用木石结合的施工工艺，比前朝黄鹤楼纯木建筑前进了一步。清同治时黄鹤楼修建的形状和尺寸按照"河图"和"洛书"的术数设计，以求避凶趋吉。"楼凡三层，计高七丈二尺，加铜顶九尺，共成九九之数。柱周六七尺以上者四

① 清·潘耒：《遂初堂诗集》。
② 清·汪中：《黄鹤楼铭并序》。
③ 清·王葆心：《重修武昌黄鹤楼募资启》。

十八楹。为地基周径长二十丈有奇，宽八丈有奇……”[①] 清同治时期的黄鹤楼如图 2-10 所示。

图 2-10 清同治时期的黄鹤楼

现代黄鹤楼重修时，仍以清式楼为蓝本，但比先前更高大雄伟。且将地址从原来的黄鹄矶移到了蛇山之巅。它采用现代化技术施工，钢筋混凝土框架木结构，飞檐五层，攒尖楼顶，金色琉璃瓦屋面，通高 51.4 米，底层宽 30 米，顶层边宽 18 米，明面上看为 5 层，实际上还有五个夹层，共为十层。每一层布置有大型壁面、楹联、历史文物等。楼外铸铜黄鹤造型、胜象宝塔、牌坊、轩廊、亭阁等辅助性建筑物将黄鹤楼烘托得更加壮丽。登楼远眺，“极目楚天舒”，“不尽长江滚滚来”，武汉三镇尽收眼底。黄鹤楼是现代武汉市的标志和象征。

① 清・丁守存：《重建武昌黄鹤楼碑记》，见清・胡凤丹：《黄鹄山志》。

而今的黄鹤楼（见图 2-11）比古代的黄鹤楼高了许多。按记载，古楼“凡三层，计高 9 丈 2 尺，加铜顶 7 尺，共成九九之数”，今楼则多了两层，共 5 层，加 5 米高的葫芦形宝顶，共高 51.4 米，比古楼高出将近 20 米。古楼底层“各宽 15 米”，今楼底层则是各宽 30 米。为什么要建得比古楼高呢？只要看一看蛇山四周的建筑，现代与古代高了多少，就可以知道新黄鹤楼必须比古黄鹤楼建得更高，才能得到古代登楼时的审美效果。

图 2-11　现代的黄鹤楼

在中国的文化观念体系中，木属于“生”，石属于“死”，因此，只有与死亡相关的陵墓建筑才用石造，而生活型的建筑则用木建。木自然容易被毁坏，这像木的枯荣一样，是天道中的常态。因此对于中国文化来说，生活型的建筑，并不需要永世长存，而是本就应该不断重建的。1985 年，我们现在看到的这座新的黄鹤楼重建了起来。在中国的观念中，一座建筑的地址也不是永远不变的，而是随着观念寓意而有所变化，正如在北京，明代故宫就在元代故宫的基础上，有所变化，黄鹤楼本在蛇山的黄鹤矶上，而今则屹立在蛇山之巅。这地理位置的微调，并没有改变建筑与仙鹤之间的观念联系，且更符合中国建筑里亭台楼阁本有的审美要求。

黄鹤楼的外形构造自建造以来，各朝皆不相同，但都显得高古雄壮，极富个性。与岳阳楼、滕王阁相比，黄鹤楼的平面设计为四边套八边形，取之“四面八方”之间，这又与武汉“九省通衢”枢纽地理位置暗合。这些数字和设想透露出古代建筑文化中数字的象征意味和社会功能。

综上所述，黄鹤楼与神州众多名楼相比，首先胜在地理位置的独特、优越和形制上。

四、滕王阁、岳阳楼简介

滕王阁坐落在江西省南昌市赣江之滨，自唐高宗永徽四年（公元653年）建成后，历经磨难。在建成初期，洪州刺史李元婴（李世民之弟）只是把此阁作为达官贵人们上元节观灯，春日赏花，夏日纳凉，重九登高，冬日赏雪，阁中品茶，聚餐饮酒，听琴观画之场所。而李元婴因此阁被封为滕王，于是人们就把这座楼阁定名为“滕王阁”。22年之后，即唐上元二年（675年），青年文学才俊王勃应洪府都督阎伯屿之邀，登阁赴宴，并写下了脍炙人口的《秋日登洪府滕王阁饯别序》（又名《滕王阁序》）。从此，滕王阁便名扬四海。

唐代中丞御史王仲舒再次主持重修滕王阁后，还邀请大文学家韩愈写下了古今佳作《新修滕王阁记》一文；诗人白居易也曾奉上《钟陵饯送》，以至后来的《怀钟陵旧游四首》（杜牧）、《登滕王阁》（朱彝尊）都是描写滕王阁的不朽文学作品。

滕王阁自修建之日起，至今已有1300多年的历史。在此期间，滕王阁屡建屡毁，屡毁屡建。唐贞元六年（公元790年），唐大中二年（公元848年），宋大观二年（公元1108年），元至元三十一年（公元1294年），元元统二年（公元1334年），都对滕王阁进行过重修。明清之时，滕王阁的重修次数就更多了，仅清代就重修过十多次。1926年，清末重修的滕王阁被北洋军阀邓如琢烧毁。

古代的滕王阁是中华民族文化的聚散地之一，是中国唐代文化中兴史的见证。而在当代，滕王阁更以它悠久的历史文化背景和美不胜收的江南山水当之无愧地成了国家重要的旅游文化圣地。1983 年 10 月 1 日正式开始了滕王阁的第 29 次重修工作，1989 年重修完工。

这次重修的滕王阁（见图 2-12）共九层，高 57.5 米，是一座大型的仿宋建筑物。阁的下部，是一座高 11.6 米的平台。平台内分上、下两层，是滕王阁的地下室。平台之上耸立的阁体，明三层，暗三层，再加上顶层，共为七层。阁体的平面为十字形，中间是一个宽、深各三间的正方形大厅，东、西各延伸出二间，南、北各延伸出一间耳房。在第六层的东、西两面，各挂着写有“滕王阁”三个字的大匾，为宋代文学家苏轼的字体。在滕王阁三个明层的四周，均建有平座栏杆，以供人远眺。在阁的内部，有大厅、展室、戏台，还有丹青室、翰墨室、接待室等。在这些厅室的墙壁上分别绘制有大型壁画。

图 2-12　南昌滕王阁

滕王阁的斗拱、藻井和屋顶，造型优美。屋面上铺着绿色的琉璃瓦。纵观全阁，形态隽秀，色彩斑斓，是一件精巧的建筑艺术品。

往昔，凡逢喜事来临，人们就喜欢登上滕王阁庆贺。所以，上元观灯，春日赏花，夏日纳凉，重九登高，冬日赏雪，阁中品茶，聚餐饮酒，听琴观画是滕王阁的八大功能。如唐中丞御史王仲舒主持重修滕王阁完工后，就在阁中大摆酒席，还特地邀请韩愈参加。韩愈为此专门写有《新修滕王阁记》一文，为古今佳作。白居易由江州司马升任忠州刺史时，也到滕王阁置酒庆贺，并写诗留念。朱元璋在鄱阳湖大战陈友谅得胜后，也曾于滕王阁大宴功臣。可见，人们凡有大事、喜事等，都愿意到这块人杰地灵之处，饮酒会友，以示庆贺。

滕王阁高有百余丈，直耸云霄，人仰望才能观其全景，似乎它真是神来之物，而它出奇的前后 29 次的大修，更是世界建筑史上从未有过的记载。滕王阁以它雄伟的风姿、悠久的历史、灿烂的文化，巍然矗立在中华大地上，堪称“天下第一高楼”。“落霞与孤鹜齐飞，秋水共长天一色”，诗意的滕王阁，充满传奇色彩的滕王阁，是中国建筑史上的一颗璀璨的明珠，是中国文化史的浓墨重彩的一笔。

滕王阁的出名是因为王勃之文，是典型的因文而生的文学景观之楼。而其建筑是依赣江之滨，平底而起，为显其高峻挺拔，需增加高度，在地理形制上就不如黄鹤楼。

再看看岳阳楼（见图 2-13）。此楼耸立在湖南省岳阳市西门城头，是我国江南三大名楼之一，始建于唐开元四年（公元 716 年）。宋庆历五年（公元 1045 年），滕子京重修岳阳楼，范仲淹作《岳阳楼记》，其中“先天下之忧而忧，后天下之乐而乐”的名句格言，更使岳阳楼名闻天下。该楼高 19 米，为四柱三层，飞檐盔顶的纯木结构。楼顶承托在玲珑剔透的如意斗拱上，曲线流畅，陡而复翘，宛如古代武士的头盔，为我国现存古建筑中所罕见。现在的岳阳楼为 1984 年重修，保持了原有的历史风貌。登岳阳楼可浏览八百里洞庭湖的湖光山色。

岳阳楼采用纯木结构，其造型用露明的木梁柱，构件、装修具有线条优美的表现力，它的构件的外表上的漆给建筑结构增添了丰富的色泽美，这些充分显示出中国古代建筑的独特的民族风格，凝聚着中国劳动人民的聪明智慧和精湛的艺术才能。岳阳楼在美学、力学、建筑学、工艺美学等方面都有惊人的成就，在人类文化史占有重要的地位。

图 2-13　岳阳楼

据史载，岳阳楼是三国时期（公元 215 年）东吴将领鲁肃为了对抗驻守荆州的蜀国大将关羽所修建的阅兵台，当时称为阅军楼。这就是最早的岳阳楼的原型，也是江南三大名楼修建年代最早的楼阁。唐代开元四年（公元 716 年），中书令张说遭贬，谪戍岳州（今岳阳市）。次年，张说便在鲁肃的阅军楼旧址上重建了一座楼阁，并正式定名为岳阳楼。北宋庆历四年（公元 1044 年），大臣滕子京受排挤，被贬岳州后，重修了岳阳楼。现在我们看到的岳阳楼，是江南三大名楼中唯一的一个木质结构的建筑，它在清朝时期重修后，历经百余年（加之几十年的战乱）而没有被毁。虽说楼的高度仅有 19.72 米，比滕王阁和黄鹤楼的规模小得多，但是这个屹立在洞庭湖边上的古代建筑，也可以说是江南三大名楼中唯一不是在新中国成立后重新修建的，并且是保留完好的中国古代传统建筑风格的楼阁。

登岳阳楼，览八百里洞庭风光，我们不免会生悠悠思情。自然而然地就会想到北宋著名的政治家、文学家范仲淹及其佳作《岳阳楼记》，岳阳楼正是因他的优美散文和“先天下忧而忧，后天下乐而乐”的思想而在历史长河中经久不衰。

岳阳楼地处江汉平原南麓，跨湘鄂边界，不仅有宏伟气势，更有民族文化的历史厚重感。范仲淹的《岳阳楼记》让世人知晓了这独具民族特色的楼阁建筑，他的忧国忧民的政治思想让后人代代相传，并且被发扬光大。

范仲淹走了，杜甫来了。杜甫带着被流放的命运，带着忧国忧民的思想来到这里，他用诗歌唱出了不朽的名篇《登岳阳楼》：

昔闻洞庭水，今上岳阳楼。吴楚东南坼，乾坤日夜浮。
亲朋无一字，老病有孤舟。戎马关山北，凭栏涕泗流。

史载，杜甫流放洞庭不久，就病死于岳阳，后人为纪念这位大诗人，在今天的岳阳楼为杜甫修了“怀杜亭”。

岳阳楼有得天独厚的地利位置、秀丽的自然风光、厚重的历史文化，因此，它又成了中国建筑史上和文化史上光辉的篇章，成了举世闻名的著名文化旅游和生态旅游风景名胜。

【本讲小结】

本讲内容主要是从历史、地理、建筑这三个方面对黄鹤楼进行了介绍，并对滕王阁和岳阳楼做了简介，其目的就在于将黄鹤楼与神州众多名楼做对比，以彰显黄鹤楼作为天下江山第一楼首先在地理形制上的独特之处，而这也是黄鹤楼之所以能出现并能长期存在、衍变至今的重要原因，更是黄鹤楼之所以能有如此厚重的文化蕴意的根本原因。

【思考与练习】

1. 以 3～4 人组成的小组为单位，课余时间到黄鹤楼游玩，亲自感受因地理形胜所带来的登楼观景的愉悦之情。

2. 课外查阅相关资料，写一篇 2000 字左右的关于黄鹤楼历代不同建筑形制的论文。

3. 从历史发展及地理形胜的角度，比较江南三大名楼的不同之处，写一篇 2000 字的论文。

【扩展阅读】

1. 武汉市地名委员会．武汉市地名志［M］．武汉：武汉出版社，1987.
2. 胡丹风．黄鹄山志［M］．武汉：湖北人民出版社，1984.
3. 冯天瑜．黄鹤楼志［M］．武汉：武汉大学出版社，1999.

第三讲 亦仙亦道演传奇

——黄鹤楼传说与中国道教文化

【本讲导读】

黄鹤楼的得名，无论是“因山名楼”或“因仙名楼”，都有着深厚的文化底蕴。但纵览黄鹤楼历史文化的发展脉络，“因仙名楼”的文化意蕴更丰富多彩。黄鹤楼与“仙”的关系，皆缘起于黄鹤楼的传说。熟知了黄鹤楼传说的内涵，也就能理解了“因仙名楼”的合理性，同时也就能理解黄鹤楼与中国道教的密切关系。可以说，黄鹤楼传说是这座历史名楼的灵魂，是黄鹤楼赖以生存和发展的根基。本讲以黄鹤楼的民间传说为主要内容，以历史文献资料为辅佐材料，以“黄鹤”作为切入点来展开，意在从文化意蕴的角度解读黄鹤楼“因仙得名”的原因所在，并简略地说明黄鹤楼传说与中国道教文化的关系。

【学习目标】

通过对“黄鹤楼传说”这一国家级非物质文化遗产的了解，一是能知道“黄鹤楼传说”与“因仙得名”之间存在着的必然逻辑联系；二是能把握住“黄鹤楼传说”所反映出来的人民群众对理想生活的期盼；三是能掌握“黄鹤楼传说”与中国道教文化的关系；四是能了解“黄鹤楼传说”对推动黄鹤楼文化（具体到黄鹤楼诗词文赋、建筑、绘画、戏曲、曲艺等）发展的巨大作用。

【重点概念】

楼名起源　黄鹤楼传说　黄鹤　道教文化

在第二讲中，我们说到黄鹤楼胜在地理位置的独特、优越和形制上。那么，黄鹤楼还胜在何处？那就是：胜在楼名起源的仙道传说上。

在名载千秋的神州楼阁中，谈到黄鹤楼的特别之处，就不得不提及它的楼名起源。中国的十大名楼里，除了山西永济的鹳雀楼，就只有黄鹤楼是以禽鸟之名来命名的。而此“黄鹤”却非比寻常，千百年来它身上被赋予了太多神话的色彩和传奇的故事，故而神州名楼中，以黄鹤楼的得名最具传奇色彩，其楼名的历史文化内涵最为丰富。因此，在这一章不妨驾乘着这只“黄鹤”来开启我们的寻仙问道之旅。

黄鹤楼的得名，历来有“因山名楼”和“因仙名楼”二说。“因山名楼”说与斯楼所处的特殊的地理位置分不开。黄鹤楼坐落在黄鹄山的黄鹄矶上。在古汉语中，“鹄”“鹤”二字有通用的情形。千百年来，以“鹄”称山，以“鹤”称楼，相沿成习。因为第二讲对黄鹤楼所处的黄鹄山以及黄鹄矶的具体情况作了较为详细的说明，所以此讲把重点放在“因仙名楼”上。而“因仙名楼”说则与仙人驾鹤的传说联系在一起，它们给黄鹤楼披上了一层浓厚的道教色彩。

一、是“黄鹤”也是“仙鹤”

唐代诗人崔颢徜徉黄鹤楼头，留下了“昔人已乘黄鹤去，此地空余黄鹤楼”的千古绝唱，千百年来，这首诗除了让我们感喟诗人的诗意情怀，也引来了人们无尽的遐想，“昔人”是何人，因何乘鹤而去，他又去向了何方？这就需要结合有关黄鹤楼的传说来解读了。

“黄鹤楼传说”是以武昌蛇山黄鹤楼为故事发生地。它滥觞于三国，成熟于唐、宋，鼎盛于元、明、清。“黄鹤楼传说”大体可分为三类，即神仙传奇、名人轶事、历史故事，其中尤以神仙传奇与黄鹤楼得名关系密切。生动的民间传说极大地激发了历代文人的创作灵感，催生了丰富多彩的诗词文赋，不仅推动了我国浪漫主义文学以及道教文学的发展进程，而且还极大地影响到绘画、音乐、建筑、戏曲、曲艺等艺术。"黄鹤楼传说"是古老的，但又是鲜活的。黄鹤楼之所以能成为千古名楼，除了独特的地理位置、精美的诗词文赋外，最主要的还在于"黄鹤楼传说"。可以说，"黄鹤楼传说"是这座历史名楼的灵魂，是黄鹤楼赖以生存和发展的根基。

世界各国皆有神，唯有中国除有神外还有仙。何为"仙"?"仙"是古代汉族神话中有特殊能力、可以长生不死的人。《家语》曰："不食者，不死而神。"《说文解字》："仙，长生仙去。从人从山。"《释名》解："老而不死曰仙。仙，迁也。迁入山也。故其制字人旁作山也。"中国传统文化中有"得道成仙"之说，指的就是凡人经过长年累月的修炼就可成仙。而修炼之处所需在高处或山上，成仙后也多住高处。仙人都是有出处、确有其人的。"黄鹤楼传说"中驾鹤仙人为谁呢?《黄鹄山志》卷首语说，"曰王曰费，荀仙吕仙"，指的就是王子安、费祎、荀瓌、吕洞宾等四人。

有学者曾经对"黄鹤"的传说做过一番历史的发掘和整理，他们发现最早的关于"黄鹤"的传说始于南朝时期的志怪小说《述异记》[①]。该书里面写道：

> 荀瓌字叔玮，事母孝，好属文及道术，潜栖却粒。尝东游，憩江夏黄鹤楼上，望西南有物，飘然降自霄汉，俄顷已至，乃驾鹤之宾也。鹤止户侧，仙者就席，羽衣虹裳，宾主欢对。已而辞去，跨鹤腾空，眇然烟灭。[②]

在这个故事中，我们看到了一个叫荀瓌的人，因好游历，一日看见仙人驾鹤而至，宾主二人相谈甚欢，只是好景不长，不久这位仙人便又驾鹤而去，消隐无踪。故事虽玄妙，但无前因也无后果，加之荀瓌此人，历史

---

① 《述异记》是古代小说集，主要记载了鬼异之事，共有两本。一本由南朝齐祖冲之撰，10卷，已失传。另一本由南朝梁任昉撰，2卷，最早见于《崇文总目》小说类，唐以前未见著录。

② 李剑国：《唐前志怪小说辑释》，上海，上海古籍出版社，1986年，559页。

并无记载，而他所遇到的仙人也无名无姓，因此我们很难构造出一个完整的故事脉络。

关于王子安，《南齐书·州郡志》（卷十五）中记载："郢州，镇夏口……夏口城据黄鹄矶，世传仙人子安乘黄鹄过此上也。"虽其记载较为简略，但南朝的齐王朝（公元479—502），上距三国孙吴修黄鹄矶军事岗楼也才200多年。

子安其人，《列仙传》有记载。该书卷下《陵阳子明》一篇中云：

> 陵阳子明者，铚乡人也。好钓鱼，于旋溪钓得白龙。子明惧，解钩，拜而放之。后得白鱼，腹中有书，教子明服食之法。子明遂上黄山，采五石脂，沸水而服之。三年，龙来迎去，止陵阳山上。百余年，山去地千余丈，大呼下人，令上山半。告言："溪中子安当来"，问"子明钓车在否"？后二十余年，子安死，人取葬石山下。有黄鹤来，栖其冢边树上，鸣呼"子安"云。

郦道元《水经注·沔水》（卷二十九）中也有此记载。李白《登敬亭山南望怀古赠窦主簿》诗中有"白龙降陵阳，黄鹤呼子安"的诗句，用的就是上面的典故，但有关子安的信息仍然不详。

到了唐朝，驾鹤的仙人终于有了清晰的形象，唐永泰元年（公元765年）阎伯理写的《黄鹤楼记》中有："州城西南隅有黄鹤楼者，《图经》云：'费祎登仙，尝驾黄鹤返憩于此，遂以名楼。'事列《神仙》之传，迹存《述异》之志。"在这则记载中，驾鹤之人便是费祎。另《太平环宇记》也有记载："黄鹤楼在县西二百八十步，昔费祎登仙，每乘黄鹤于此憩驾，故号为黄鹤楼。"费祎此人我们有史可查，他是三国时蜀末丞相，江夏鄳（音萌，在今湖北应山与河南信阳交界）人，字文伟，青年时期游学入蜀，先主时为舍人、庶子。后主时践位为黄门侍郎、侍中、中护军、司马。诸葛亮死后为后军师、尚书令、迁大将军、录尚书事，因御魏有功，封成乡侯，领益州刺史。延熙十六年（公元253年）为魏降人郭循所杀害，谥号敬侯。诸葛亮曾于《出师表》中赞赏费祎"志虑忠纯"，《三国志》中陈寿也评价费祎称其"宽济而博爱"。但让我们感到遗憾的是，尽管有关费祎的历史事件多有记载，但关于他羽化登仙的传说却只有只言片语，于是我们追问，在“黄鹤楼的传说”中，人们为何要将这一历史人物渲染上如此多的神话色彩，费祎与仙人传说到底是如何关联上的，这些都给后人留下了无限遐想的空间。不过，正是因为费祎拥有了驾鹤成仙的形象，自唐始，就有人在黄鹤楼旁建有费祎洞、费公祠，用来纪念费祎升仙后栖息之所。如唐人李宗孟《费公祠》一诗曰：“空遗费仙迹，江山余万愁。”晚唐诗人罗隐也有《游江夏口》一诗：“鱼听建业歌声过，水看瞿塘雪影来。黄祖不能容贱客，费祎终是负仙才。”1993 年，黄鹤楼东北约 70 米处的山北坡上修建了费祎亭（见图 3-1）。

当然，随着历史的推衍，更加完整的驾鹤仙人的传说开始呈现在我们面前。传说中的吕仙洞如图 3-2 所示。据宋元时期杂话刊本《报恩录》记载：

> 辛氏市酒山头，有道士数诣饮，辛不索赀。道士临别，取桔皮画鹤于壁，曰：‘客至，拍手引之，鹤当飞舞侑觞’。遂致富。逾十年，道士复至，取所佩铁笛数弄，须臾，白云自空飞来，鹤亦下舞，道士乘鹤去。辛氏即其地建楼，曰辛氏楼。

图 3-1　费祎亭

图 3-2　吕仙洞

这则故事说的是，辛氏在山头卖酒，有一位道士常常来喝酒，辛氏并不向他索要酒钱。道士后来要离开此地，临别时用桔皮在辛氏酒家的墙壁上画了一只鹤，并对主人说："有客来了，你就拍手，鹤会飞舞为喝酒的人助兴的。"此后辛氏酒家生意兴隆，逐渐富裕起来。过了10年，那位道士又来了，拿出他所佩戴的铁笛吹了数声，一会儿，白云自空中飞来，鹤亦从墙上飞下来舞蹈一番，然后道士乘鹤而去。辛氏便在道士驾鹤升天的地方建了辛氏楼。不难看出，这则传说较之以前，故事性更强，情节也更加完整，因此流传甚广。

不仅如此，后来清朝时，褚人获在《坚瓠八集》中更进一步地铺陈了细节，更是把辛氏幸运地逢到的道士指名道姓地称为吕仙，也就是道教神仙吕洞宾。不过他的推测并不是毫无根据的，因为按道教《道藏·历世真仙体道通鉴》言："吕祖以五月二十日登黄鹤楼，午刻升天而去。故留成仙圣迹。"按照道教的说法，道教仙人吕洞宾的确曾在黄鹤楼上羽化登仙，因此，直到今天，黄鹤楼所在的蛇山上，还留有吕洞宾"悟道炼丹"的"吕公洞"。而从元、明时起，黄鹤楼便成为吕洞宾传道、修行、教化的道场。

金代王朋寿《增广类林杂说》卷12中之《辛氏酒店》也记叙了这个故事。也有传说是"瓜皮画鹤"，二则故事情节很接近。

> 相传唐时吕纯阳尝客兹地，倦寓酒家，日饮数壶，累至数百；不偿值，复索饮，主人供给无倦色。纯阳喜之。适啖西瓜，遂以瓜皮画一鹤于壁上。始，色瓜皮青，久之变黄，遂为黄鹤。纯阳又教酒家童子唱道词，自敲板为节。已而唱时，鹤辄从壁间飞下，婆娑翔舞。观玩饮酒者，日数千人。凡阅数月，酒家得钱数百万，骤富。以钱酬纯阳，纯阳不受。遂构此楼志感，故名黄鹤楼。

这二则故事都彰显了仙术的离奇，更多地让我们看到道教神仙驾鹤遨游的自在与潇洒，不为外物所累的豁然通达的生活态度。

还有一则民间传说《吕洞宾跨鹤飞天》(跨鹤亭见图3-3)。

> 武昌靠近长江有一座蛇山，山上有一栋尖顶飞檐、金碧辉煌的黄鹤楼。要问这黄鹤楼的来历，那还得从吕洞宾跨鹤飞天说起哩！

相传，吕洞宾游玩了四川的峨眉山后，一时心血来潮，打算去东海寻仙访友。他身背宝剑，沿着长江顺流而下。这一天，来到了武昌城。这里的秀丽景色把他迷住了，他兴冲冲地登上了蛇山，站在山顶上举目一望，嗬！只见对岸的那座山好像是一只伏着的大龟，正伸着头吸吮江水；自己脚下的这座山，却像一条长蛇昂首注视着大龟的动静。吕洞宾心想：要是在这蛇头上再修一座高楼，站在上面观看四周远近的美景不是更妙吗！可这山又高，坡又陡，谁能在这上面修楼呢？有了，还是请几位仙友来商量商量吧。

他把宝剑往天空划了那么一个圈，何仙姑就驾着一朵彩云来了，他连忙把自己的想法向她说了，何仙姑一听就笑了："你让我用针描个龙绣个凤还差不多，要说修楼，你还是请别人吧！"吕洞宾又请来了铁拐李，铁拐李一听哈哈大笑："你要是头发昏，我这里有灵丹妙药，要修楼，你另请高明吧！"吕洞宾又请来了

图 3-3 跨鹤亭

张果老，张果老摇着头说："我只会倒骑着毛驴看唱本。"说罢，也走了。吕洞宾想，这下完了，连八仙都不行，哪里还有能工巧匠呢？正在这时，忽然听到从空中传来一阵奇怪的鸟叫声，他连忙抬头一看，只见鲁班师傅正骑着一只木鸢朝着他呵呵地笑呢。吕洞宾急忙迎上去，把自己的想法又说了一遍。鲁班师傅走下木鸢，看了看山的高度，又打量了一下地势，随手从山坡上捡来几根树枝，在地下架了拆，拆了架，想了一会说："咱们明天早上再商议吧。"

第二天早上，鸡刚叫头遍，吕洞宾就急急忙忙地爬上蛇山，只见一座飞檐雕栋的高楼已经立在山顶上了。他大声呼喊着鲁班的名字，登上最高一层，可连鲁班的影子都没有看到，只看见鲁班留下的一只木鹤。这木鹤身上披着黄色的羽毛，正用一对又大又黑的眼睛望着他。吕洞宾非常高兴，一会儿摸摸楼上的栏杆，一会儿看看楼下的江水，又取出一只洞箫对着波浪滚滚的江水吹起了曲子。他一边吹箫，一边又看看木鹤，这木鹤竟随着音乐翩翩起舞呢！他骑到了木鹤身上，木鹤立时腾空，冲出了楼宙，绕着这座高楼飞了三圈，一声鹤唳，钻进白云里去了。后来，人们就给这座楼起了个名字，叫黄鹤楼。

民间还流传有这样一则关于黄鹤楼的建楼故事：

很早以前，有个穷苦的老婆婆在武汉的蛇山上摆了个小茶摊。老婆婆心地善良，远近的穷苦人都愿意到她的茶摊歇脚喝茶。一天早上，老婆婆看见一个道士昏倒在地上，她连忙把他扶起，给他擦脸。道士醒后，老婆婆请他喝茶。道士说他已经三天没吃饭了，哪有钱喝茶啊！老婆婆冲了茶又掏钱买了两个烧饼给道士吃。道士吃了饼、喝了茶，站起来笑着说："好心必有好报。"说着用手一指，只见金光一闪，老婆婆揉揉眼睛一看，小茶摊变成了好大的一座茶楼。道士又在墙上画了一只黄鹤说："你拍三下，它就会下来跳舞。"说完就不见了。老婆婆的茶摊变成了茶楼，大家边喝茶边看黄鹤跳舞，高兴极了。生意越来越好了。黄鹤会跳舞的消息传到一个地主的耳朵里，他想：如果把黄鹤弄到手，就发大财了！一天，财主带人来到茶楼大喊："我家会跳舞的黄鹤丢了，听说在这里，快还给我！"老婆婆向墙上一指，说："有本事你拿走！"财主一看，原来是幅壁画。财主红着脸低着头溜走了，招得满堂的茶客哈哈大笑。县太爷听说此事，他想把黄鹤献给皇帝，自己好升官发财。县太爷带人来到茶楼，大家正兴高采烈地欣赏黄鹤跳舞。县太爷一看到黄鹤，也顾不得做官的尊严了，直朝黄鹤扑去。不等县太爷近身，黄鹤一抖翅膀，飞回到墙上去了。县太爷连忙拍手，手都拍肿了，黄鹤仍然在墙上一动不动。县太爷气得快疯了，下令说："连墙一起给我搬回府去！"县太爷在县衙里又烧香上供，又作揖磕头，可是黄鹤还是一动不动。县太爷气坏了，叫人涂油漆盖上，油刷了几遍，黄鹤照样出现在墙上。县太爷又叫人用火烧，大火烧了好久，黄鹤依然完好如初。突然，黄鹤眨眨眼睛从墙上飞下来，县太爷喜出望外，连忙抱住黄鹤的腿。黄鹤飞起来了，飞上了天。县太爷也跟到半空里，他的乌纱帽都被风刮掉了。飞呀飞，县太爷低头一看，黄鹤正飞在波涛汹涌的长江上空。县太爷吓坏了，全身发抖，一松手，从半空中掉到长江里淹死了。黄鹤飞回茶楼，老婆婆坐到黄鹤身上飞向了远方。以后，人们就在这茶楼的地方建起了黄鹤楼。如今它又以崭新的姿态，矗立在长江边上。

以上是关于黄鹤楼的几则具有代表性的传说故事。显然，不管时光如何流转，驾乘仙鹤的人或许在变化，但那只神奇的仙鹤却始终都在，一定程度上也为我们初步解答了一个疑惑，那就是为什么"黄鹤楼"要以"黄鹤"为名，想必大家可能在听故事的同时，还有一些更深层次的疑惑需要解答，比如，黄鹤自不比普通禽鸟，它在神话传说中应该是一类仙鸟，为什么人们会把飞升成仙的载体寄寓在黄鹤这种禽鸟身上呢？此外，在这些传说中有两个比较清晰的人物形象，那就是费祎和吕洞宾，那么他们和这只仙鹤之间又有什么样的文化渊源，羽化登仙的故事背后究竟有着怎样的文化内涵？要想解答这些疑问，我们不得不进一步寻根探源。

二、道教“神仙”与“仙鹤”

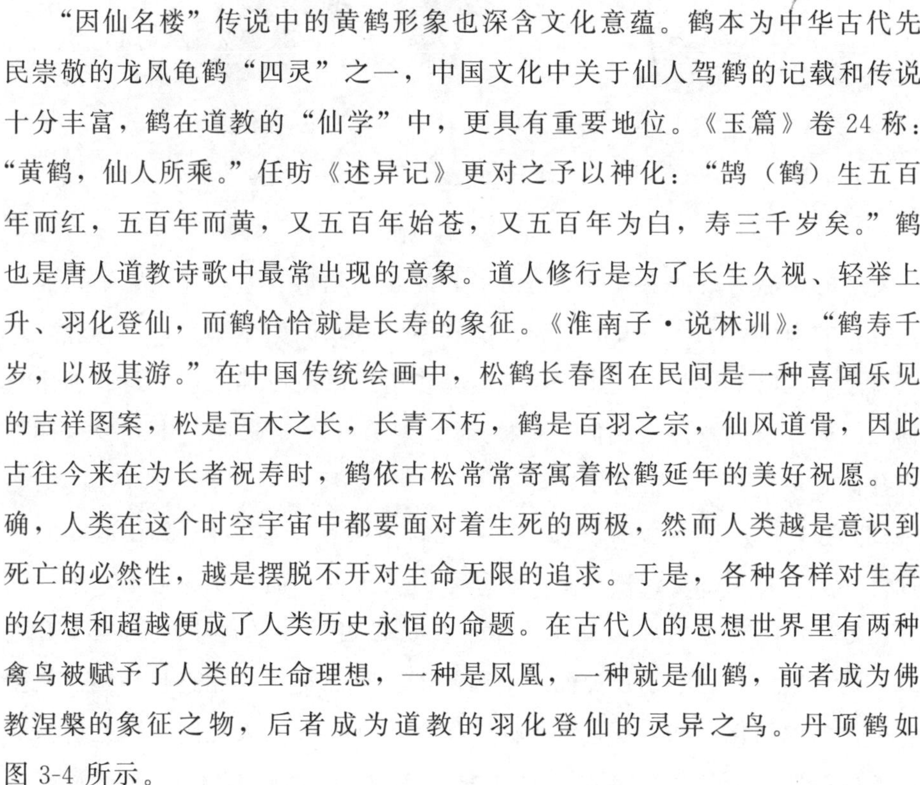

“因仙名楼”传说中的黄鹤形象也深含文化意蕴。鹤本为中华古代先民崇敬的龙凤龟鹤“四灵”之一，中国文化中关于仙人驾鹤的记载和传说十分丰富，鹤在道教的“仙学”中，更具有重要地位。《玉篇》卷 24 称：“黄鹤，仙人所乘。”任昉《述异记》更对之予以神化：“鹄（鹤）生五百年而红，五百年而黄，又五百年始苍，又五百年为白，寿三千岁矣。”鹤也是唐人道教诗歌中最常出现的意象。道人修行是为了长生久视、轻举上升、羽化登仙，而鹤恰恰就是长寿的象征。《淮南子·说林训》：“鹤寿千岁，以极其游。”在中国传统绘画中，松鹤长春图在民间是一种喜闻乐见的吉祥图案，松是百木之长，长青不朽，鹤是百羽之宗，仙风道骨，因此古往今来在为长者祝寿时，鹤依古松常常寄寓着松鹤延年的美好祝愿。的确，人类在这个时空宇宙中都要面对着生死的两极，然而人类越是意识到死亡的必然性，越是摆脱不开对生命无限的追求。于是，各种各样对生存的幻想和超越便成了人类历史永恒的命题。在古代人的思想世界里有两种禽鸟被赋予了人类的生命理想，一种是凤凰，一种就是仙鹤，前者成为佛教涅槃的象征之物，后者成为道教的羽化登仙的灵异之鸟。丹顶鹤如图 3-4 所示。

“因仙名楼”也是道教思想的具体体现。道教继承了道家思想，将“重人贵生”作为自己神学教义思想的重要组成部分，认为人应当重视自身的躯体和热爱生命。因此，道教终极关怀的一个重要指向就是追求生命的长生持久。东晋葛洪在《抱朴子·勤求》篇中有：“天地之大德曰生，生好物者也。是以道家之所至秘而重者，莫过乎长生之方也。”也就是说，道教不否认死的存在，有生就有死，这是天地的规律，但道教的重要意义却是给人们指出长生不老的秘方。《道德经》第三十三章就有“死而不亡

图 3-4　丹顶鹤

者寿”的说法，后世道教也推衍出了人的躯体是形、气、神三者统一的观点。人的肉体死了，但人的气和神能够不消散，因为气不散，神常驻，那么就是“死而不亡”了。如此，人生就能达到得道成仙的境界，而羽化登仙也就成就了道教由人成仙的终极追求。《庄子·逍遥游》中就曾这样形容神仙的存在：“藐姑射之山，有神人居焉。肌肤若冰雪，淖约若处子；不食五谷，吸风饮露；乘云气，御飞龙，而游乎四海之外。”在道教的神仙世界里，场景常常就是在高山崖顶，白云生处，仙人自在逍遥，来去无碍，他们虽不食五谷，但却永生常在。这种可以超越时空的纵逸飞升之态，道教不仅把它给予了神仙，也赐予了道教的神鸟，那就是仙鹤。从某种程度上说羽化登仙，既是讲神仙能像禽鸟一样飞身天地间，也是讲禽鸟承载着神仙飞升天际的理想。道教钟情于仙鹤，是因为仙鹤也是长寿之鸟。在道教的理想世界里，神仙能够长生不老，便实现了对于凡人生命时限的超越；神仙能够驾鹤腾云、任意巡游于天地之间，便实现了对于凡人生存空间的超越。松鹤图如图 3-5 所示，仙人乘鹤图如图 3-6 所示。

时至今日，人们依然保留着对飞鹤的神奇想象。加之黄鹤楼脚下的蛇山，隔江相峙的龟山，中国古代生物观中最有灵气、最吉祥长寿的三种文化生灵，就这样自然地、绝佳地搭配组合在一起，更使人们对黄鹤楼产生无限的遐想。

图 3-5 松鹤图

图 3-6 仙人乘鹤图

黄鹤楼“因仙名楼”的传说呈示着一种中国人的神仙观念，意味着人的思维和想象向广阔空间的大胆飞跃，意味着对人的潜在能力有着无限的信心，是中华民族文化心理的具体折射。如果说儒家思想代表了中国人的现实主义精神，道教则代表了中国人的浪漫主义精神。

“黄鹤楼传说”中的驾鹤仙人大多是魏晋南北朝时期的人，而魏晋南北朝是中国神仙道教最为盛行的时期，这绝不是一种巧合，而是有着密切的内在关联的。魏晋南北朝时期，社会动荡，战乱频繁，政治黑暗，人民生活苦不堪言，需要有一个精神上的寄托，所以佛道之说甚为流行。士人又崇尚自由放任的生活，于是修道炼丹，渴望有一天能够羽化成仙，超脱凡俗，长生不老。道家飞升的方式有两种：一是肉身羽化，二是借物凌空。羽化成仙固然与个人修炼有关，也与修炼场地有关。从飞升的便利来看，一是修炼场所越高越好，障碍物越少越好；二是有适合的飞升禽类。这两个条件黄鹤楼都具备。

说到黄鹤楼的高，在民间流传着这样一则故事：

传说乾隆年间，有三个进士一起从京城返乡，一个是河南的，一个是四川的，一个是湖北的。午饭时刻，他们在一酒馆聚酒，谈起家乡的名胜景观，均夸口赞叹。河南进士道：“河南有个开封塔，离天只有一丈八。”四川进士道：“四川有个峨眉山，离天只有三尺三。”此时，只见湖北进士仍慢悠悠地吃着酒，两人目光齐刷刷向他投去，湖北进士呷了一小口，摇头晃脑地说：“湖北有个黄鹤楼，半截伸在天里头。”两进士不服，都说不可能，要罚湖北进士酒，湖北进士仍慢吞吞道：“若不信，乘船游。”湖北进士通晓天文地理，能观星象，知道三日后即有大雾，便邀约两人游江，及至长江黄鹤楼脚下，此时黄鹤楼上大雾弥漫，顶端全像是没入云里，两人便齐赞：“黄鹤楼的高度果然名不虚传！”

尽管这个湖北进士是在吹牛，但是黄鹤楼耸立于蛇山之巅，卓然而起，雕檐欲飞，楼下即为长江，水雾氤氲，望之确如仙境。因此它实是道教信徒心目中最易羽化飞升的场所。

当然所有的神仙并不是肉身飞升，更多的是驾物凌空，在飞升当中，以禽类最受神仙欢迎，神话中常见的有凤凰、大鹏等，但最受青睐当推鹤。这是因为大鹏过于凶猛威武，与道家的审美意趣有些不符；凤凰过于华贵富丽，世间罕见，可谓可遇不可求。鹤就不一样，珍贵但不罕见，姿态优雅，灵动轻盈，品性高洁，同时鹤又是长寿的象征。因此，道教信徒将鹤作为羽化登仙的坐骑也就顺理成章了。

正因为具备以上两个因素，黄鹤楼成了道教修仙的圣地，吸引着众多修道者来这里寻仙访道，其中最著名的当推李白，他在《望黄鹤楼》一诗中说道：“颇闻列仙人，于此学飞术。一朝向蓬海，千载空石屋。”诗人渴望羽化登仙的心是如此的虔诚。

这样，人们相传的黄鹤楼传说，情节虽简略，却意味着此楼是神仙与凡夫的一个交会点，而此交会点又处于大江奔流、惊涛拍岸、云天相接的雄奇壮丽景观之间，这更能彰显出黄鹤楼名的历史文化底蕴。

“因山名楼”说尽管比较实际与科学，然而人们却更钟情于幻想和传说。神仙传说使千古名楼更具魅力，更富风采，更享盛名。即使因山名楼，其说也不是不带一点神奇色彩。“鹄”与“鹤”两字虽有通用的现象，但鹄与鹤毕竟是两种不同的鸟。鹄，亦称黄鹄，即天鹅，是自然界实有的。而自然界却没有黄鹤，只有丹顶鹤、白鹤。正是由于世界上根本没有，才能吸引人们去遐想和追求，正如世上本无凤凰，凤凰却成了人们心向往之的祥瑞的象征一样。中国人以黄为尊，把世上实有又稀有的鹤涂上一层尊贵的黄色，让它变得扑朔迷离、虚无缥缈，不是更能增加了名楼的神奇性吗？试想，如果把黄鹤楼叫作黄鹄楼，其风采神韵不就无形中黯然失色了吗？

黄鹤楼之名本源于民间传说，有关黄鹤楼的民间传说在江城世代相传，脍炙人口；近期又经有关专家评审通过，被列入国家级第三批非物质文化遗产保护名录之中。这也是神州其他名楼所不及的。

三、费祎与吕洞宾

接下来，在有关黄鹤楼的传说中还有两个羽化登仙的主人需要我们去了解，他们一个是费祎，一个是吕洞宾。两人当中吕洞宾和道教是有直接关联的，他被奉为全真教的祖师，道号纯阳子，他的神仙经历多为天下人津津乐道。但费祎呢？在三国历史上，他是继诸葛亮之后承续蜀汉政权的中坚力量，许多史书对他都有较高的评价。如果要说他与荆楚大地的重要联系，最直接的莫过于他的祖籍是荆州江夏郡，也就是今天的武昌。只是为什么后世会把他写进黄鹤楼羽化登仙的神仙图谱呢？他的生平经历和道教究竟有什么暗合之处呢？我们不妨还是回到历史中，在《三国志·费祎传》中曾经记载过这样的一段故事：

> 延熙七年，魏军次于兴势，假祎节，率众往御之。光禄大夫来敏至祎许别，求共围棋。于时羽檄交驰，人马擐甲，严驾已讫，祎与敏留意对戏，色无厌倦。敏曰："向聊观试君耳！君信可人，必能办贼者也。"祎至，贼遂退，封成乡侯。琬固让州职，祎复领益州刺史。

延熙七年，魏军驻扎在兴势山，后主授予费祎具有生杀予夺权力的符节，宣布由他率领兵士前去抵御。光禄大夫来敏到费祎处告别，请他一起下盘棋。当时战事正急，军书往来传递军情不断，人马披甲戴盔紧张忙碌，战车已经整备完毕，而费祎却与来敏专心致志地下棋，毫无急躁厌倦的样子。来敏说："我来这里只不过是观察试探您罢了！看来您确实是最适宜的人选，一定能打退敌寇。"果然，费祎到了兴势山，敌人就撤退了，于是费祎被封为成乡侯。我们从这个故事里不难看到一个从容淡定、宠辱不惊的将领形象，我们为什么要谈到这个故事呢？因为这样相似的情形《世说新语·雅量》也有：

> 豫章太守顾劭，是雍之子。劭在郡卒。雍盛集僚属自围棋，外启信至，而无儿书，虽神气不变，而心了其故，以爪掐掌，血流沾褥。宾客既散，方叹曰："已无延陵之高，岂可有丧明之责！"于是豁情散哀，颜色自若。

顾雍的儿子死的时候，顾雍正在与同僚下棋，尽管他内心悲痛，但他神色淡定地继续下棋，在他看来，人生更好的境界应该是超脱忧惧、从容旷达。魏晋名士的淡泊宁静、虚怀若谷的风度是他们谈玄论道、人生修为的结果，而费祎身上同样体现了魏晋名士的这种独特气质。不仅如此，在蜀汉政权焦困之际，诸葛亮频繁北伐耗尽蜀汉国力之后，费祎当政六年，没有再大规模地对魏国用兵。蜀汉政权在这十几年内获得了一个相当难得的休养生息的机会。费祎死后，姜维当政的五年，年年兴兵，年年用兵，刚刚积蓄的一点国力又被瞬间耗空。费祎的主政思想与其前后的当政者的差别正在于对道家休兵止战观念的继承。由此可见，费祎无论是为人处事还是为政治国方面都与道家思想一脉相承，因此，费祎死后，道教给予他羽化登仙的美化就不是没有缘由的。从另一方面来说，黄鹤楼有关费祎的传说也表达了人们对理想政治的一种期盼，面对社会的黑暗，人生的痛苦，人们渴望道家豁达无为的治世思想能够帮助他们摆脱政治上的忧患与惊悸，使人人都能安居乐业，竟其天年。

下面我们再说说吕洞宾。刚才我们提到吕洞宾是道教典籍中颇多笔墨描写的一个神仙形象，在表现八仙传奇的小说《东游记》里就这样写道："真人生而金形玉质，道骨仙风，鹤顶猿背。虎体龙腮；凤眼朝天，双眉入鬓……"他的眉眼形神已经为我们淋漓尽致地再现了纯阳真人超凡脱俗的风度。在道教典籍中，他原是凡俗之身，也曾有科考和为官的经历，但人到中年，经高人点化，看淡功名，弃官入道，游历山水，求道度人，最终得道成仙。传说中神仙道人驾乘仙鹤往来于天地间的逍遥和自由，在吕祖身上有了具象化的体现，这也正反映出道教为世人展开的另外一种人生的图景，那就是完成生命的自在和幸福，追求超越世俗烦恼的快乐和圆满。

吕洞宾在八仙排行中虽不是老大，但是其影响却是其他七仙无法相匹的，汉钟离等七仙的专庙寥寥无几，而奉祀吕洞宾的吕祖庙、吕祖阁却成千上万、遍布各地。

不仅如此，值得大家注意的就是，吕祖还有为人间除害的神迹，《吕祖全书·吕祖本传》中就有吕洞宾从火龙真人处得到了天遁剑法，"初游江淮，试灵剑，除长蛟之害"，平定了一方水患。这一段经历后来又被很多文学作品演绎加工，"飞剑斩黄龙"的故事就是因此而取材。中国自古就多灾多难，水灾在民间有孽龙作怪的说法，而吕洞宾的神通便在于惩治孽龙，治理水患，为民除害。我们都知道，黄鹤楼濒临万里长江，长江既孕育着荆楚文化的灵魂，但另一方面，江水无情，长江水患也常常让江城老百姓苦不堪言，长江水灾从汉代起就有简略记载。据学者统计，唐代至清近1293年，长江共发生水灾223次。由此可见，历朝历代生活在长江沿岸的人们也寄希望有这样的神灵能够赐予人间福祉并护佑百姓，而吕洞宾的神迹恰恰暗合了老百姓的心理诉求。

这样一来，对于黄鹤楼的传说我们可以做一个简单的小结了。羽化登仙，驾鹤长空，这是道教的人生理想，而矗立在烟波江畔的黄鹤楼正是这种道教信仰的传神写照。她一方面承载了文人骚客追求生命自在和幸福人生的理想，另一方面也寄寓了人民群众对政治清明、社会太平的期盼。即使黄鹤楼的历史已经演进了上千年，但我们依然能够在这座楼阁中感受到世俗愿望与宗教信仰的交融共生。

【本讲小结】

本讲以黄鹤楼的民间传说为主要线索，辅佐以历史文献资料，以“黄鹤”作为切入点来讲解，重点讲了两个方面的问题：一是“黄鹤”与“仙鹤”的关系；二是道教“神仙”与“仙鹤”的关系。旨在揭示黄鹤楼传说的丰富历史文化底蕴，梳理清楚黄鹤楼“因仙得名”的原因所在，也想说明道教文化在黄鹤楼传说发展过程中所起到的重要作用，这样可以将黄鹤楼从历史文化的角度与神州其他名楼区分开来，从而凸显出黄鹤楼独特的文化魅力。

【思考与练习】

1. 黄鹤楼传说为何能成功申请国家级的非物质文化遗产？
2. 黄鹤楼传说中的“神仙传奇”能理解为封建迷信思想吗？为什么？
3. 试解析“黄鹤”这一形象的文化内涵。
4. 试论证说明黄鹤楼传说与中国道教文化之间的关系。

【扩展阅读】

1. 李剑国．唐前志怪小说辑释［M］．上海：上海古籍出版社，1986.

2. 吕庆庚，邓泽民，哈经雄，等．中国民间故事集成·湖北卷［M］．北京：中国民间文艺出版社，1999.

3. 刘守华．黄鹤楼传说的“神仙情结”［J］．中南民族大学学报，2013（5）.

第四讲　诗词千古话沧桑——黄鹤楼上的文人骚客

【本讲导读】

本讲主要是从文学的角度来谈黄鹤楼的特别之处，为此，特引进了“文学景观”这一概念。同学们对“文学景观”可能较为陌生，且因时间与篇幅所限，这里也不可能展开来讲，可在课外阅读相关资料。但大家要记住：不同的文学家或旅游者会赋予文学景观以不同的文化内涵，一个著名的文学景观往往就是一种文化的一个记忆库。而黄鹤楼之所以享有“天下绝景”之美称，自然与其厚重的文学底蕴关系密切。本讲重点放在对有关黄鹤楼文学作品的解读上，同时因篇幅的原因，本讲主要是谈有关黄鹤楼的诗词作品，这是因为在黄鹤楼的文学作品中，诗词数量较多，而散文、游记的数量较少，楹联则专有一讲。本讲主要分为两大块：一是唐代及唐之前的诗词作品；二是宋代及之后的诗词作品。所选诗词作品也只是极少部分，只能窥斑见豹，要想获取较为全面的认识，还需在课外阅读相关资料。

【学习目标】

通过本讲要达到的目标：一是对“文学景观”这一概念有一个较为清晰的理解；二是对不同时间段的黄鹤楼诗词作品的具体情况有一个整体的认识；三是能把握住黄鹤楼诗词产生发展的原因；四是对黄鹤楼诗词内容类别有一个较为客观、准确的认识。

【重点概念】

文学景观　观景点　黄鹤楼诗词

前面两讲分别从地理形制、楼名起源介绍了黄鹤楼的相关情况，下面则从文学景观的角度谈谈黄鹤楼的特殊之处，即黄鹤楼还胜在文学景观的内涵厚重上。

所谓文学景观，是指那些与文学密切相关的景观，它属于景观的一种，却又比普通的景观多了一层文学色彩，多了一份文学内涵。如人们熟悉的阳关、玉门关、鹳雀楼、黄州赤壁等景观，最初名气并不大，但都因有了描写该景观的文学作品而名满天下。故而文学景观既是自然景观、人文景观与文学相结合的产物，也是文学家或旅游者共同作用的结果。不同的文学家或旅游者会赋予文学景观以不同的文化内涵，一个著名的文学景观往往就是一种文化的一个记忆库。而黄鹤楼之所以享有“天下绝景”之美称，自然与其厚重的文学底蕴关系密切。

一、唐代之前有关黄鹤楼的文学简介

在前面讲到黄鹤楼的地理形制时，我们曾重点介绍，黄鹤楼是建在临江的黄鹤矶上的。而就现存资料来看，与黄鹤楼相关的诗篇中，时间最早的是南朝宋时的大诗人鲍照所写的《登黄鹤矶》：

木落江渡寒，雁还风送秋。
临流断商弦，瞰川悲棹讴。
适郢无东辕，还夏有西浮。
三崖隐丹磴，九派引沧流。
泪竹感湘别，弄珠怀汉游。
岂伊药饵泰，得夺旅人忧！

鲍照（约公元 414—466）是南朝宋代的文学家，字明远，本籍东海（今山东郯城）。他出身寒微，大半生是在坎坷中度过的。后来以文学之士的身份入江陵临川王刘义庆幕府，再后又为临海王刘子顼的参军，掌书记。刘子顼镇守荆州时，江州刺史晋安王刘子勋称帝，刘子顼举兵响应，子勋兵败，子顼被赐死，鲍照在荆州为乱兵所杀。

鲍照一生虽沉沦下僚，很不得志，但他的诗文在生前就颇负盛名。诗、赋、骈文都不乏名篇，而成就最高的则是诗歌，其中乐府诗所占的比重很大，且多名篇，他还擅长写七言歌行体，能吸收民歌的精华。鲍照因出身寒门，在当时门阀制度盛行的情况下，他虽有报国大志，但深受歧视，以至仕途坎坷，内心多有不平。其诗风格多样，词采华丽，感情丰沛，形象鲜明，并具有浓厚的浪漫主义色彩，对唐代的李白、高适、岑参等人的创作有一定的影响。杜甫曾以“俊逸”二字来称誉他的诗。他与谢灵运、颜延之合称“元嘉三大家”，有《鲍氏集》《鲍参军集》留世。

《登黄鹤矶》一诗写于南朝宋大明六年（公元462）。这一年，刘子顼由新渚（今南京）赴荆州任刺史，鲍照同行，途经武昌，登黄鹤矶而作此诗。

首二句“木落江渡寒，雁还风送秋”，写登黄鹤矶时所见景物并点明季节：大雁南飞，寒风北来，树叶纷纷零落，长江边的渡口平添了一派肃杀萧条景象。这两句意象开阔而又苍凉，一开始就使诗蒙上了一种抑郁低沉的情调，起手不凡。清代的方东树在《昭昧詹言》中称其可与屈原“洞庭波兮木叶下”比美，并非虚美之辞。

三、四两句，切题之“登”，写诗人登上黄鹤矶，俯视着茫茫长江，不由得悲从中来，抚弦怆然。“商”是凄厉的高音阶，诗人满腔悲愁之余，琴弦高张，琴声凄绝，直弹到弦子蹦然而断。此时江上又传来阵阵渔歌，这歌声在秋风中显得格外悲凉，使诗人胸中一悲未已，一悲又起。当时，诗人已年近五十，近三十年的漂泊奔波，使他的身心受到了极大的摧残，他迫切希望能有一个安宁的生活环境，不再四乡奔波。这次他在临上荆州时的《从临海王上荆初发新渚》诗中，就已吐露了“奉役涂未启，思归思已盈”的不愿离乡远行之情；而面对肃杀的秋景，诗人不禁联想到了人生暮年的来临，而大江的川流不息，又让他痛感生命的一逝不返，所以诗人不禁索琴急弹、一泻悲怀。

中间四句，正面写登临所见。“郢”，楚国国都，即荆州江陵，诗人由武昌往江陵，不得东回，故云“适郢无东辕”。下句“还夏有西浮”，借用《楚辞·哀郢》中“过夏首而西浮”句，“夏”即夏水，在江陵附近，诗人前往江陵，故只有浮舟西行。“三崖隐丹磴，九派引沧流”，《荆州记》云：“江至浔阳，分为九道。”“九派”指浔阳（今江西九江）至武昌一段，长江分为许多支流。“三崖”，钱仲联认为：“似指江宁三山而言，地隔已远，故隐没而不见也。”[①] 丹磴当指在阳光照映下焕发出红光的远山。诗人远眺家乡，却不得而见，只有收回目光，近看眼前的江流纵横。这四句看上去全似客观叙述，然其中却贯注了强烈的感情色彩。前两句用《哀郢》语，暗示自己的西行，也如屈子去郢一般，是极不情愿之事。后两句中，“丹”字是全诗唯一暖色调字眼，而它偏偏又标志着故乡的方位，足见在一片灰暗秋景中，唯有故乡方向的一片阳光，才能给诗人心头带来一丝暖意。这“丹”字的色彩与全诗不协，正显示着故乡与黄鹤矶——奔波宦程的象征——之间的鲜明对立。至于那九派乱流，正是望故乡而不见的诗人内心忙乱的外化。一个“沧”字，又从音节上使读者联想到景色的“苍”凉、内心的悲“怆”，含蕴极为丰富，而外表又极不露声色。

诗的最后四句，写登临眺望所引起的感受和当时的心情。“泪竹感湘别”，用舜二妃事，作“药饵”的享受。《博物志》云：“尧之二女，舜之二妃，曰湘夫人。帝崩，二妃啼，以涕挥竹，竹尽斑……”但这些又不能驱散自己心中的无穷悲愁。最后两句点明悲愁心绪，收束全篇，照应前文的断弦、悲歌，首尾呼应。一个憔悴老病、忧愁万端的诗人形象跃然纸上。

此诗对仗工稳，是向永明体过渡时期的代表作品，全诗苍劲遒劲，沉郁内敛，遣词造句形象生动，直抒胸臆。首二句尤其警策，沈德潜评之为“发端有力”[②]，而唐代孟浩然的“木落雁南度，北风江上寒”（《早寒有怀》），受此二句的影响，更是显而易见的。

---

① 钱仲联：《鲍参军集注》，上海古籍出版社，1980年。

② 沈德潜：《古诗源》卷十一。

而中国文学史上第一首书写黄鹤楼的诗歌，应该是南朝陈代诗人张正见的《临高台》，该诗描绘了黄鹤楼的壮观景色：

层台迩清汉，出迥驾重棼。
飞栋临黄鹤，高窗度白云。
风前朱幌色，霞处绮疏分。
此中多怨曲，地远讵能闻。

《临高台》，汉鼓吹铙歌十八曲之一。《乐府解题》曰："古辞言：'临高台，下见清水中有黄鹄飞翻，关弓射之，令我主万年。'若齐谢朓'千里常思归'，但言临望伤情而已。宋何承天《临高台》篇曰：'临高台，望天衢，飘然轻举凌太虚'，则言超帝乡而会瑶台也。"按《乐府诗集》所收魏文帝曹丕《临高台》，即《乐府古题》所谓古辞，而谢朓、王融、梁简文帝、沈约、陈后主、张正见、萧悫诸作，或言高台望远之情，或写崇台眺望之景，可见齐梁以来诗人已将《临高台》视同诗题了。

张正见，字见赜，主要生活在南朝梁陈之际。张正见幼年时即聪慧好学，深受梁简文帝的赞许。《陈书·文学传·张正见传》云："正见幼好学，有清才。梁简文在东宫，正见年十三，献颂，简文深赞赏之。"陈代建立之后，高祖陈霸先"诏正见还都……累迁尚书度支郎、通直散骑侍郎，著士如故"。今存张正见诗约90首，他是陈代诗人中留存作品较多的一位，其中乐府诗42首，内容涉及边塞、都城、咏物、记游、写景等几个题材。张正见诗歌主要为五言诗，《陈书》记载："有集十四卷，其五言诗尤善，大行于世。"

张正见虽生活于诗风堕于绮靡轻艳、往而不返的梁陈时期，其诗自然不可避免地带有南朝诗风的习气，却能振拔于流俗之间，依旧有着鲜明的艺术特色，这主要表现在铺张华丽的藻饰和清净雅致的意境这两方面。他的边塞拟乐府诗笔力雄健，颇具清壮之气。"部分诗作表达了失志士子怨愤无奈的情绪，可称鲍照之苗裔，在'情志匿而物色盛'的梁陈诗中有其独特的价值；对山水风景的描写，也有一部分诗作能脱开齐梁咏物的雕琢绮碎作风，上接何逊、谢朓等诗人明净清丽的风格。这是张正见诗歌创作的艺术价值所在。”[①]

南朝陈代名士多喜文会赋诗，游宴则成为主要的活动形式。如陈宣帝太建初（约570），徐伯阳与张正见等十余人，“游宴赋诗，勒成卷轴”[②]，徐伯阳集而序之，一时传为文坛佳话。而“游宴赋诗”的场所多选为视野开阔的高台、高楼等处，黄鹤楼临江矗立，自然是文人名士的首选之处。这首《临高台》，即是诗人登临黄鹤楼，观赏江山胜景有感而发。

如前所说，黄鹤楼因建在黄鹤矶上，具有“依山傍江，开势明远，凭墉藉阻，高观枕流”的优势，居高临下，看上去更加雄伟挺拔，它以独特的形式、高耸的体量，与自然地形和周围低矮的民居形成对比，使人产生强烈的视觉冲击。凭借此，可以居高俯瞰，环视全城，同时具有瞭敌防御、控制河道的实用功能，可以保护城市安全。所以诗人起笔两句“层台迩清汉，出迥驾重棼”，用极度夸张的手法直写黄鹤楼的建筑雄伟，交错叠置的屋架梁之高，高到接近天河了。这是对黄鹤楼的整体概括，写出了黄鹤楼的精气神。接下来的“飞栋临黄鹤，高窗度白云”两句，则用“黄鹤”“白云”这两个极能显示高度的意象，具体地展现黄鹤楼之高，从而不流失于空泛，这也能使读者对黄鹤楼的高度，有一个具体而清晰的感觉。而五、六两句“风前朱幌色，霞处绮疏分”则是转换角度，写人登上高楼，倚窗凭栏远眺时于楼中所见，其细节处可见诗人观察之细微，显得自然真实，同时也写出了黄鹤楼建筑的精致华美。七、八两句“此中多怨曲，地远讵能闻”，在写景的基础上抒发情感。所谓有愁不登楼，登楼愁更愁。诗人登楼，触景而生怨愁之情，何因而有此怨愁？诗人似乎不便表明，故而很巧妙地借用了黄鹤楼之高，地面上的人们是听不到楼上之人所发之声的客观实情来表达出来，丝毫不牵强，有着一种自然天成的效果，聪明的读者自然心领神会。

此诗围绕着黄鹤楼的“高”来成诗，虽夸张却真实可信，尤其是七、八两句，增强了全诗的内涵。其语言自然清新，全无齐梁咏物诗的雕琢绮

① 周若卉：《从齐梁诗风演变看张正见的诗歌艺术》，北京大学硕士论文，2012年。
② 《陈书·文学传·徐伯阳传》。

碎的毛病。

由于历史和战乱等原因，唐代以前黄鹤楼文人登览的资料寥寥，以至于我们今天所能见到的唐代以前的关于黄鹤楼的文学作品只有以上的两首。然而，到了唐代，黄鹤楼逐渐成为文人雅士登临的著名景点，这也成就了黄鹤楼空前的文学盛况。

二、唐代黄鹤楼的文学盛况

（一）千古绝唱《黄鹤楼》

提到描写黄鹤楼的诗歌，人们首先想到的就是盛唐诗人崔颢的那首《黄鹤楼》，这首诗诞生以后，就与黄鹤楼紧密地联结在一起，成为黄鹤楼文学景观的“擎天柱”。人们谈到黄鹤楼，就会想起这首诗；吟诵这首诗，就会联想到黄鹤楼，因此说一首诗成就了一座楼丝毫不为过。

先看看崔颢的《黄鹤楼》：

昔人已乘黄鹤去，此地空余黄鹤楼。
黄鹤一去不复返，白云千载空悠悠。
晴川历历汉阳树，芳草萋萋鹦鹉洲。
日暮乡关何处是？烟波江上使人愁。

崔颢是唐开元、天宝时期享有盛名的诗人。《旧唐书》将他与王昌龄、高适、孟浩然放在同列，中唐人又将他同王维并称。崔颢是开元进士，但在仕途中很不得志。年少风流的才子崔颢刚入京时，为疏通应试渠道，曾上书权贵李邕，因首章“十五嫁王昌”而遭斥责。[①] 从此，崔颢便“名陷轻薄”，被视为有才无行之人，因而在登科进士后到天宝初的二十多年中（公元723—744），一直作为军僚在外地漫游，足迹遍于大江南北，后至武

① 《新唐书·崔颢传》。

昌，“登黄鹤楼，感慨赋诗”[1]，由此推测，《黄鹤楼》一诗或许写于这一漫游时期的后期。

“昔人已乘黄鹤去，此地空余黄鹤楼。”古云，“有愁不登楼”，而诗人正是于仕途失意，漂泊无依之际，满怀悠悠愁思登上黄鹤楼的。因此，起笔就表现出诗人吊古伤今的情怀，一个“去”，一个“空”，表达了诗人的无限惆怅之情。这是因为贞观之治已成为过去，还是因为开元盛世由极盛而衰？是因为朝政腐败，宦官专权，还是因为仕途失意，报国无门？是因为怀才不遇，还是因为苦闷的乡愁？虽未指实，但可以想象，此时诗人的思绪是复杂的。

“黄鹤一去不复返，白云千载空悠悠。”登斯楼对斯景，诗人从大半生的丰富阅历中形成的对宇宙、社会及人生的看法，终于借此得到了宣泄。就人生而言，宇宙是永恒的，人不过是匆匆的过客，即便是跨鹤云游的仙人亦是“一去不复返”，永远地逝去了，更何况一般的凡夫俗子呢？就社会而言，面对无限的自然，也是过眼烟云，正如明代文士何壁所说的：“五百年地老天荒，槛外之云烟不改；三四朝物换星移，楼中之甲子还长。”值得注意的是，这种有限与无限、短暂与永恒的辩证观，虽然出现在崔颢的笔下，却并非崔氏所特有；中国的文人学士，大都在这一无情的现实中，或抗争呼号，或感慨悲歌，或痛苦呻吟，或顿觉扬州梦醒……此外，看破这一自然法则，确实使许多人消沉、颓废，但我们不便以此就认定崔氏颓唐。因为问题不在于看破这一无情的自然法则，而在于面对这一现实所持的态度。从崔颢为我们创设的昔人已去、黄鹤楼空、黄鹤不归、白云千载这一苍茫的时空意境中，我们所看到的是诗人对生命的焦虑，对社会的忧虑。据此，可以认为：崔颢的人生观、社会观是积极的、进取的。唯其如此，谈他“晚节忽变常体，风骨凛然，一窥塞垣，状极戎旅，奇造往往并驱江、鲍”[2] 才能找到他人格发展的内证。黄鹤楼中有一副佚名的楹联云：“黄鹤飞去且飞去，白云可留不可留。”立意显然是从崔颢诗

---

① 元·辛文房：《唐才子传》卷一。

② 元·辛文房：《唐才子传》卷一。

而来，其人生态度较之崔颢如何？

日本学者吉川幸次郎在其所著的《中国诗史》一书中说过一句很有见地的话："唐人喜爱的是瞬间感情的燃烧。"① 这一评语用于崔颢亦很合适。盖因崔氏生于开元盛世，虽然他早已体验到官场的腐败，朝廷的衰微，但是盛唐之豪气仍存留于他的心底，他奢望能在短暂的人生中如烈火般燃烧，同时也希望王朝在历史的长河中达到光辉的顶点。不过，无情的现实毕竟把他从幽远的梦中拽了出来。所以，崔颢在《黄鹤楼》中又平添了一种新的愁绪。"晴川历历汉阳树，芳草萋萋鹦鹉洲。"此联紧承前四句，气势一贯而下，表面上写眼前之景——汉阳城中，树木历历可辨；鹦鹉洲上，芳草萋萋蔓延；大小所近，目力所及，尽收笔端。然而，诗人把东汉祢衡的典故暗藏其中，拉开了时空距离。如果说前四句是以宇宙为参照，表明了作者对国家的忧思，对生命的焦虑，那么此联则是作者在历史与现实的比照中思索自身的命运，大有"遐思祢衡才，令人怨黄祖"② 的愤怒和对"黄祖不怜鹦鹉客，志公偏赏麒麟儿"③ 的统治者的讽刺。祢衡是一位很有才气的文学家，鹦鹉洲即因他曾在武昌作有《鹦鹉赋》而得名。但因其桀骜不驯，不愿屈就曹操，后被曹氏借江夏太守黄祖之手所杀，其尸埋于此地。诗人漂泊半生，天涯沦落，诚知用世之难，面对此情此景，哪能没有深深的感慨呢？在这种景情相生的境界中，诗人热爱祖国山河的感情得到充分的抒发。但崔氏于此还有将古事古论暗藏其中，若出诸己的用意。

尾联"日暮乡关何处是，烟波江上使人愁"，向来最易被误解，以为崔氏这里表达的仅仅是面对浩渺苍茫的江面而产生的一种乡愁。"乡愁"一词语义双关，既指故乡，也寓指生命的归宿。因此，"日暮"这一意象的象征意义便很明显了。"日暮乡关"与"烟波江上"两个意象组合在一起，情思幽远，境界阔大。家乡既不可望，何处又是此生的归宿呢？就像这烟霭沉沉、浩渺苍茫的凄迷景色一样，诗人此时的心中，也是一片迷

① ［日］吉川幸次郎：《中国诗史》，上海，复旦大学出版社，2001 年。

② 唐·李群玉：《汉阳春晚》。

③ 唐·李嶠：《赴举别所知》。

茫。至此，崔颢的愁思更深一层，已到了连自己也说不清的地步了。

总之，《黄鹤楼》中所表现的悠悠愁思是无穷无尽的。有吊古伤今之愁，有怀才不遇、报国不得之愁，也有朝廷衰败、国家危亡之愁，有羁旅漂泊、不见故乡的怅然之愁，也有人生短促、不甘沉沦而又把握不定自己命运的迷茫之愁。这样一种情绪，很有典型性，很能引起大多数人的共鸣，因为它说出了人们心中皆有，但不一定都能表达出来的感受，且表达得如此完美，故而此诗意境的创造可谓是丰富厚重，醇味绵绵。

以上是从诗的内容情感方面略作分析，我们再从诗的格律形式上看看：

此诗前半首用散调变格，后半首就整饬归正，实写楼中所见所感，写从楼上眺望汉阳城、鹦鹉洲的芳草绿树并由此而引起的乡愁，这是先放后收。前人有“文以气为主”① 之说，此诗前四句看似随口说出，一气旋转，顺势而下，绝无半点滞碍，“黄鹤”二字再三出现，却因其气势奔腾直下，使读者“目送鸿归，手挥五弦”②，急忙读下去，无暇觉察到诗中出现的重叠，而这是律诗格律之大忌，诗人好像忘记了是在写“前有浮声，后须切响”③、字字皆有定声的七律。

试看：诗的第一、二句中的五、六字同出“黄鹤”，第三句几乎全用仄声，第四句又用“空悠悠”这样的三卒阒煞尾，亦不顾什么对仗，用的全是古体诗的句法。这是因为七律在当时尚未定型吗？不是的，规范的七律早就有了，崔颢自己也曾写过。是诗人有意在写拗律吗？也未必。他跟后来杜甫的律诗有意自创别调的情况也不同。看来还是知之而不顾，如《红楼梦》中林黛玉教人作诗时所说的，“若是果有了奇句，连平仄虚实不对都使得的”。在这里，崔颢是依据诗以立意为要和“不以词害意”的原则去实践的，所以才写出这样在七律中罕见的高唱入云的诗句。正是由于此诗在艺术上出神入化，取得极大成功，它被人们推崇为题黄鹤楼的绝唱，就是可以理解的了。

---

① 魏·曹丕：《典论·论文》。

② 魏·嵇康：《赠秀才入军》十四。

③ 南朝·梁·沈约：《宋书·谢灵运传论》。

中南民族大学文学院的王兆鹏教授曾从传播学的角度，用统计学的方法对唐诗进行过量化，结果是崔颢的《黄鹤楼》诗传播范围最广，被人们吟诵、引用的次数最多。

（二）崔颢、李白二人的诗斗

作为文学景观的黄鹤楼，引来古今许多文人骚客登临，留下了大量佳作，而崔颢的《黄鹤楼》就是其中的翘楚。后人仰慕此诗骨气洞达，自然宏丽，推之为唐人七律第一，不曾想却惹出一段传颂千古的逸闻轶事。

相传有一年，诗人崔颢慕名来到黄鹤楼，他游览后即兴赋了这首诗。此诗意境美妙，是描写黄鹤楼的一首不可多得的好诗。可是由于唐代著名诗人很多，崔颢名气不大，因此，诗虽好，但无人赏识。又一年，诗仙李白来到黄鹤楼，当地老百姓见诗仙来此，十分高兴，纷纷要求李白为黄鹤楼写一首诗，为黄鹤楼传名。李白游览后认为，黄鹤楼故事奇特，风景优美，于是诗兴大发，答应写诗。当人们准备好笔墨纸砚，李白饱蘸浓墨，凝神屏气，提笔欲写，可就在这时，他一抬头，看到了墙上崔颢的诗，他当场愣住，摇摇头，搁笔不写。围观的人们不知何故，纷纷询问原因。只见李白叹了口气，吟出一首打油诗：

一拳捶碎黄鹤楼，一脚踢翻鹦鹉洲。
眼前有景道不得，崔颢题诗在上头。

吟完，搁笔而去。由于李白的推崇，崔颢的诗名声大振，黄鹤楼也随着崔颢的诗名传四方。

岁月沧桑，风流总被风吹雨打去。李白搁笔的传说或是后人附会，未必真有其事（搁笔亭见图 4-1）。明代的杨慎在其《升庵诗话》卷十一中对此事作过较翔实的考证：

李太白过武昌，见崔颢《黄鹤楼》诗，叹服之，遂不复作，去而赋《金陵凤凰台》也。其事本如此。其后禅僧用此事作一偈云：“一拳捶碎黄鹤楼，一脚踢翻鹦鹉洲。眼前有景道不得，崔颢题诗在上头。”傍一游僧亦举前二句而缀之曰：“有意气时消意气，不风流处也风流。”又一僧云：“酒逢知己，艺压当行。”元是借此事设辞，非太白诗也，流传之久，信以为真。宋初，有人伪作太白《醉后答丁十八》诗云“黄鹤高楼已搥碎”一首，乐史编太白遗诗，遂收入之。近日解学士缙作《吊太白》诗云：“也曾搥碎黄鹤楼，也曾踢翻鹦鹉洲。”殆类优伶副净滑稽之语。噫，太白一何不幸耶！

图 4-1　搁笔亭

明朝的另一文人蒋一葵在自己撰写的《尧山堂外纪》中也曾提到与此事有关的这则故事：

崔颢题黄鹤楼云：“昔人已乘黄鹤去，此地空余黄鹤楼。黄鹤一去不复返，白云千载空悠悠。晴川历历汉阳树，芳草萋萋鹦鹉洲。日暮乡关何处是？烟波江上使人愁。”李白过武昌，见此诗叹服，遂不复作，去而赋《金陵凤凰台》，云：“凤凰台上凤凰游，凤去台空江自流。吴宫花草埋幽径，晋代衣冠成古丘。三山半落青天外，二水中分白鹭洲。总为浮云能蔽日，长安不见使人愁。”其后，一禅僧用此事作偈云：“一拳搥碎黄鹤楼，一脚踢翻鹦鹉洲。眼前有景道不得，崔颢题诗在上头。”

不言而喻，这两人一致认为“眼前有景道不得，崔颢题诗在上头”是后人穿凿附会，强加在李白头上的，只不过是个“美丽的谎言”。

话说李白面对如此美景，没有写出好诗，十分惆怅，他决心寻找灵感，再比高低。于是，他租了一条小船，顺江东去，这一日，来到古城金陵，他慕名游览了金陵最有名的名胜——凤凰台。他按崔颢写黄鹤楼诗的体裁写了一首《登金陵凤凰台》，和崔颢二比高低，诗是这样写的：

凤凰台上凤凰游，凤去台空江自流。
吴宫花草埋幽径，晋代衣冠成古丘。
三山半落青天外，二水中分白鹭洲。
总为浮云能蔽日，长安不见使人愁。

《登金陵凤凰台》是李白登金陵凤凰台而创作的怀古抒情之作。全诗八句五十六字，以登临凤凰台时的所见所感而起兴唱叹，把历史变迁与悠远飘忽的传说故事结合起来抒志言情，用以表达深沉的历史感喟与清醒的现实思索。此诗气韵高古，格调悠远，体现了李白诗歌以气夺人的艺术特色。

李白很少写七言律诗，而《登金陵凤凰台》却是唐代的律诗中脍炙人口的杰作。此诗是作者流放夜郎遇赦返回后所作，一说是作者天宝（唐玄宗年号，742—756）年间，被排挤离开长安，南游金陵时所作。

开头两句，李白以凤凰台的传说起笔落墨，用以表达对时空变幻的感慨。“凤凰台上凤凰游，凤去台空江自流”，自然而然，明快畅顺；虽然十四个字中连用了三个“凤”字，但丝毫不使人嫌其重复，更没有常见咏史诗的那种刻板、生硬的毛病。凤凰台为地点，在旧金陵城之西南。据《江南通志》载：“凤凰台在江宁府城内之西南隅，犹有陂陀，尚可登览。宋元嘉十六年，有三鸟翔集山间，文彩五色，状如孔雀，音声谐和，众鸟群附，时人谓之凤凰。起台于山，谓之凤凰山，里曰凤凰里。”李白写“凤凰台”不是一般意义上的登临抒怀，而是别有机杼。从远古时代开始，凤凰便一直被赋予祥瑞的意义，并且与社会的发展有关：美好的时代，凤凰鸟则从天而降，一片天籁之声。因此，凤凰鸟的出现，多半显示着称颂的意义。然而李白在这里首先点出凤凰，却恰恰相反，他所抒发的则是由繁华易逝，圣时难在，唯有山水长存所生发出的无限感慨。引来凤凰的元嘉时代已经永远地过去了，繁华的六朝也已经永远地过去了，只剩下浩瀚的长江之水与巍峨的凤凰之山依旧生生不息。

三四句的“吴宫花草埋幽径，晋代衣冠成古丘”，从“凤去台空”的变化时空入手，继续深入开掘其中的启示意义。“生子当如孙仲谋”的吴大帝，风流倜傥的六朝人物，以及众多的统治者，他们都已经被埋入坟墓，成为历史的陈迹；就连那巍峨的宫殿也已经荒芜破败，一片断壁残垣，煊赫与繁华并没有留给历史可以值得纪念的东西。这里含蕴着李白独特的历史感喟。那些“投汨笑古人，临濠得天和”[①] 与“功高不受赏，长揖归故园”的高士、哲人，获得了李白特殊的尊敬。同时，李白敢于藐视封建秩序，打破传统偶像的精神束缚，以至于轻尧舜，笑孔丘，平交诸侯，长揖万乘。所以，李白对这些帝王的消逝，除去引起一些感慨之外，没有丝毫惋惜。那么，当他把历史眼光聚焦在那些帝王身上的时候，蔑视的态度是显而易见。花草蓬勃，天地依旧，一切都按照规律变化发展着。这就是历史，这就是千古的兴亡。

“三山半落青天外，二水中分白鹭洲”，接下二句表现出李白没有让自己的思想完全沉浸在对历史的凭吊当中，而是把深邃的目光投向大自然的情怀。三山亦为地点，旧说在金陵西南的江边。据《景定建康志》载：“其山积石森郁，滨于大江，三峰并列，南北相连，故号三山”。又据陆游的《入蜀记》载：“三山自石头及凤凰台望之，杳杳有无中耳，及过其下，则距金陵才五十余里。”陆游所说的“杳杳有无中”，恰好笺注说明了“三山半落”那若隐若现的景象描写。尤其是那江中的“白鹭洲”，横亘于金陵西长江里，竟把长江分割成为两半。于是，自然力的巨大、恢宏，赋予人以强健的气势，宽广的胸怀，也把人从历史的遐想中拉回现实，让人重新感受大自然的永恒无限。

李白虽然具有超脱尘俗的理想愿望，但他的心却始终关切着现实政治

① 唐·李白：《书情题蔡舍人雄》。

与社会生活，于是当他对历史与自然进行光顾之后，又把自己的眼睛转向现实政治。他极目远眺，试图从六朝的帝都放眼到当时的权力中心，亦即自己心之所向的首都长安。然而他的努力失败了，原因是“总为浮云能蔽日”，只好“长安不见使人愁”。于是，浮云悠悠，愁思无限，壮志难酬，哀怨如缕。在这里李白化用了陆贾《新语》中的“邪臣之蔽贤，犹浮云之障日月也”的说法，用来寄予自己的内心怀抱。他的痛苦，他的疾恶如仇，他的“与尔同销万古愁”的情结，仿佛也就容易理解。特别是其中的“长安不见”又内含远望之“登”字义，既与题目遥相呼应，又把无限的情思涂抹到水天一色的大江、巍峨峥嵘的青山与澄澈无际的天空当中。这样心中情与眼中景也就茫茫然交织在一起，于是山光水色，发思古之幽情，思接千载；江水滔滔，吟伤今之离恨，流韵无穷。

李白是天才诗人，并且是属于那种充满创造天才的大诗人。然而，李白唯独登临黄鹤楼时，没能尽情尽意，“驰志”千里。原因也很简单，所谓“眼前有景道不得，崔颢题诗在上头”。因而，“谪仙诗人”难受、不甘心，要与崔颢一比高低；于是他“至金陵，乃作凤凰台诗以拟之”，直到写出可与崔颢的《黄鹤楼》相媲美的《登金陵凤凰台》时，才肯罢休。这虽然是传言，但也很切合李白的性格。《登金陵凤凰台》博得了“与崔颢黄鹤楼相似，格律气势未易甲乙”[①] 的赞扬。其实，李白的《登金陵凤凰台》，崔颢的《黄鹤楼诗》，它们同为登临怀古的双璧。

李白《登金陵凤凰台》的艺术特点，首先在于其中所回荡着的那种充沛、浑厚之气。“气”原本是一个哲学上的概念，从先秦时代起就被广泛运用。随着魏晋时期的曹丕以气论文，“气”也就被当作一个重要的内容而在许多的艺术门类里加以运用。虽然论者对“气”的理解、认识不完全相同，但对所蕴含的思想性情、人格精神与艺术情调，又都一致认同。李白《登金陵凤凰台》中明显地充溢着一股浑厚博大之气，它使李白观古阅今，统揽四海于一瞬之间，且超然物外，挥洒自如。浑厚博大之气使李白渊深的思想、高妙的见解、阔大的心胸，成为编织巨大艺术境界的核心与

① 元·方回：《瀛奎律髓》卷一。

精神内含。就像透过“三山半落青天外，二水中分白鹭洲”的巨大立体时空，可以感受到历史的脉搏跳动与诗人的呼吸一样，通过李白的从容自在，以浩然雄大之气充塞整个诗歌境界的努力，也能更进一步感受到他整个诗歌以气夺人的艺术特点。

李白《登金陵凤凰台》的艺术特点，又在于对时空观念的完美表达。这既体现在对历史与自然的认识上，也体现在他构造时空艺术境界的表达方法上。李白强调自然永恒不朽，一方面是宣传他的以自然为中心的“物我为一”的世界观，另一方面也是为了揭露历史上的统治神话。因为从古而来，几乎所有的统治者都宣扬自己的世代永存与精神不灭，并且把这样一种模式灌输到人们的意识形态当中，使人深信不疑。但是，李白则对此不以为然。他认为即或是极为强有力的统治者，就像秦始皇，他可以“挥剑决浮云，诸侯尽西来。明断自天启，大略驾群才”①，然而他终归也要“但见三泉下，金棺葬寒灰”②，烟消云散是不可避免的。所以，在李白看来，宇宙万物之中，能够获得永恒存在的只有自然。一切的繁华与骄奢淫逸都会烟消云散；如果说它们还存在，似乎也只是作为自然的反衬而存在的。另外，李白在表现自然力量的雄大与变化的时空观时，则选取了最典型的事物，即“三山半落”之混茫与“二水中分”之辽阔，从而构造出宏大的境界，并且把历史的变迁（即时间的改变）与地点的依旧（即空间的不改）整体地表现出来，启发人们作更深的思考。

李白《登金陵凤凰台》的艺术特点，还在于别致自然的遣词造句。由于诗以寓目山河为线索，于是追求情随景生、意象谐成也就显得特别重要。“凤凰”的高飞与“凤凰台”的“空”、洁净、疏朗，与诗人潇洒的气质和略带感伤的情怀相一致，且意到笔到，词义契合，起到了内外呼应的作用。另外，整首“登临”的内在精神，与“埋幽径”“成古丘”的冷落清凉，与“三山”“二水”的自然境界，与忧谗畏忌的“浮云”惆怅和不见“长安”的无奈凄凉，都被恰切的语词链条紧紧地勾连在一起，从而当

---

① 唐・李白：《古风・秦王扫六合》。

② 唐・李白：《古风・秦王扫六合》。

得起“古今题咏，惟谪仙为绝唱”[①] 的赞誉。

李白《登金陵凤凰台》一诗，以其旷达高远与略带黯淡色彩的吟咏，成为文学史上独特的凤凰咏叹调。

此诗怀古抒情，同崔诗一样，意境美妙，李白十分高兴，认为此诗可以和崔诗一比高低。但是诗评家认为，这首诗虽好，但模仿崔诗的痕迹太重，甚至最后一句的三个字都一样，都用了“使人愁”三字，因而没有超过崔诗。李白听后，心悦诚服。于是他将这件事埋在心底，决心再找机会，三比高低。机会终于来了，这一年，李白送好友孟浩然去广陵（今扬州），来到黄鹤楼，面对好友即将分别，他依依不舍，满怀激情的为即将远行的朋友写下了一首感情真挚的送别诗《黄鹤楼送孟浩然之广陵》：

故人西辞黄鹤楼，烟花三月下扬州。
孤帆远影碧空尽，唯见长江天际流。

这首诗将黄鹤楼雄伟壮丽、登高望远的意境描写得非常美妙，它一鸣惊人，成为千古绝唱。

这首送别诗还有着特殊的情味，既不同于王勃《送杜少府之任蜀川》那种少年刚肠的离别，也不同于王维《渭城曲》那种深情体贴的离别。此诗表现出来的是一种充满诗意的离别。之所以如此，是因为这是两位风流潇洒的诗人的离别。而这次离别，还与一个繁华的时代、繁华的季节、繁华的地区有联系；这次离别，还带着诗人李白的向往，这就使这次离别有着无限的诗意。

李白二十多岁出川，正是年轻快意之时，他眼中的世界非常美好。而他相识的孟浩然，虽大李白十多岁，却已诗名满天下。李白眼中的他，是自由而愉快地陶醉在山水之间。所以李白才会有“吾爱孟夫子，风流天下闻。红颜弃轩冕，白首卧松云”（《赠孟浩然》）的诗句。而这次离别正是开元盛世，太平又繁荣。时间恰是春意最浓的烟花三月，从武昌到扬州，一路是春色扑面，繁花似锦。而扬州呢？更是当时整个东

① 北宋·张表臣：《珊瑚钩诗话》。

南地区最繁华的都会。李白爱好游览，有着浓郁的浪漫气息，所以这次离别完全是在很浓郁的畅想曲和抒情诗的氛围中进行的。此时的李白全然没有什么忧伤和不愉快，反而认为孟浩然的这次远行快乐得很，他向往扬州，向往孟浩然，所以，人虽在送别，心却飞翔扬州，胸中有无穷的诗意随着江水荡漾。

诗首句“故人西辞黄鹤楼”，不光是为了点题，更是因为黄鹤楼乃天下名楼，两人常在此楼流连聚会。因此一提到黄鹤楼，就会给两人引出种种与此楼有关联的充满诗意的生活。而黄鹤楼本身，又是传说中的仙人羽化飞天的场所，这与孟浩然这次所去的扬州，又构成某种联想，更增添了一种愉快的、畅想曲的气氛。

“烟花三月下扬州”，李白于“三月”前加“烟花”二字，把送别环境中那种诗的气氛涂抹得尤为浓郁。烟花者，烟雾迷蒙，繁花似锦也。给人的感觉绝不是一片地、一朵花，而是看不尽、看不透的大片阳春烟景。三月，固然是烟花之时，而开元时代繁华的长江下游，又何尝不是烟花之地呢？所以，“烟花三月”，不仅再现了那暮春时节、繁华之地的迷人景色，同时也透露出了时代气息。此句意境优美，文字绮丽，清人孙洙誉之为“千古丽句”。

“孤帆远影碧空尽”，虽是写景，但却包含着一个充满诗意的细节。诗人一直把孟浩然送上船，船已经扬帆远去，但他却还在江边目送远去的风帆，直到帆影逐渐模糊，消失在碧空的尽头，可见目送时间之长。诗人何以至此？两人友情之深，诗人依依不舍，或心随友人而去。一个小细节，却蕴含着丰富的信息。而“唯见长江天际流”是诗人翘首凝望后所看到的眼前景象，可谁又能说是单纯写景呢？诗人的情意，诗人的向往，不正体现在这富有诗意的神驰目注之中吗！诗人此时内心情感，不正如同这奔腾东去的一江春水吗！

总之，这是两位风流潇洒的诗人之间的一场极富诗意的离别，特别是对李白来说，又是带着一片向往之情的离别，被李白用绚烂的阳春三月的景色，用放舟长江的宽阔画面，用目送孤帆远影的细节，极为传神地表现出来了。这一画面被定格在中华传统文化的长河之中，也定格在当代人的心目之中。

全诗景色绚丽，感情真挚，语言自然流畅，王夫之在《姜斋诗话》中赞誉此诗“神于诗者”，是非常准确的。

诗评家评论，在描写黄鹤楼的上千首诗中，崔颢的七律《黄鹤楼》，李白的七绝《黄鹤楼送孟浩然之广陵》，可以称得上是并列第一。这就是历史上有名的崔颢题诗，李白搁笔，引来李白三次同崔颢斗诗，最终赢得并列第一，使黄鹤楼名传千古的一段文坛佳话。

黄鹤楼作为一座文学景观名楼，虽源于崔颢之诗，其名声大噪，享誉海外，成为中国名楼中名气最大的楼阁，但我们应注意到的是，正是民间相传的黄鹤楼传说，被崔颢巧妙运用，才使其诗有着丰厚的文化底蕴，起点甚高。崔颢的《黄鹤楼》不仅在千古诗坛上独辟蹊径，别开咏仙诗、咏楼诗之生面，且以“烟波江上使人愁”的诗句奠定了大多数黄鹤楼诗词“愁”的感情基调。诗中的“白云”“黄鹤”被作为武汉（江夏）的代名词一直沿用至今，令人不能不惊叹此诗的生命力。与此诗关系密切的还有李白，他登黄鹤楼读崔颢诗而搁笔的故事在民间相传，起到了烘托崔颢诗的效果，令崔颢诗名更盛，更给黄鹤楼增添了知名度。故清人林以钺有楹联云：“搁笔题诗，两人千古；临江吞汉，三楚一楼。”① 崔、李二人，都有功于黄鹤楼，而李白的贡献似乎更大。在搁笔的传说中，李白虽是陪衬，但在黄鹤楼文学景观的塑造中，李白却是主角。

（三）诗仙太白的黄鹤楼情结与江城得名

说到武汉，很多人会想到它是“四大火炉”之一，天气炎热似乎成了很多人对于武汉的印象。然而，武汉还有一个非常诗意的名称，那就是“江城”。在中国，沿江的城市何其多，但“江城”的名号独属武汉，这是为什么呢？原来这还要感谢我们的诗仙李白。

李白酷爱黄鹤楼，可以说，在唐代诗人中，李白是对黄鹤楼最情有独钟的。在李白的诗中，有十二首提及黄鹤楼，但给武汉带来“江城”美名

---

① 徐明庭，李曼农：《黄鹤楼古今楹联选注》，武汉，武汉出版社，1990 年。

的是他于黄鹤楼听友人吹笛时写下的一首诗，《与史郎中钦听黄鹤楼上吹笛》：

一为迁客去长沙，西望长安不见家。

黄鹤楼中吹玉笛，江城五月落梅花。

这是李白乾元元年（758）流放夜郎经过武昌时游黄鹤楼所作。本诗写游黄鹤楼听笛，抒发了诗人的迁谪之感和去国之情。西汉的贾谊，因指责时政，受到权臣的谗毁，贬官长沙。而李白也因永王李璘事件受到牵连，被加之以“附逆”的罪名流放夜郎，所以诗人引贾谊为同调。“一为迁客去长沙”，就是用贾谊的不幸来比喻自身的遭遇，流露了无辜受害的愤懑，也含有自我辩白之意。但政治上的打击，并没使诗人忘怀国事，在流放途中，他不禁“西望长安”，这里有对往事的回忆，有对国运的关切和对朝廷的眷恋。然而，长安万里迢迢，离迁谪之人是多么遥远啊！望而不见，不免感到惆怅。听到黄鹤楼上吹奏《梅花落》的笛声，感到格外凄凉，仿佛五月的江城落满了梅花。

诗人巧借笛声来渲染愁情。王琦注引郭茂倩《乐府诗集》此调题解云：“《梅花落》本笛中曲也。”江城五月，正当初夏，当然是没有梅花的，但由于《梅花落》笛曲吹得非常动听，诗人仿佛看到了梅花满天飘落的景象。梅花是寒冬开放的，景象虽美，却不免给人以凛然生寒的感觉，这正是诗人冷落心情的写照，同时使人联想到邹衍下狱、六月飞霜的历史传说。由乐声联想到音乐形象的表现手法，就是诗论家所说的“通感”。诗人由笛声想到梅花，由听觉诉诸视觉，通感交织，描绘出与冷落的心境相吻合的苍凉景色，从而有力地烘托了去国怀乡的悲愁情绪。所以《唐诗直解》评此诗“无限羁情笛里吹来”，是很有见解的。清代的沈德潜说：“七言绝句以语近情遥、含吐不露为贵，只眼前景，口头语，而有弦外音，使人神远，太白有焉。”[①] 这首七言绝句，正是以“语近情遥、含吐不露”见长，使人从“吹玉笛”“落梅花”这些眼前景、口头语，听到了诗人的弦

① 《唐诗别裁》卷二十。

外之音。

此外，这首诗还好在其独特的艺术结构。诗写听笛之感，却并没按闻笛生情的顺序去写，而是先有情而后闻笛。前面捕捉了"西望"的典型动作加以描写，传神地表达了怀念帝都之情和"望"而"不见"的愁苦。后面才点出闻笛，从笛声中化出"江城五月落梅花"的苍凉景象，借景抒情，使前后情景相生，妙合无垠。

"黄鹤楼中吹玉笛，江城五月落梅花"，多么美妙而动人的诗句！后来的武汉，也因为这句诗而别称"江城"。这是诗人李白的创造，也是李白的赐予！黄鹤楼，在盛唐时期，已成为江夏（今武汉）的地标，至少在李白心目中是如此。黄鹤楼，也似乎是李白心中的一个情结。他在江夏送别友人，离开后怀念江夏，都要提到黄鹤楼。且看李白下面的诗句：

去年下扬州，相送黄鹤楼。（《江夏行》）

雪点翠云裘，送君黄鹤楼。（《江夏送友人》）

昔别黄鹤楼，蹉跎淮海秋。（《赠王判官时余归隐居庐山屏风叠》）

我本楚狂人，凤歌笑孔丘。手持绿玉杖，朝别黄鹤楼。（《庐山谣寄卢侍御虚舟》）

君至石头驿，寄书黄鹤楼。（《答裴侍御先行至石头驿以书见招期月满泛洞庭》）

我们再来看看李白的一首送别诗《送储邕之武昌》：

黄鹤西楼月，长江万里情。
春风三十度，空忆武昌城。
送尔难为别，衔杯惜未倾。
湖连张乐地，山逐泛舟行。
诺为楚人重，诗传谢朓清。
沧浪吾有曲，寄入棹歌声。

储邕是李白的朋友，他即将到武昌去，李白为此写下此诗给友人送别。从诗中透露的信息看，送别的地点或在吴中（因谢朓诗中的新亭在江苏江宁县南)，而写作的时间，据诗中“春风三十度”来分析，李白初游江夏在唐玄宗开元十六年（公元728)，那么，此诗当作于三十年后，即诗人五十多岁之时。诗作开头六句首先写明此诗是为友人送别，而友人将去之地是武昌，因而触发了诗人对黄鹤楼怀念的无限深情，可见黄鹤楼在李白心头所占据的位置。七、八两句则用笔于武昌周围的湖山景色，足以怡情悦志。接下来的九、十两句则写两人情谊深重，表露出送别的依依不舍。最后两句则表达出不必为世俗所累之意，虽是劝友人，实则也隐含自勉。整首诗情绪开朗而不消沉，盛唐的高迈气象犹在。诗作语言流畅清新，虽近排律，却有着古风诗的自然风韵。

黄鹤楼是诗仙李白抹不去的江夏记忆。毫不夸张地讲，是李白成就了诗意的黄鹤楼，也成就了“江城”的美名！黄鹤楼能够为诗仙李白如此高密度地关注，足以表明黄鹤楼在盛唐时期旺盛的人气。

(四)“荆吴形胜之最”与文人雅士的登览之所

中国古代文人素有登高怀远的传统，唐代文人更是如此。唐代的著名诗人，只要来到武汉，差不多在诗中都要提及黄鹤楼。除了上面提到的李白、崔颢外，还有很多著名诗人，如孟浩然、王维、白居易、元稹、皮日休等，贯穿有唐一代始终，成就了黄鹤楼的文学盛况。

如孟浩然在江夏所写《江上别流人》诗里说：

以我越乡客，逢君谪居者。
分飞黄鹤楼，流落苍梧野。
驿使乘云去，征帆沿溜下。
不知从此分，还袂何时把？

此诗描绘出诗人与友人在江边邂逅而又遽然分手的凄凉情景。二人本可互诉衷情，彼此慰藉一番，可是友人须从陆路远去，而诗人则要顺流而下，自此天各一方，不知何时有相会之期。此诗全用白描手法，婉曲有致。

他还有一首《鹦鹉洲送王九之江左》诗：

昔登江上黄鹤楼，遥爱江中鹦鹉洲。
洲势逶迤绕碧流，鸳鸯鸂鶒满滩头。
滩头日落沙碛长，金沙熠熠动飙光。
舟人牵锦缆，浣女结罗裳。
月明全见芦花白，风起遥闻杜若香。
君行采采莫相忘。

此诗写得别有一番情意。老朋友王迥将游江东，作者作诗送别。开篇二句先从昔日登黄鹤楼遥望鹦鹉洲的印象，点出一个“爱”字，为此时的游赏作一铺垫。“洲势”以下，即着意描写鹦鹉洲的胜景，如碧流、水鸟、夕阳、沙石、舟人、浣女、明月、芦花、江风、杜若等，从傍晚到月夜，从无生命体到有生命体，依次写来，浓墨重彩，声光满纸。最后以“君行采采莫相忘”作结，点出送王迥出游之意。鹦鹉洲是故乡的象征，“采采”即是对上面所写繁花胜景的概括，又暗寓作者送行的感情，于是作者劝友人此行不要乐而忘返，以至忘了家乡和友人的一片深情，这全都包含在这一句的临别赠言之中。

此诗从眼前景色起笔，最后以点睛之笔扣题，显示了孟诗“遇景入咏”的特色。整首诗充分流露出诗人对楼头景色的热爱，描写细腻，有动有静，情景交融，洋溢着对朋友深厚的友情。

王维有一首《送康太守》诗：

城下沧江水，江边黄鹤楼。
朱阑将粉堞，江水映悠悠。
铙吹发夏口，使君居上头。
郭门隐枫岸，侯吏趋芦洲。
何异临川郡，还劳康乐侯。

诗人起笔直写黄鹤楼的地理形胜，江面宽阔，江水浩荡，呈现出青苍色，巍峨的黄鹤楼矗立于江畔。而黄鹤楼的建筑华丽，朱红的栏杆，粉白的城墙，与悠悠的江水相映成趣。这也让人能间接地了解到盛唐之时的黄鹤楼的大致风貌。紧接着诗人扣住诗题写送别，在江畔枫林掩映的城门旁，等候在此的诗人及其他人，走向芦苇洲头与康太守揖别。诗的最后，诗人巧借康乐公谢灵运作喻，将对康太守的慰勉之意含蓄地表达出来。

这首诗清新淡远，恰似一幅清淡的江边送别水墨图画。即便是结尾处的慰勉之语，也是写来其淡如水，反映出诗人随遇而安、与世无争的生活态度。

到了中唐时期，黄鹤楼已被许多文人称许。唐代宗永泰元年（765），阎伯理应鄂州刺史穆宁之命撰《黄鹤楼记》，说黄鹤楼“耸构巍峨”“重檐翼馆”，已是“荆吴形胜之最”了。宪宗、文宗时代，黄鹤楼仍是文士的宴游之所。

元和十年（815），白居易自长安赴江州（今江西九江），途经鄂州，友人卢侍御在黄鹤楼设宴款待，白居易作有《卢侍御与崔评事为余于黄鹤楼置宴宴罢同望》诗：

江边黄鹤古时楼，劳置华筵待我游。
楚思淼茫云水冷，商声清脆管弦秋。
白花浪溅头陀寺，红叶林笼鹦鹉洲。
总是平生未行处，醉来堪赏醒堪愁。

这是诗人第一次登上黄鹤楼，卢侍御、崔评事等官员虽然很热情，宴会也很豪华，但因诗人是被贬身份，前途未卜难测，所以对此没有太大的兴致。诗人表现出来的情绪是：眼前美景在醉眼蒙眬中，虽可领略一番，可一旦酒醒，异乡为客的愁思就不堪忍受了。此诗虽情绪低沉，但诗人毕竟是大手笔，诗中“楚思淼茫云水冷，商声清脆管弦秋”一联，借屈原《抽思》中所抒忧国忧民和作忠造怨的愁情，来表达自身的情怀，可谓恰如其分。而“商声”句对景物的描绘，则景中透情。“白花浪溅头陀寺，红叶林笼鹦鹉洲”一联，采用白描的手法，对黄鹤楼及周边景致作了一个精致的概括。

卢侍御特地在黄鹤楼置宴招待，也表明其时的黄鹤楼是风景名胜，宴罢可以观赏周边的绝美风光，正所谓“醉来堪赏”。

唐文宗太和四年（830），元稹任鄂州刺史时也曾登临黄鹤楼。《太平广记》卷二三二记载有一则异事：

> 唐丞相元稹之镇江夏也，常秋夕登黄鹤楼，遥望其江之湄，有光若残星焉。遂令亲信一人往视之。其人棹小舟，直诣光所，乃钓船中也。询彼渔者，云：“适获一鲤，光则无之。”其人乃携鲤而来。既登楼，公命庖人剖之。腹中得镜二，如钱大，而面相合，背则隐起双龙，虽小而鳞鬣爪角悉具。精巧且泽，常有光耀。公宝之，置卧内巾箱之中。及相国薨，镜亦亡去。

元稹来到江夏，秋晚登黄鹤楼，可见唐文宗时代黄鹤楼仍是文人的游历之所。

晚唐诗人李群玉登临黄鹤楼观景，写有《黄鹤楼》诗：

> 江上花楼灏气间，满帘春色见群山。
> 青岚绿水将愁去，深入吴云暝不还。

李群玉（约808—862），字文山，唐代澧州人。当地仙眠洲有古迹“水竹居”，旧志记为“李群玉读书处”。李群玉极有诗才，他“居住沅湘，崇师屈宋”，诗写得十分好。《湖南通志·李群玉传》称其诗“诗笔妍丽，才力遒健”。《唐才子传》称他“诗笔遒丽，文体丰妍”。关于他的生平，据《全唐诗·李群玉小传》载，早年杜牧游澧时，劝他参加科举考试，但他“一上而止”。后来，宰相裴休视察湖南，郑重邀请李群玉再作诗词。经裴休推荐，授弘文馆校书郎。三年后辞官回归故里，死后追赐进士及第。

这首诗记录了诗人于春日登楼赏景，因景色绚丽多姿、悦目娱心，诗人一时忘却烦恼愁绪的情形，写得真实自然。诗作也体现了辞采清丽、情致婉约的特点。

李群玉还有一首《汉阳春晚》诗，也写得清新自然：

汉阳抱青山，飞楼映湘渚。
白云蔽黄鹤，绿树藏鹦鹉。
凭高送春目，流恨伤千古。
遐思祢衡才，令人怨黄祖。

此诗首联、颔联均为写景，但首联所写为实景，直写龟山、黄鹤楼的形态，而颔联则写虚景，其概括力很强。写景视野开阔，气势雄健，能抓住有代表性的景物来勾勒出江城的风貌特征。诗的颈联、尾联则是触景生情，很自然地转入怀古伤今，以痛斥摧残人才者而结束全篇。全诗将抒情、状景、议论融合在一起，写来却舒展自如，可见诗人才气之高。

晚唐时期，仍有文士在黄鹤楼游宴。唐懿宗咸通八年（867），著名诗人皮日休登第后，路过江夏，曾参加鄂州观察使刘允章在黄鹤楼的宴集。《太平广记》卷二六五较为详细而生动地将此记载下来：

东都留守刘允章，文学之宗，气颇高介。后进循常之士，罕有敢及门者。咸通中，自礼部侍郎授鄂州观察使。明年皮日休登第，将归觐于苏台。路由江夏，困投刺焉。刘待之甚厚，至于饔饩有加等。留连累日。仍致宴于黄鹤楼以命之，监军使与参佐悉集后，日休方赴召，已酒酣矣。既登楼，刘以其末至，复乘酒应命，心薄之。及酒数行，而日休吐论纷扰，顿亡礼敬。刘作色谓曰："吴儿勿恃蕞尔之子，且可主席。"日休答曰：大夫岂南岳诸刘乎。何倨贵如是。"刘大怒，戟手遥指而诟曰："皮日休，知鹦鹉洲是祢衡死处无？"日休不敢答，但嵬峨如醉，掌客者扶出。翌日微服而遁于浙左。

这个故事，既从一个侧面反映出皮日休张狂而不拘礼数的个性，也可见当时地方要员有资助文士的文坛习尚。

直到唐末，黄鹤楼仍然是文人墨客的游览胜地。唐末诗僧齐己就写有《寄江夏仁公》诗：

寺阁高连黄鹤楼，檐前槛底大江流。
几因秋霁澄空外，独为诗情到上头。
白日有馀闲送客，紫衣何啻贵封侯。
别来多少新吟也，不寄南宗老比丘。

齐己生于公元864年，卒于938年。诗中自称“南宗老比丘”，诗当作于晚年，时当唐朝灭亡前后。诗中又说江夏仁公“独为诗情”“到”黄鹤楼的“上头”，可见其时黄鹤楼依然如故，故仁公能为寻诗兴而登黄鹤楼。

五代后期南唐时，黄鹤楼仍然矗立在长江之滨。诗人卢郢就登临过黄鹤楼，并写有《黄鹤楼》诗：

黄鹤何年去杳冥，高楼千载倚江城。
碧云朝卷四山景，流水夜传三峡声。
柳暗西州供骋望，草芳南浦遍离情。
登临一晌须回首，看却乡心万感生。

此诗为登临即兴之作。诗人起笔一联，有感而问，让人隐约感觉到诗人内心有结，意欲登楼一去。而一旦登楼四顾，眼前景色，无不触动诗人的乡情。故而诗之颔联、颈联虽为写景，但景中之情却是十分明显的，且景色不明丽热烈，情感也不欢愉畅快，只给人以一种低沉压抑的感受。尾联以“须回首”“万感生”作结，或许在这复杂的乡情中，还夹杂着一些故国之感吧！

卢郢是李后主时人，曾代徐铉为文，为后主所知，后入宋。从诗中“登临一晌”可知，卢郢乃登黄鹤楼后作此诗。可见当时黄鹤楼还可供人登临。黄鹤楼所在地鄂州为南唐属地，故卢郢能“登临”黄鹤楼尽览形胜。

楼以人传，楼以文名。正是黄鹤楼的美丽传说，使黄鹤楼蒙上了一层神秘的色彩，使它名声大噪，名传四方；正是众多诗人的美丽诗篇，使黄鹤楼平添了许多文化内涵，使它走向千家万户，千古名传。

三、宋代及之后黄鹤楼的文学盛况

宋代以后，黄鹤楼的文学书写除像崔颢一样把抒情的落脚点放在思乡上之外，还有抒别友之愁的，有抒不遇之愁的，还有不少写景诗与咏史诗，有一些诗可以称得上是比较典型的游仙诗。

（一）继承唐代神仙传说，进一步将黄鹤楼神秘化，赋予强烈的道家文化色彩

如苏轼写过一首《李公择求黄鹤楼诗，因记旧所闻于冯当世者》，全诗如下：

黄鹤楼前月满川，抱关老卒饥不眠。
夜闻三人笑语言，羽衣著屐响空山。
非鬼非人意其仙，石扉三叩声清圆。
洞中铿鋐落门关，缥渺入石如飞烟。
鸡鸣月落风驭还，迎拜稽首愿执鞭。
汝非其人骨腥膻，黄金乞得重莫肩。
持归包裹蔽席毡，夜穿茅屋光射天。
里闾来观已变迁，似石非石铅非铅。
或取而有众忿喧，讼归有司今几年？
无功暴得喜欲颠，神人戏汝真可怜。
愿君为考然不然，此语可信冯公传。

苏轼此诗是据友人冯当世所讲述的一则故事写成。苏轼写这首诗，是应好友李公择的请求而写。此则故事，北宋诗人、画家王巩的《闻见近录》也有记载：

黄鹤楼下石照旁有巨石，内有洞，世传为仙人洞。时有守城老兵，对洞早晚叩拜，求仙人显灵。一夜，石门忽自开，见有三

道士从洞中出，吟哦谈笑，守城老兵尾随其后，乞求富贵。道士指着一块石头让他抱回去，说完洞门复合，道士亦杳。老兵抱回石头，忽然满屋生辉，次日查看，已成黄金。他不时凿取一块变卖，顿时富起来。后为官府察知，怀疑他是偷来的，将他捉到衙门。他据实以告，官府不信，取来石头检验，原来是一种似石非石、似铅非铅的矿物。

苏轼根据友人口述，仅用了一百五十四字，就将一则故事写得绘声绘色，有叙有议，首尾完整，别具手法，确非一般人所能做到。而面对友人索黄鹤楼诗，苏轼不是写自己登楼所见所感，而是将自己从他处听来之事加以改写，可见他对这则故事何等感兴趣，又对此则故事印象有多深。

说来也有趣，晚于苏轼的南宋学者、诗人王十朋（1112—1171）也曾写有一首《黄鹤楼》诗：

云锁吕公洞，月明黄鹤楼。
抱关非故卒，谁见羽衣游。

王十朋此诗一反苏轼诗中的描述，不相信荒诞不经的传说（当然，苏轼此诗的用意是通过这一传说来讽刺贪图富贵之人），以简洁的笔触，批驳了迷信思想。

“夜闻三人笑语言，羽衣著屐响空山”“非鬼非人意其仙，石扉三叩声清圆”诸语令人想起《后赤壁赋》中出现的化鹤而过的道士。苏轼出入三教之间，圆通无碍，他能作此诗自不必惊讶。当然，大文豪能发此想，也与唐人所赋予黄鹤楼本身的神仙意蕴分不开。对此，诗人陆游评价很准，他在《入蜀记》中说：“黄鹤楼，旧传费祎飞升于此，后忽乘黄鹤来归，故以名楼，号为天下绝景。崔颢诗最传，而太白奇句得于此者尤多。”陆游不仅指出了崔、李之诗的文化血缘在于黄鹤楼之传说，更揭示出历代歌咏黄鹤楼的诗词之文化血缘所在。因为神话和仙话是人民在长期的劳动生活中共同创作的，反映了人民的愿望，因此大多富于人民性，而人民性的东西往往具有永久的魅力，最容易为人们所接受和欣赏，故后世的文艺创作常常以神话和仙话为素材或题材。那么作为天下第一名楼黄鹤楼流传的众位仙人骑鹤登天的传说，被登楼览胜者即兴拈来、歌咏抒怀，乃至作为创作名楼诗词的源泉也就很自然了。既然黄鹤楼生就与“仙”“鹤”有血缘关系，那么黄鹤楼诗词也必然与“仙”“鹤”有血缘关系。“仙”“鹤”是黄鹤楼诗词中最常出现的意象、最常歌咏的对象，舍此就不成其为黄鹤楼诗词。

从神仙传说、黄鹤楼和诗词创作三者的关系来看，可以说没有神仙传说，就没有黄鹤楼、也就没有黄鹤楼诗词。在所有歌咏台阁名胜的诗词中，黄鹤楼诗词以其历史的悠久、卷帙的浩繁著称，也以其带有浓郁的神仙道教色彩著称。

以抒情言志为特征的诗歌，必须做到情景交融，才能收到一唱三叹的审美效果。景，指客观事物（景物）；情，指诗人主观的思想感情。对于黄鹤楼诗词来说，其景，一方面指名楼与大江组成的壮丽景象，另一方面指有关神仙传说中的仙与鹤。或借自然美景抒情，或借羽客仙鹤抒情，这就是黄鹤楼诗词抒情的主要特点。在有幸登临黄鹤楼的迁客骚人看来，似乎黄鹤、仙人都不是人们心造的幻影，而是世上实有之物。他们登高远眺，把酒临风，情随事迁，心随物远，以无作有，以虚及实，由古及今，由仙及我，无不生出许多感慨。黄鹤、仙人被迁客骚人充分意化，成了他们感情的依托，带上了他们各自的感情色彩。黄鹤、仙人与文学的渊源可谓深矣！这也正是黄鹤楼作为文学景观的独到之处。

黄鹤楼诗词中，还有一些可以称得上是比较典型的游仙诗。如明代的杨基就写有两首雪中登黄鹤楼的诗，描写了黄鹤楼在一场罕见的大雪中的瑰丽景象，抒发了不求功名利禄但以神仙自娱的高洁志趣和旷达胸怀。

黄鹤楼看雪

黄鹤楼前水平岸，春雪当空舞撩乱。
东风知有客登楼，助以琼瑶作奇观。
昔日黄鹤去不回，我骑白凤横江来。

遥看历历汉阳树，一色尽是梨花开。
人间何处称奇绝，百尺栏杆满江雪。
气压滕王阁上云，兴高庾亮楼中月。
瀛洲咫尺非难到，鹤背琪花落纱帽。
载酒谁能问谪仙，题诗未必无崔颢。
江山得此清无敌，顷刻银蟾荡瑶碧。
更看仙人紫衣裘，卧听吕岩吹铁笛。

此诗是诗人于洪武六年十二月十一日初到武昌时所作。诗人登楼四顾，所见一片冰雪世界。遥望汉阳，宛如树树梨花。接着以滕王阁、庾亮楼为铺垫，突出黄鹤楼胜景，把欢乐的情趣升华为神奇的幻想，仿佛海上仙境就在眼前，而诗人自己也仿佛身着紫衣、卧听铁笛。整首诗充满了愉悦欢快的情绪和绮丽的想象，富于诗情画意，恰如一幅雪中黄鹤楼画卷。

雪中再登黄鹤楼

平生不愿万户侯，亦不愿识韩荆州。
但愿武昌连日雪，日日醉登黄鹤楼。
楼前绝景冠今古，况有缤纷雪花舞。
玉树参差认汉阳，银州浩荡迷鹦鹉。
江头儿女走欲颠，谓我便是骑鹤仙。
白云飞尽黄鹤去，此景不见今千年。
我拍栏干为招手，世界神仙亦何有？
桃李无非顷刻花，江湖尽是逡巡酒。
他日重来五百春，楼前花草一番新。
相逢不识纯阳子，何用重寻回道人。

此诗与《黄鹤楼看雪》为姐妹篇，也充满了欢愉的情趣和绮丽的幻想。所不同的是，此诗除了写到雪中奇景外，还流露出诗人的世事无常、万般皆幻的想法，以及对功名富贵的鄙视。其中的直接原因，或许就在于“吴中四杰”中的其他三人均已遭不幸：高启被腰斩，张羽遭流放后自杀，徐贲死于狱中。这使杨基看透人生世事。

杨基（1326—1378）元末明初诗人，字孟载，号眉庵。原籍嘉州（今四川乐山），大父仕江左，遂家吴中（今浙江湖州），“吴中四杰”之一。元末，曾入张士诚幕府，为丞相府记室，后辞去。明初为荥阳知县，累官至山西按察使，后被谗夺官，罚服劳役，死于工所。

杨基以诗著称，亦兼工书画，尤善绘山水竹石。其诗风清俊纤巧，因有五言律诗《岳阳楼》境界开阔，时人称杨基为“五言射雕手”。其元末诗作，大多表现出维护元代统治立场，入明后，仍眷怀元室。风格异于高启，多不能摆脱元诗靡丽纤细风习。杨基少时曾著《论鉴》十万余言。又于杨维桢席上赋《铁笛》诗，当时维桢已成名流，对杨基倍加称赏：“吾意诗境荒矣，今当让子一头地。”① 杨基与高启、张羽、徐贲为诗友，时人称之为“吴中四杰”。

明代王偁也写有一首类似题材的《登黄鹤楼》诗：

迢迢江上楼，飞构梯层穹。
黄鹤何年来，结巢白云中。
仙人整羽盖，一往无遗踪。
瑶笙紫河车，潇洒余天风。
至今启重关，呵守虎豹雄。
雕檐敞白日，阑槛标晴虹。
我因驻旌节，登攀兴何穷？
神行万物表，目送双飞鸿。
依依烟际帆，远落三湘东。
霜清楚天碧，树尽荆门空。
长辞愧祢生，高兴怀庾公。
落日下楼去，烟水青蒙蒙。

① 清·沈雄：《古今词话·词评下》。

王偁（1370—1415），字孟扬，又字密斋，明朝永福县（今永泰县）人。曾任翰林院检讨、《永乐大典》副总裁，著有《虚舟集》5卷。王偁为人英迈爽发，学博才雄，工诗、善书。其诗质朴清新，不落窠臼，行草类苏轼，最为学士解缙所推重。永乐八年（1410），因解缙被诬案，受株连下狱死，卒年46岁。

这是一首特色鲜明的记游诗。诗人采撷了有关黄鹤楼的神话传说，并将其纳入诗中，运用丰富的艺术想象力，创造出一个神奇瑰丽、光彩夺目的艺术境界，使全诗充满了浪漫主义色彩。特别是诗的结尾两句“落日下楼去，烟水青蒙蒙”，构思巧妙，韵味深长：在烟水青蒙蒙的暮色景色中，是日落于楼下，还是日落人下楼？引人咀嚼回味，沉思遐想。

明代还有一位叫管讷的诗人，有一首《黄鹤楼》诗，读来也颇有情趣：

黄鹤西飞去不回，青山高栋自崔嵬。
当年卖酒人何在？今日题诗客未来。
舟系城边官柳发，笛吹江上野梅开。
白云只在阑干外，安得乘之遍九垓！

管讷，字时敏，明松江华亭（今上海市松江区）人，生卒年不详，公元1360年前后在世。明太祖洪武九年，以秀才征为楚王府纪善，进左长史，子孙皆仕楚王府。其诗风淡雅，著有《蚓窍集》十卷。

此诗主要铺陈武昌及黄鹤楼传说故事，以抒发思古之幽情。首句用吕洞宾从黄鹤楼驾鹤而去的传说，因《宋史》称吕氏为关西逸人，故说黄鹤西飞。第二句则写空留下的黄鹤楼之高峻貌，颇为传神。颔联上句暗含辛氏卖酒的神话传说，下句“题诗”语，虽指崔颢事，实则以崔颢自比，可见作者的自负。颈联再用陶侃武昌植柳之事以及李白黄鹤楼诗句，表达出对前人的向往之情。尾联则说明自己有羽化登仙的想法。诗中所出现的古人及事，在作者看来，他们不是得道成仙，就是脱尘避俗，且均为高士之流，值得学习效仿，所以他才产生了飞升高举的念头。

（二）抒忧国之愁的诗词，是黄鹤楼诗词中最具光彩的一类

我们还要指出的是，黄鹤楼诗词中，有一类是抒忧国之愁的，这类作品可谓内涵厚重。

最著名的当属民族英雄岳飞的《满江红·登黄鹤楼有感》，这是岳飞传世的三首词之一。此词为岳飞手书墨迹，见于近人徐用仪 1932 年所编《五千年来中华民族爱国魂》卷端照片，原手书墨迹在收藏家中流传历八百年，直到 20 世纪初才在《国粹学报》上公开发表。这首词的碑石现存武昌抢冰堂。武汉地方志编纂委员会出版的《武汉春秋》1982 年第 5 期封二刊登了词碑的拓片。抗日战争时期，有位爱国人士把此词手迹刻在石上，陈列于黄鹤楼旧址，并以拓片分赠抗日战士，不久日寇侵入武汉，原碑不知去向。新中国成立后，在汉阳发现了这块石碑，已断为两截。现陈列的碑是根据原碑拓片复制的，基本上保持了岳飞手迹那种遒劲有力、气势奔放的原貌。

关于此词创作背景。此词下有谢升孙、宋克、文徵明等人的跋。元末谢升孙在跋中说此词“似金人废刘豫时，公（岳飞）欲乘机以图中原而作此以请于朝贵者……可见公为国之忠”。高宗绍兴七年（1137），岳飞任湖北京西宣抚使时，就曾多次上书朝廷，奏请提兵进屯江淮，趁金人废弃刘豫之机“捣其不备，长驱以取中原”[①]。次年春，即绍兴八年（1138），岳飞奉命率部回鄂州屯驻，再次请缨，均被秦桧、张浚等权奸拒驳。后奉命从江州（今江西九江市）率领部队回鄂州（今湖北武汉市）驻屯，故词中有“何日请缨提锐旅”之句。本词当为回鄂州之后，岳飞登临黄鹤楼北望中原写出的作品。原词如下：

遥望中原，荒烟外、许多城郭。想当年，花遮柳护，凤楼龙阁。万岁山前珠翠绕，蓬壶殿里笙歌作。到而今，铁骑满郊畿，风尘恶。　　兵安在？膏锋锷。民安在？填沟壑。叹江山如故，

① 元·脱脱：《宋史·岳飞传》，卷三百六十五。

千村寥落。何日请缨提锐旅，一鞭直渡清河洛。却归来，再续汉阳游，骑黄鹤。

与我们熟知的另一首“怒发冲冠”的《满江红》不同，那一首词充满着气吞山河、壮怀激烈的情感，而这首《满江红》的情绪低沉抑郁得多。词上片描绘了中原大地昔年的繁华和今日的凄凉，做了鲜明而强烈的对比，一个“恶”字，表达了岳飞的爱憎之情。下片开头，四个短句，一问一答，可谓一字一泪。接着有“何日请缨”的哀叹，表明对当前形势的忧虑。更可悲的是，岳飞虽表达了请缨报国的强烈愿望、誓死收复失地的英雄气概，但又怕遭到朝廷疑忌，所以，词的最终落脚点却是“提锐旅”“清河洛”之后，功成身退再登黄鹤楼，要像费祎、王子安等人一样乘黄鹤升仙而去，表达的是功成身退、不问世事的幻想。这都深切地反映出岳飞满腔热血而壮志难酬的沉痛至极的心情。

细读岳飞的其他诗作，可以发现作为一代英雄岳飞内心深处为人们所忽略的另一面，即希望功成名就后归隐田园。

岳飞有一首《寄浮图慧海》诗，诗中也流露出了功成身退的思想。

功业要刊燕石上，归休终伴赤松游。
丁宁寄语东林老，莲社从此著力修。

赤松，指赤松子。刘向《列仙传》云：“赤松子者，神农时雨师也。服水玉以教神农，能入火自烧，往往至昆仑山上，常止西王母石室中，随风雨上下。炎帝少女追之，亦得仙俱去。”《史记·留侯世家》中也有“愿弃人间事，欲从赤松子游耳”之语。可见，《寄浮图慧海》诗，更表达出岳飞收复河山后功成身退、弃人间升仙而去的愿望，与“何日请缨提锐旅，一鞭直渡清河洛。却归来，再续汉阳游，骑黄鹤”的含义非常相似。

岳飞的军事生涯时常伴随着请缨无路的痛苦和朝中主和势力的挤压。从绍兴五年开始，岳飞屡次上表请求解除军务离开仕途，但不被恩准。归隐林泉之意在他的《小重山》词中已有流露：“白首为功名，旧山松竹老，阻归程。欲将心事付瑶琴，知音少，弦断有谁听。”

另外，宋人袁甫有《岳忠弄祠三首》，从诗中我们可以看到南宋的百姓对岳飞的评价：

儿时曾住练江头，长老频频说岳侯：
手握天戈能决胜，心轻人爵祇寻幽。

因此，欲成仙而去的思想是有现实基础的，这是岳飞缓解现实痛苦的一种途径。

值得一提的是，近代吴佩孚曾模仿岳飞词写过一首《满江红·登蓬莱阁》：

北望满洲，渤海中，风涛大作。想当年，吉黑辽沈，人民安乐。长白山前设藩篱，黑龙江畔列城郭。到如今，倭寇任纵横，风云恶。

甲午役，土地削。甲辰役，主权堕。叹江山如故，夷族错落。何日奉命提锐旅，一战恢复旧山河。却归来，永作蓬山游，念弥陀。

虽然吴词在感情和艺术上都与岳词相距甚远，但因吴词是完全模仿岳词之作，我们完全可以通过“何日奉命提锐旅，一战恢复旧山河。却归来，永作蓬山游，念弥陀”来理解岳飞“何日请缨提锐旅，一鞭直渡清河洛。却归来，再续汉阳游，骑黄鹤”的含义。“骑黄鹤”与“念弥陀”一个是道家理想，一个是佛家理想，但共同之处都是远离红尘、不问世事。

南宋布衣词人戴复古有一首《水调歌头·题李季允侍郎鄂州吞云楼》词，也是一首洋溢着爱国之情的好词，也可帮助我们更好地解读岳飞这首词。戴复古词如下：

轮奂半天上，胜概压南楼。筹边独坐，岂欲登览快双眸。浪说胸吞云梦，直把气吞残虏，西北望神州。百载一机会，人事恨悠悠。

骑黄鹤，赋鹦鹉，谩风流。岳王祠畔，杨柳烟锁古今愁。整顿乾坤手段，指授英雄方略，雅志若为酬。杯酒不在手，双鬓恐惊秋。

李季允为南宋有名的爱国将领，当时知鄂州。他登临春云楼（吞云楼，为宋代建造）不是为了领略大好风光，而是为了筹划边防之事。他端坐楼上，凝视北国，目眦尽裂，南宋政府一次次错过了抗金的大好机会，主战派与主和派的斗争从来就没有间断过。李将军不由将“恨”转向朝堂的“人事”了。崔颢《黄鹤楼》、祢衡的《鹦鹉赋》都不足风流，只有岳飞的抗金壮举才永远为人称颂。俯视杨柳烟中的岳王祠，展望抗金前途，诗人戴复古不由愁上心头。

明代“公安三袁”之一的袁中道有首《黄鹤楼》诗：

登临绝主客，清寂倍堪留。
水国无多地，江声益壮秋。
青山孤绕郭，芳草尽潜洲。
楚稔关天下，民鱼亦可忧。

袁中道（1570—1623）明代文学家，字小修，亦作少修，湖北公安人。“公安派”领袖之一，袁宗道、袁宏道胞弟。16岁中秀才，以豪杰自命，性格豪爽，喜交游，好读老庄及佛家之书。于万历四十四年（1616）中进士，授徽州府教授、国子监博士，官至南京吏部郎中。少即能文，长愈豪迈。与其兄宗道、宏道并有文名，时称“三袁”，同为公安派。其绩稍逊于宏道。其文学主张与宏道基本相同，强调性灵，“以意役法，不以法役意，一洗应酬格套之习”[①]。反对复古拟古，认为文学是随时代的变化而变化的，“天下无百年不变之文章”[②]；提倡真率，抒写性灵。

此诗写大水中于黄鹤楼头所见景象。据史料记载，明神宗万历十五年（1587）江南大水，长江水势凶险，沿岸悉遭淹没。当时作者只有十七岁，此诗或即写于是年。诗起笔二句先写因水势浩大，登楼的主人客人也无心宴游，早已散尽，唯独作者还在楼头徘徊张望。接下一联写水国、江声，已见水势之大。颈联中的一个“孤”字、一个“尽”字，更见泽国一片汪洋。作者于是很自然地由此联想到年岁收成和灾民的疾苦，不胜忧虑。此

① 明·袁中道：《珂雪斋集·小修诗序》。
② 明·袁中道：《珂雪斋集·花云赋引》。

诗在众多的有关黄鹤楼诗词中是颇具特色的，而作者只是一个十七岁的少年，诗人有如此的胸襟情怀，也是令人敬佩的。

黄鹤楼诗词中还有抒亡国之愁的，晚明之际的顾景星有一首《黄鹤楼吊古》诗：

城上楼台接渺漫，半空笑语俯阑干。
烟光鼎足三分立，帆影波心一羽看。
阅世岂须乘鹤老，生涯拟截钓鱼竿。
愁边江水无情极，独自朝宗急下滩。

顾景星（1621—1687）明清之际文学家，字赤方，号黄公，蕲州（今属湖北蕲春县蕲州镇）人。明末贡生，后随父避乱入昆山，南明弘光朝时考授推官。入清后屡征不仕，归原籍，结庐而居，名其堂为“白茅堂”。康熙己未（1679年）荐举博学鸿词，称病不就。有《白茅堂集》等多种著作。

诗之首联，诗人意在表明登楼的目的：黄鹤楼诚然遥接渺茫的苍天，但是神仙之说不过是“半空笑语”、无稽之谈，还是凭栏吊古吧！接着诗人于颔联中巧妙地借用杜甫诗句“三分割据纡筹策，万古云霄一羽毛”（《咏怀古迹五首·其五》）之意，来表达他由江上帆影联想到赤壁之战、三国鼎立以及诸葛亮为恢复汉室而鞠躬尽瘁的感人业绩，这正是借吊古以伤明代之亡而抒其对诸葛亮的景仰之情。颈联上句表示自己不屑于跨鹤寻仙而逃避现实、了此一生。下句则用东汉之初严光为拒绝曾为同学的汉光武帝刘秀召其做官而改名隐居，垂钓于富春江上的典故，表明自己不与清代统治者合作的决心。尾联则说，虽然明代之亡已成事实，但自己仍然要像江水东奔而去、朝宗归海一样，保持大节，决不误入歧途。

此诗吊古伤今，字里行间蕴含着诗人眷念故国的深情，特别是诗之尾联借江水朝宗以自励，尤为警策。

再如明末抗清志士“岭南三大家”之一的陈恭尹，他有一首七律《岁暮登黄鹤楼》：

郊原草树正凋零，历历高楼见杳冥。
鄂渚地形浮浪动，汉阳山色渡江青。
昔人去路空云水，粤客归心向洞庭。
莫怨鹤飞终不返，此间无路托仙翎。

陈恭尹（1631—1700），字元孝，初号半峰，晚号独漉子，又号罗浮布衣，汉族，广东顺德县（今佛山顺德区）龙山乡人。著名抗清志士陈邦彦之子。清初诗人，与屈大均、梁佩兰同称岭南三大家。又工书法，时称清初广东第一隶书高手。有《独漉堂全集》，诗文各15卷，词1卷。

此诗前四句写黄鹤楼胜景以及登楼所见形势，概括力很强，雄浑而又明丽。后四句则写自身情怀和世路前途，深沉而富有现实感，整首诗的情感是沉郁凄苦。诗人以天地之大与黄鹤之小形成的强烈对比，暗喻国破家亡，大千世界无法容下一个明朝的遗民，暗示自己无路可走，只有含恨归隐。诗的意境苍劲悲凉，不愧是大家手笔。

而毛泽东一反旧调，书写出慷慨高歌的英雄气概。这就是我们熟悉的《菩萨蛮·黄鹤楼》词：

茫茫九派流中国，沉沉一线穿南北。烟雨莽苍苍，龟蛇锁大江。
黄鹤知何去？剩有游人处。把酒酹滔滔，心潮逐浪高！

1927年正值中国多事之秋，大革命处于低潮时期，北伐虽然取得了一些胜利，但军阀及各种势力依然存在，蒋介石正洋洋得意地初临王位。

可是整个中国的局面仍是山雨欲来风满楼之势，扑朔迷离的烟云密布大地，是年毛泽东途经武汉，怀以苍凉悲壮之情登上黄鹤楼一吐心曲。登高赋诗是历代文人抒情言志的习惯，毛泽东，这位具有深厚的中国文化修养的一代诗人兼革命家以其独有的胸襟及气概表达了他对于他所处的时代的沉郁抱负和热切期待。

全诗一开始从大处着眼，从远到近，层层展开，其中有精确的地理，这地理中暗示着作者内心缜密的布局及经纬法度，这一切处理得干净简练，仅用“九派流中国”“一线穿南北”“龟蛇锁大江”这几个妙巧的对称，犹如围棋高手的布局显得严密而大度，同时也显示了对祖国的山川谙熟于胸。

接着下阕一转，又透出了诗人对于世事沧桑、雪泥鸿爪之感慨，一代又一代该过去的都过去，而今诗人又作游人中的一员在此低回歌咏。最后诗人把酒酹江以抒壮志，涌动的心潮如澎湃的波涛，越来越感受到一种急迫地想立即置身于中心的强烈愿望（因当时共产党处境维艰，国民党占有上风），诗歌在此达到一个最后的高潮，以绵绵思绪和慷慨高歌抵达诗言志的核心，几乎直逼陈子昂《登幽州台歌》，的确是正宗汉音，苍凉慨叹、沉雄俊爽。

（三）写景、咏史，以抒发胸中块垒

登楼临远，观景抒情咏怀，原本就是文人的本色，更何况黄鹤楼的地理形胜决定了它在文人心目中的位置，它是登高观景、抒情咏怀的绝佳处。所以在吟诵黄鹤楼的诗篇中，有大量的诗作是写景、咏史以抒发胸中块垒的。

北宋张咏有一首《登黄鹤楼》诗：

重重轩槛与云平，一度登临万想生。
黄鹤信稀烟树老，碧云魂乱晚风清。
何年紫陌红尘息，终日空江白浪声。
莫道安邦是高致，此身终约到蓬瀛。

张咏（946—1015），字复之，号乖崖，谥号忠定，宋濮州鄄城（今山东鄄城）人。亦称张忠定、张乖崖，太平兴国年间进士。累擢枢密直学士，真宗时官至礼部尚书，诗文俱佳，与寇准友善，是北宋太宗、真宗两朝的名臣，尤以治蜀著称。他的文集被命名为《张乖崖集》。

此诗是张咏从成都罢归时作。多年的宦海浮沉使他身心疲惫，思想上已蒙上一层阴影。故而登楼举目，不免万念俱生，即感慨人世苍茫，又叹息仕途险恶，因此，很自然就会生出摆脱尘俗干扰而栖隐蓬瀛的想法。

诗之首句写黄鹤楼的雄姿，抓住特征，要言不烦，十分传神。次句则写自己登楼后，面对佳景涌上心头的“万念”。诗之颔联则以黄鹤传送消息，以碧云离合无常来喻自己宦海生涯的飘游无定，诗人已经心烦意乱了。所以他于颈联中说：什么时候能够不在繁华纷扰的城市中讨生活，而能整日面对空江白浪过着那种淡泊生活呢？于尾联中更是直接表明：安邦治国非我高卓的情趣，而栖隐蓬莱、瀛洲等海上仙山才是我的归宿。

北宋张俞有首排律《楚中作》：

渺渺洞庭野，萧萧黄鹤楼。
水通云梦浦，人渡沔阳舟。
广泽侵吴壤，孤城接郢丘。
山分三楚断，溪入九江流。
寂寞休兵月，纷纭战国秋。
吴生来赤壁，魏武定荆州。
六代凭形势，群雄死寇仇。
凄凉帝子宅，浩荡祢衡洲。
万里浮云暮，千年故国愁。
武昌宫不见，麋鹿自群游。

张俞（《宋史》作张愈），生卒年不详，北宋文学家。字少愚，又字才叔，号白云先生，益州郫（今四川成都郫都区）人，祖籍河东（今山西）。屡举不第，因荐除秘书省校书郎，愿以授父而自隐于家。文彦博治蜀，为筑室青城山白云溪。著有《白云集》，已佚。

这首排律铺陈事类，对仗工稳，章法井然。前四联写楚境形胜地貌，均能突出特征，颇有气势。中间四联咏楚地人事历史，写得波澜壮阔，气象万千。最后二联则抒发感慨，浇胸中块垒，透彻精辟，直达人生的最高境界。整首诗对楚地的辽阔，水运的捷便，江山的险固，以至历史事件和风云人物，都描述得有声有色，这种将黄鹤楼置于广阔的历史与地理背景之中来认识的方法，既彰显了黄鹤楼厚重的历史文化底蕴，又表明了作者的胸襟与见识不同于常人。特别是诗之结尾处的论史生慨，尤为精警，可为肉食者戒之。

元代刘诜有《和龙麟洲题黄次翁〈黄鹤楼图〉》诗一首：

孙曹百战何在？大江千载狂澜。
谁倚楼头呼鹤？秋风落日危阑！

刘诜（1268—1350）元吉安庐陵人，字桂翁，号桂隐。性颖悟，幼失父。年十二，能文章。成年后以师道自居，教学有法。江南行御史台屡以遗逸荐，皆不报。为文根柢《六经》，躏跞诸子百家，融液今古，四方求文者日至于门。卒私谥文敏，有《桂隐集》。

这是一首和友人题画的诗。友人所题之画为《黄鹤楼图》，因此和诗也以黄鹤楼为内容。诗人以为武昌一带是古赤壁战场，所以诗一开头就自然联想到赤壁之战。苏轼的《念奴娇·赤壁怀古》词云："大江东去，浪淘尽，千古风流人物。"而刘诜也有同感。但苏轼此词主要是赞美历史上的英雄人物，从而寄托自己的抱负。词中虽流露出"人生如梦"的身世感慨，但不是主要的。刘诜此诗则赞赏于秋风中站在楼头凭栏呼鹤、希望乘风飞去的人物。此诗境界虽较之苏词稍逊色一些，但全诗情意浓郁，寥寥二十四字，直抒胸臆，不着重写景而景色自见，艺术上确有可取之处。

再看元代陈孚的一首《鄂渚晚眺》诗：

黄鹤楼前木叶黄，白云飞尽雁茫茫。
橹声摇月归巫峡，灯影随潮过汉阳。
庾令有尘污简册，祢生无土盖文章。
阑干空有当年柳，留与行人记武昌。

陈孚（1259—1309）元代学者，字刚中，号勿庵，浙江临海县太平乡石唐里（今白水洋镇松里）人。至元年间，上《大一统赋》，后讲学于河南上蔡书院，为山长，曾任国史院编修、礼部郎中，官至天台路总管府治中。诗文不事雕琢，纪行诗多描摹风土人情，七言古体诗最出色，《元史》称他"天才过人，性任侠不羁，其为诗文，大抵援笔即成喊，不事雕斫"。明代张纶言在《林泉随笔》中评论说："陈刚中之诗豪迈卓异，每每惊人。"著有《观光集》《交州集》等。

在此诗中，诗人是托言登楼，抒怀古幽思，有感人才之凋零。起句直写楼头秋色，"黄叶""白云""茫茫"等意象，无不透露出秋之萧条肃杀的气氛，其概括力颇强。颔联写江上晚景，撷取“橹声”“月光”“灯影”“江潮”等景色，加上所用动词“摇”“归”“随”“过”等，使整幅画卷不仅有层次，且动感特强，张力十足。颈联则由景物转到人事，联想到历史上的两个人物：庾亮和祢衡。前者有干才而恃权仗势，在历史上留有污点；后者有文采而恃才傲物，以致招来杀身之祸。所以，诗人才于尾联说道：做人，真还不如像陶侃那样，切实为他人做点实事。整首诗严整流畅可诵。

明代的王格写有一组有关黄鹤楼的诗，现选三首如下：

梦登黄鹤楼有作，寤而续成（六首选三）

武昌城外汉江头，万古乾坤万古流。
可叹孙郎鱼不食，年年血战取荆州。

清江泚泚石粼粼，月照当头幕府宾。
谁向胡床夸兴废，西风尘起却污人。

鹦鹉洲前草色青，白头浪里见扬舲。
请看石椁何人骨，夜夜江声打不醒。

王格，生卒年不详（公元1540前后在世），字汝化，湖北京山人。嘉靖五年进士，选为庶吉士。后任永新知县，升河南佥事，分巡河北。世宗南巡时，因不肯行贿，触怒宦官。适行宫失火，受株连，被捕受杖刑并贬谪。嘉靖十八年（1539年），受命撰《承天志》（承天，治所在今湖北钟祥）。穆宗时任太仆少卿。不久辞官归籍，家居五十余年，从事着述，至老不辍。有《少泉集》三十三卷，传于世。卒年九十四。

此组诗题意可谓新奇，于众多有关黄鹤楼的诗词中格外醒目。诗三篇，虽曰梦登黄鹤楼，实则寤而咏史，写来别具一格，耐人寻味。作者对历史有自己的考量并有一定的深度，且文笔生动，故能给读者留下深刻印象，启迪思考。

明代张居正有一首《望黄鹤楼》诗，于众多咏黄鹤楼的诗中，也颇有特点：

枫霜芦雪净江烟，锦石游鳞清可怜。
贾客帆樯云里见，仙人楼阁镜中悬。
九秋槎影横清汉，一笛梅花落远天。
无限沧洲渔父意，夜深高咏独鸣舷。

张居正（1525—1582），字叔大，号太岳，汉族，幼名张白圭。湖北江陵人，时人又称张江陵。明朝中后期政治家、改革家，万历时期的内阁首辅，辅佐万历皇帝朱翊钧开创了“万历新政”。张居正能诗，有《张文忠公集》，其中有诗集六卷。

此诗当作于明世宗嘉靖三十三年（1554）秋，此时正是严嵩专政、万马齐喑的时代，他深感自己的理想无法实现，“中怀郁郁，无所发舒，聊为知己一吐，不足为他人道也”[①]。又因体弱多病，便产生了暂时归田的思想，想以待时机，再谋大业。故于嘉靖三十三年（1554）三十岁时愤而“以病谢归”，回归故里。

作者路过武昌时，不是登楼观景，而是望楼兴叹，所以诗作前三联内容都是紧扣诗题中的“望”来写，但作者并不是呆板地从一个角度来写景，而是移步换形，不断地变化视觉点，或环顾，或俯视，或仰观，或远眺，或随笛声将视线由黄鹤楼引向“远天”。这不仅全方位地描写出黄鹤楼及周边的景色，也使黄鹤楼的景色有层次，呈现为立体的、动感的，同时也表明作者有着极强的整体观察力，并生动地再现了作者饱览斯楼斯景的神态和兴会。诗的尾联，作者流露出兴致之高，以致夜深了，还情不自禁地拍着船舷在高咏。其实，这位中国历史上著名的政治家的志趣并不在此，或许此诗只不过是他于政治上失意之时心情状态的一种反映罢了。

再看一首明代王世贞的《登黄鹤楼》诗：

---

① 明·张居正：《张太岳集·答西夏直指耿楚侗》，卷三五。

缥缈高凭崔氏楼，依微西眺祢生洲。
天容孤鹤排空上，水合双龙抱郡流。
一代真成春雪倡，千年谁识岁星愁。
老夫聊玩人间世，任遣浮云黯不收。

王世贞（1526—1590）明代文学家、史学家，字元美，号凤洲，又号弇州山人，江苏太仓人。嘉靖二十六年（1547）进士，累官刑部尚书。为文倡导复古摹拟，晚年始渐趋平淡，与李攀龙同为“后七子”之首。嘉靖三十八年（1559），父王予以滦河失事为严嵩所构，论死，世贞解官奔赴京师告免。未成，持丧归，三年丧满后犹却冠带。隆庆元年（1567）讼父冤，得平反。著有《弇山堂别集》《王氏书苑》《王氏画苑》等。

此诗首联先写黄鹤楼的高巍缥缈，次写登楼西望鹦鹉洲，均能恰合仰慕斯楼及登楼所见实情。颔联则将登楼观景之感受作了一个高度概括，用语精炼，一“孤”字尤为醒目。颈联上句赞美崔颢《黄鹤楼》诗犹如阳春白雪，是诗中上品。下句则用西汉东方朔之典。岁星即木星。相传东方朔是木星下凡，他作为汉武帝侍从，常借诙谐调笑的话题伺机进谏，但武帝并不重用他，始终将其视为以乐舞谐戏为业的戏子。诗人用此典，意在比喻祢衡的不幸遭遇。尾联则表达自己的悲愤之情：我已将人世间看透，对小人的无耻行径，是笑看聊玩。“浮云黯不收”或暗喻奸臣严嵩当道。而“聊玩人世间”，看来似乎消沉，实则不过是极深沉的愤激之言，似与其父冤死有关。整首诗怀古寄慨，气脉流贯，笔势跌宕。可谓众多黄鹤楼诗中之上品。

清初学者熊赐履有《黄鹤楼》诗一首：

胜迹争传黄鹤楼，沙场灰劫几经秋。
鱼龙出没千峰乱，烟雨迷离一水收。
芳草至今连郢树，西风何处问芦洲。
云山隐隐客岑寂，泪尽寒江未肯流。

熊赐履（1635—1709），清初名臣，著名理学家。字敬修，又字青岳，号素九，别号愚斋，湖广汉阳府孝感人（今湖北孝感），世籍南昌。

顺治十五年（1658年）进士，选为庶吉士，任职检讨，累官至武英殿大学士兼刑部尚书，东阁大学士兼吏部尚书。他潜心理学，著有《经义斋集》等。

作者中年迁居江宁（今南京市），此诗为他回乡路经武昌时，登黄鹤楼故址所作。明代的最后一座黄鹤楼，于明思宗崇祯十六年（1643）被张献忠所毁。汉阳人氏魏晋封在其《竹中记》一书里记载了黄鹤楼在崇祯十六年正月十八日毁于兵燹时他亲自见闻的实况。所以，熊赐履来时，黄鹤楼尚未重建，只能凭吊遗址。故而诗之首联就说，人们争相传颂的天下名胜黄鹤楼，毁于战火已有多年，今日我来不得登临，遗憾伤感之情隐约可见。诗之颔联与颈联则写眼前之景色，因伤感情绪使然，作者所见之景，不是明丽清新的，而是萧条肃杀的。放眼望去，烟雨迷离，格外压抑，曾经芳草萋萋的鹦鹉洲，也渐沦江底（据清代胡凤丹《鹦鹉小志》载，古鹦鹉洲于“天启、崇祯间渐沦于江”）。作者于沮丧之际，也生出了沧海桑田的感慨。尾联则景中有情，采用拟人化的手法，表达作者是如此依恋故乡，以致寒江之水也不肯流动了，堪称佳句。作者是将沧桑之感与恋乡之情交织在一起发而为诗的，诗中景物一片凄迷，心情不胜孤寂。读后令人掩卷沉思。

清人鲍鼎铨有一首《望海潮·黄鹤楼》词：

> 岚气浮空，潮声带雨，名区自说江湘。赤壁崟崎，洞庭浩渺，天边不断帆樯。楼阁俯斜阳。正烟云万里，归鸟千行。独鹤飞回，忽传玉笛韵悠扬。
>
> 凄凉。鹦鹉堪伤。对萋萋芳草，满目沧桑。夜静月明，涛生天上，看来一片昏黄。伫立向茫茫。有渔舟杳霭，芦荻青苍。把酒中流，当年顾曲想周郎。

鲍鼎铨，清无锡人，庠名允治，字让侯，生卒年不详，康熙（1669）八年举人，曾任过大挑知县。著有《心远堂诗》八卷。

这首词情随景生，情景交融，层层铺开。上片写词人傍晚登楼所见，俯眺夕阳一线，归鸟投林，天际远帆陆续而来，展示出一派烟波浩渺、暮色苍茫、水天一色的开阔景象，格调轻快明畅。下片则一转，情绪呈现凄凉。词人久久伫立，徘徊于楼头，直至月明夜静，忽闻涛声从天而来，但觉四周蒙蒙茫茫，一片荒凉，不禁顿有沧海桑田之感。于是荡桨中流，举起酒杯，忽然想起当年风流倜傥的周瑜，其雅致高韵令人向往，这就更容易引起词人对人去楼空的感叹，其情绪也就跌落到最低点了。此词情感流畅，自然真切，韵律和谐，语言清新，用典恰切。

再看一首清人陈沆的《九日登黄鹤楼》诗：

自从十岁题诗后，不上兹楼二十年。
吟到雨风秋老矣，坐来天地气苍然。
大江帆影沉鸿雁，下界人声混管弦。
寂寞繁华千感并，浮云郁郁到樽前。

陈沆（1785—1826），著名诗人，文学家，清代古赋七大家之一，被魏源称为“一代文宗”。原名学濂，字太初，号秋舫，室名简学斋，白石山馆。蕲水（今湖北浠水县）人。乾隆五十年（1785）出身于下层官僚家庭。陈沆于嘉庆十八年（1813）中举，二十四年（1819）中进士一甲一名，其策论文章，气势雄浑，论述精辟，笔力奇健，授翰林院修撰。清道光二年（1822），任广东省大主考（学政），次年，任清礼部会试同考官。官至四川道监察御史。陈沆与魏源友善。著有《近思录补注》《简学斋诗存》《简学斋诗删》《白石山馆遗稿》《诗比兴笺》等。

此诗是作者于清仁宗嘉庆十八年（1813）重阳节登楼之作，主要抒发了对当时社会现实的感慨。首联自叙，明白如话。颔联用宋人潘大临“满城风雨近重阳”的典故，点出九日登楼之题，并以“秋老”“气苍”等词来形容之，顿有一股苍凉沉郁之气扑面而来。颈联转而写现实，世间行路之艰难和官场奢侈之盛使作者仿佛感觉到：帆影中夹杂着哀鸿，人声里充溢着侈乐。于是作者在尾联中就写到了置身于繁华的闹市中感慨万端而兴起的一种寂寞之感：虽有樽酒在面前，但变幻无常的世事却使他郁郁寡欢。此诗深沉浑厚，声情顿挫。作者虽身处盛世，却别有抱负而感慨生哀，遂发为高亢苍凉之调。

晚清诗人张维屏有《黄鹤楼》诗一首：

仙人去后词人去，但见长江日夜流。
江上白云应万变，楼前黄鹤自千秋。
沧桑易使乾坤老，风月难消今古愁。
惟有多情是春草，年年新绿满芳洲。

张维屏（1780—1859），广东番禺人，字子树，号南山，因癖爱松，又号松心子，晚年也自署珠海老渔、唱霞渔者。嘉庆九年（1804）中举人，道光二年（1822）中进士，此后在湖北、江西任州县地方官，一度署理南康知府。为官清廉，因厌倦官场黑暗，于道光十六年（1836年）辞官归里，隐居“听松园”，闭户著述。著有《张南山全集》《听松庐诗话》《艺谈录》《国朝诗人征略》等。

张维屏在嘉庆、道光年间以诗著称，与黄培芳、谭敬昭号称“粤东三子”。鸦片战争前，他受到诗坛耆宿翁方纲、曾燠的赏识，又与宣南诗社中成员交往唱酬，诗篇内容大多是山水、闲情、赠答，夹杂一些壮志蹉跎的感慨。鸦片战争爆发后，张维屏目睹英国对中国的野蛮侵略，激发了爱国热情，写出了歌颂三元里人民抗英斗争的《三元里》，赞扬陈连升、葛云飞、陈化成捐躯报国的《三将军歌》等。这些诗篇在当时流传很广，影响很大，成为鼓舞爱国主义的有力武器，在中国文学史上占有重要的地位，也是研究鸦片战争史的可贵资料。已故的著名文学家阿英（钱杏邨）曾称赞张维屏的这些诗是鸦片战争中“最具有灿烂不朽光辉”的“英雄史诗”。

诗之首联中的“词人”不作词之作者解，而指工于文辞者。唐代温庭筠《蔡中郎坟》诗云：“今日爱才非昔日，莫抛心力作词人。”扩之，亦可指千古风流人物。故而首联看似平常，实则气魄极大，连仙人都被日夜奔流的长江之浪淘尽了，更何况叱咤风云的历史人物呢！颔联、颈联句则抒发世事无常、天地易老的感慨，极言今古之愁。虽然并无新意，但联系当时的历史背景来看，这却不是一般的闲愁与感慨，而是针对现实有感而发的，故而尤显珍贵。诗的尾联似化用白居易《古原草》诗意，彰显了诗人对新生事物的向往，从而使整首诗的基调是昂扬向上的。

因篇幅所限，以上所录有关黄鹤楼的文学作品，仅仅只是诗词部分，且只是众多诗篇里的极少数，但由此也可窥见一斑了。

楼以人传，楼以文名。正是黄鹤楼的美丽传说，使黄鹤楼蒙上了一层神秘的色彩，使它名声大噪，名传四方；正是众多诗人的美丽诗篇，使黄鹤楼平添了许多文化内涵，使它走向千家万户，千古名传。

黄鹤楼，就是一部诗集。

【本讲小结】

本讲由何为“文学景观”始，对“文学景观”这一概念，从文人、旅游者与景观的关系，自然景观与人文景观的关系等方面来下定义。接着对黄鹤楼文学作品展开了介绍，重点放在诗词作品上，分为两个时间段：一是唐代及之前的诗词作品；二是宋代及之后的诗词作品。所选作品，均有分析，对作者有所介绍。本讲对黄鹤楼诗词作品产生的原因有所阐述，意在说明黄鹤楼厚重的文化内涵。

【思考与练习】

1. 何为“文学景观”？试举一处实例证之。
2. 为何说“一首诗成就了一座楼”？
3. 为何说黄鹤楼有着厚重的文学底蕴？

【扩展阅读】

1. 孙承荣．明刻黄鹤楼集［M］．武汉：湖北人民出版社，1984.

2. 张诚杰．黄鹤楼诗词文联选集［M］．武汉：华中工学院出版社，1984.

3. 黄侅，李远源，汪昭才，等．黄鹤楼诗词曲选详注［M］．武汉：武汉出版社，1989.

4. 白雉山．黄鹤新咏［M］．武汉：武汉出版社，2014.

5. 俞汝捷．汉英双语黄鹤楼碑廊诗注［M］．武汉：武汉出版社，2013.

第五讲　神奇汉字铸佳联

——由黄鹤楼对联漫谈开去

【本讲导读】

汉字与世界上众多文字相比有何特征？由汉字特征而衍成的文学体式有哪些？对联为何是中国文化中独有的一种民族传统文学形式？为何会成为中国文学中广为流行的一种形式？为何被称为“诗中之诗”？为何是中国传统文化精粹之一？又为何能被一般的平民百姓所喜爱？以上问题既是本讲所要解答的，又是作为接受高等教育的学生所必须了解和掌握的。本讲内容将以黄鹤楼上的对联作为切入点，以古今对联佳作作为讲授的对象，讲授对联的基本知识、发展历史，并对黄鹤楼上的优秀对联作较为深入的欣赏，以期能引起同学们对对联这一民族传统文学形式的关注，进而有兴趣去自觉地学习。

【学习目标】

对汉字及其特征有一个更高层次的理解，进而能自觉地提高自身的文字水平；能对由汉字特征而产生的特殊表达形式——对偶句式有一个准确的理解；能掌握对联的基本规则，进而能欣赏优秀的对联作品；能动手创作对联。

【重点概念】

汉字三要素　骈俪关系　对偶句式　对联基本规则

对联是中国文化中独有的一种传统文学形式，也是中国文学中广为流行的一种形式。因其形式简单灵活，只需一个对偶句（即上句与下句结构相同，字数相等），且字数可多可少（少的每句可只有两个字，多的可达上百字）。在内容上则可或抒情言志，或描景状物，或祈福道喜，或哀挽寄思。对联还可以最广泛地反映人们的生活，满足人们的各种情感表达的需求。所以，除了王公贵族、文人高士喜爱对联外，就是一般的平民百姓，如贩夫走卒之类，虽文化程度不高，也都喜爱对联，也懂对联，甚至还能撰写对联。

对联脱胎于骈文俪句和格律诗词，其历史悠久，形式整齐美观，应用广泛。具有形美、音美、义美的特质，人们称之为“诗中之诗”。对联是中国传统文化精粹之一。

对联除了具有雅俗共赏的特点外，还是文学与书法完美结合的一种综合艺术，是华夏文墨精华的象征。对联因多悬于建筑物的楹柱上，也称为“楹联”。所以，对联与建筑也关系密切。如在宋代、元代，对联已多见于宫殿、书院、寺观、斋馆、楼阁中，成为建筑物的有机组成部分，并承担着传递文化信息的任务。所以，在中国的楼阁文化中，对联占据着重要的位置，对它进行必要的了解，不但可以加深对楼阁文化的理解，也可以提高自身的传统文化素养。

一、对联常识简介

作为我国传统文化中独有的一种文学形式，对联的产生和发展，有着深远的民族、历史和文化的渊源。

（一）汉字——对联文学形式的构成要素

放眼世界各国、各民族文化，唯有中国才有“对联”这一文学形式，也只有中国文化才能够产生“对联”这一文学形式。之所以如此，全在于汉民族使用的文字——汉字。可以说，汉字是构成对联的重要前提条件与重要基础。

汉字属于表意系统的文字。任何一个汉字，都有着形、音、义三方面的要素。形，是指任何一个汉字都有着固定的形体，呈现为方块形；音，是指一个汉字就表示一个单音节，并且还有着声调上的差别；义，则是指一般一个汉字可以表示一个特定的意思（而这又与这个汉字的形、音有着密切关联）。单个汉字的排列组合能力特别强，如字与字（语素）可以组成词，词与词可以组成词组，而且组合后的词与词组的表意都非常明确。人们发现，字与字、词与词、词组与词组之间存在着一种对立（对偶）的关系，并把这种对立（对偶）的关系称为——骈俪关系。这种骈俪关系组成的对偶句式，是孕育对联文学形式的基本基因，所以说，世界上只有汉字才具备孕育对联的条件。对联堪称是汉语言传统文化智慧的奇葩。

汉字的神奇不仅在于每个汉字都具备着形、音、义三要素，还在于这形、音、义有着审美的潜质，人们由此而创造了对偶句式，由此而发现了四声平仄等。中国文学史上先后涌现出来的文学形式，如骈体文、格律诗、词、曲、对联等，就是汉字这种审美潜质的极致发挥和具体表现。

对称规律普遍存在于自然界中，也必然会反映到人们的头脑中，并形成相应的物质形态。而依据对称性原则创作出来的对偶句，就是人们骈偶思维的具体产物。所以，对偶的对称性，除了与自然、社会的基本特性相关外，也与汉字的三要素密切有关。

对偶句式，是中国文学语言中的一朵奇葩。早在先秦时期，它就被人们在文学、历史著作中大量使用。如《易经》中就有这样的句子：“乾道成男，坤道成女。……乾以易知，坤以简能。”再如《诗经·小雅》中的

《采薇》篇里，也运用了不少对偶句，如“君子所依，小人所腓”，如“采薇采薇，薇亦作止。曰归曰归，岁亦莫止”，如“彼尔维何？维常之华。彼路斯何？君子之车”。尤其是被公认为古今有名的对偶句：

昔我往矣，杨柳依依；今我来思，雨雪霏霏。

此对偶句，实对实，虚对虚，无一字不工：“昔”对“今”，“往”对“来”，并列关系的“杨柳”对“雨雪”，叠音结构的“依依”对“霏霏”，而“我”字两出，又自然朴实，不以辞害义。昔往今来的物态人情，都在这对偶形式中对比鲜明地表现出来，读来风致嫣然。自汉魏以来，这一对偶句常被人模仿，如曹植《朔风诗》中有“昔我初迁，朱华未晞；今我旋止，素雪云飞”的诗句。韩愈、孟郊《征蜀联句》里有“始去杏飞蜂，及归柳嘶蛰”的诗句。

再如下列对偶句：

学而不思则罔，思而不学则殆。（《论语·为政》）

天时不如地利，地利不如人和。（《孟子·公孙丑下》）

不积跬步，无以至千里；不积小流，无以成江河。（《荀子·劝学》）

与天地兮同寿，与日月兮齐光。（屈原：《涉江》）

囊括四海之意，并吞八荒之心。（贾谊：《过秦论》）

羁鸟恋旧林，池鱼思故渊。（陶渊明：《归田园居》）

可以说，因汉字形、音、义三要素使然，人们的文学创作和文章写作，处处可见骈俪对偶句，这就为对联这一文学样式的产生，打下了坚实的基础。

（二）对联的基本规则

上面强调过，对偶句式，是孕育对联文学形式的基本基因，这也就是说，对立（对偶）的关系，是对联的本质属性，是对联文学形式发展的生命。不对立（对偶），对联的生命也就终止了。对联不论是什么句型结构，不论是多少字数，其上下联必须相对，不仅字数上要对等，还要意义上对偶，更要音律上对仗。这就是对联的审美魅力所在，也是对联审美价值的根本。

在对联长期发展的过程中，经过人们的创作实践，最终约定俗成，就有了对联的基本规则如下。

1. 字句对等

一副对联，由上、下联两部分构成，而上、下联的字数必须相等，其对应语句的字数也必须相等。如清代文人陈大纶有吟黄鹤楼的一副对联：

崔唱李酬，双绝二诗传世上；
云空鹤去，一楼千载峙江边。[①]

此联紧扣黄鹤楼得名的民间传说和崔颢、李白斗诗的故事，将黄鹤楼文化中的最精华之处概括得准确、简洁。此联上联由四字句、七字句构成，其下联也是由四字句、七字句构成。这就是字句对等。所以，不管多少字多少句，一定要做到字句对等，排列整齐，长短一致。

2. 词性对品

这是指一副对联中，其上、下联句法结构中处于相同位置的词，词类属性相同。词的分类（语法上的词类）是对立（对偶）的基础。从古人创作对联的用词情况来看，大致上可以把词分为下列几大类：名词、动词、形容词、数词（数目字）、颜色词、方位词、副词、虚词、代词。

此外，还有一些联绵词，就必须是联绵词相对，如名词性的“猢狲”“魍魉”可以相对，如动词性的“踌躇”“踊跃”可以相对，形容词性的“逶迤”“磅礴”可以相对。还有专用名词必须对专用名词，如人名对人名，地名对地名等。

① 文中所引用有关黄鹤楼的对联，均出自徐明庭、李曼农：《黄鹤楼古今楹联选注》，武汉，武汉出版社，1990年。

如清代有写黄鹤楼的一副佚名联：

白云在天外；
明月满楼中。

此联对得很工整，“白云”对“明月”是名词相对，“在”与“满”对，是动词相对，“天外”对“楼中”，是方位名词相对。

3. 结构对应

这里所说的“结构”，是指对联中所出现的词组结构和句子结构。汉语中词组和句子结构主要有四种：① 并列结构，也叫联合结构，是由两个以上具有并列关系的字词组成；② 偏正结构，由两部分组成，前一部分为修饰语，为“偏”，后一部分为中心语，为“正”；③ 动宾结构，由两部分组成，前一部分是动词，后一部分是被动词支配的宾语；④ 主谓结构，由两部分组成，前一部分是被表述的主语，后一部分是表述主语怎么样的谓语。因此，“结构对应”，即要求对联的上、下联之间必须并列结构对并列结构，偏正结构对偏正结构，动宾结构对动宾结构，主谓结构对主谓结构。这样一来，既可以保证词性的相同一致，又可以保证音步的整齐划一。现分别举例述之。

（1）并列结构。清代佚名氏写黄鹤楼对联一副：

楼峰江带；
舟蚁人潮。

此联写黄鹤楼的景象，说黄鹤楼远看如高耸的山峰，长江蜿蜒流淌就如长带，江面舟船多如蚁，楼前人多如潮水。“楼峰”“江带”“舟蚁”“人潮”分别都是主谓结构，但在此联中，“楼峰”与“江带”组成了上联句的并列结构，同样，“舟蚁”与“人潮”也组成了下联句的并列结构。

（2）偏正结构。当代杨公亮先生撰黄鹤楼对联一副：

碧云朝卷四山景；
流水夜传三峡声。

此对联内容概括性强，气势很大。而上联句的“碧云”“朝卷”“四山景”三词组均为偏正结构，而下联句的“流水”“夜传”“三峡声”三词组也同为偏正结构，所以对仗十分工整。

（3）动宾结构。当代书法名家黄亮先生撰写黄鹤楼对联一副：

吹笛闻梅落；
登楼待鹤归。

此联内容暗含了黄鹤楼传说和李白黄鹤楼诗，吟诵黄鹤楼恰到好处。而上联句中的“吹笛”“闻梅落”二词组均为动宾结构，同样，其下联句中的“登楼”“待鹤归”也均为动宾结构，两两相对，十分工整。

（4）主谓结构。当代李国荣先生也写有黄鹤楼对联一副：

黄鹤醉江汉风光，桃树湫霞榴湫火；
琼楼拥湖山图画，梨花堆雪柳堆烟。

此联写黄鹤楼不同时间的风光，景色绝美，用词典雅。上下联各是七、七字句，且每句均是主谓结构，上下句相对，显得工整、严谨。

4. 节律对拍

“节律”也称音步，指的是诗、词、曲、联中每一句应有语流节奏。如李白的《静夜思》，其每句的音步节奏可划分如下：

床前＼明月＼光，疑是＼地上＼霜。举头＼望＼明月，低头＼思＼故乡。

音步节奏的确定，可以按声律节奏一般规律二字而节，其节奏点在语句用字的偶数位次，如出现单字也占一节。也可以按语意来划分节奏，即与声律节奏有同有异。如出现不宜拆分的三字或更多字的词语，其节奏点均在最后一字上。

“节律对拍”就是指对联中的上、下联的语流节奏必须一致，即上联句中某一音步由几个字组成，那么，其下联句中相对应的某一音步也必须由相同的字数组成。如清代胡翰泽（甘肃泾川人，生卒年不详）撰有黄鹤楼联一副：“一笛清风寻鹤梦；千秋皓月问梅花。”此联上句音步节奏是

二、二、三，其下句音步节奏同样为二、二、三。这就是节律对拍。又如当代李梦庚先生撰有黄鹤楼对联一副，其上、下联节律都很合拍：

三镇＼抱＼江流，倚栏＼看＼万火＼齐明，入夜＼星槎＼天际＼合；
两山＼通＼堑险，隔水＼望＼一桥＼飞架，行空＼云辇＼镜中＼浮。

5．平仄对立

“平仄”是根据传统的四声来区分的。传统的四声指的是古代汉语里的四种声调，即平声、上声、去声、入声，简称为平、上、去、入。而声调是汉语（以及某些其他语言）的特征。语音的高低、升降、长短构成了汉语的声调。知道什么是四声，平仄就好懂了。平仄是诗词格律的一个术语：诗人们把四声分为平仄两大类，“平”就是平声；“仄”就是上、去、入声。“仄”，按字义理解，就是不平的意思。凭什么来区分平仄两大类呢？因为平声大约是比较长的音，而且是一个平调，没有升降的，而其他三声大约是比较短的音，有升有降，因此形成了两大类的对立。如果让平仄两大类声调在诗词中交错，就能够使声调多样化。因为同一句话用相同的声调有点呆板，用不同的声调才有变化，才能有节奏。诗、词中平仄交替或对立，就能构成诗、词的节奏与旋律，形成诗、词的音乐美。因此，平仄是诗、词格律的重要因素。

那么，平仄在诗、词中又是怎样交替的呢？我们可以概括为两句话：平仄在本句中是交替的；平仄在对句里是对立的。

在诗词的平仄格式中，凡“平”的位置，就要选用读平声的字；凡“仄”的位置，就要选用读仄声的字（上声字、去声字和入声字均可）。

这种平仄格式在律诗中表现得特别明显，如下面这两句诗的声调：

沉	舟	侧	畔	千	帆	过，
平声	平声	入声	去声	平声	平声	去声
病	树	前	头	万	木	春。
去声	去声	平声	平声	去声	入声	平声

其平仄格式是：平平仄仄平平仄，仄仄平平仄仄平。就本句而言，每

两个字一个节奏。平起句，开头是平平，后面跟着的是仄仄，而仄仄后面跟着的又是平平，最后一个又是仄；仄起句，开头是仄仄，后面跟着的是平平，而平平后面跟着的又是仄仄，最后一个又是平，这就是交替。就对句来说："沉舟"对"病树"，是平平对仄仄；"侧畔"对"前头"，是仄仄对平平；"千帆"对"万木"，是平平对仄仄；"过"对"春"，是仄对平。这就是对立。

对联的平仄规则要求其采用律诗平仄格式，即平仄在本句中是交替的；平仄在对句里是对立的。

但必须指出：对联的字数没有限制，可多可少；其音步也可有所不同；其句数也没有规定，可以有两句联、三句联、四句联、五句联甚至更多句的长联。所以，对联的平仄对立相对诗、词的平仄对立，要宽泛一些。具体来说：

① 一般的长联，能在音步的节奏点上平仄相对就行，而不是每个字都要求平仄对立；② 要求上、下联每一句落脚字的平仄要相对，一般上联最后一字用仄声字收尾，下联最后一字应用平声字与其相对；③ 上、下联如有两句或多于两句以上的多句联，各句脚依次连接，平仄规律一般要求形成音步递换，即平顶平，仄顶仄；④ 仄声字收尾的句子应尽量避免尾三仄声字，平声字收尾句忌尾三平声字，写作者应尽量遵守此规则。

6. 形对意联

所谓"形对意联"就是形式对举，意义关联。前面所说的五点，其实都是讲形式对举。而意义关联，则是指的上、下联所表达的内容要相关联、相对应，应统一于主题之中；而不能各说各的、互不相关。或描景状物，或写人记事，或抒情言志，一般来说，上、下联应围绕着相关的主题，或并行表述，或正反表达，也可构成因果、延续等关系。这是一副对联应有的统一性、整体性的要求。如清代林以钺写有黄鹤楼对联一副：

搁笔题诗，两人千古；
临江吞汉，三楚一楼。

上联从黄鹤楼厚重的文化切入，选取了黄鹤楼诗歌中最有代表性的两个人崔颢、李白进行赞美；下联从黄鹤楼独特的地理形胜切入，写出了黄鹤楼的“天下江山第一楼”的雄奇气势。上联写人，写文化，反映出黄鹤楼的深厚文化底蕴；下联写物，写形胜，说明了黄鹤楼的得天独厚的地理优势。上、下联内容相关，意义相对，从而达到了“形对意联”的写作要求。

（三）对联发展情况略述

对联从形成到成熟，经历了一个漫长的时期。就一般情形而言，可将对联的形成与发展分为五个时间段：从先秦到南朝刘宋王朝是孕育期，南朝齐、梁间是萌芽期，唐、五代为生成期，宋、元时代为发展期，明、清时代为鼎盛期。

前面谈到了《诗经·小雅》中《采薇》篇的佳句：“昔我往矣，杨柳依依；今我来思，雨雪霏霏。”这样的骈俪佳句排列整整齐齐，诵读朗朗上口，修辞学上称之为“对偶”。这是一种重要的修辞格，为对联这一文学形式的形成奠定了基础，但它却不是对联。为何？一是对联最忌上下联中“同字相对”，而此对偶句中“昔我往矣”句与“今我来思”句中两个“我”相对，即同字相对。二是对联要求上、下联于音律上要平仄对立。此对偶句以“雨雪霏霏”来对“杨柳依依”，失于声韵上的对立，而只是意义上的对偶，这也不符合要求。

所以，对联必须做到意义相对和音律相对才行，只是字面意义上的相对，那只是意义上的对偶，算不上是对联。只有上、下两联文字既有意义上的对立，又有音律上的相对时，才能称为对联作品。

如果说《诗经》中对偶句的出现还只是偶然的话，那么，到了建安文学时期，人们则开始自觉地运用汉字字义方面的对仗了。这种对立的文字，显得华丽好看。但于音律方面，则还停留在郭绍虞先生于《中国文学批评史》中所说的“自然的音律”阶段，还远未达到“人为的音律”的阶段。在此后的两晋时期，人们才开始注意到音律方面的对仗，但“音律”在人们的意识里还不是十分清晰，人们在音律对仗上只是“跟着感觉走”，是“集体无意识”在起作用。所以，这个漫长的时间段是对联文学形式的孕育期。

南朝齐永明年间，文学家沈约（441—513 年）提出“声韵八病”之说，以平、上、去、入四声相互调节的方法用于诗文，为后来产生的近体诗奠定了基础。这时的人们能够自觉地运用平仄相对，于音律上有着明显的对偶感。这时，“自然的音律”才真正转变为“人为的音律”。

沈约晚年（公元 500 年前后）于《答陆厥书》中提出了“十字之文，颠倒相配”的极富创造性的见解，为对联的联语结构原则“一句之内，平仄相间；两句之间，平仄相对”指明了方向，也为对联的基本规则之一的“平仄对立”奠定了理论基础，从而明确了对联撰写必须上、下联双边于音律上不“失对”，单边于音律上不“失替”。

沈约发现了汉字音律的奥秘，提出了声律理论：“欲使宫羽相变，低昂互节，若前有浮声，则后须切响。一简之内，音韵尽殊；两句之中，轻重悉异，妙达此旨，始可言文。”① 他还以自己的创作实践来求证自己的声律理论，刻意把符合意义对立和音律对立的联语引入自己的骈文之中，如“英辞润金石；高义薄云天”，“子建函京之作；仲宣霸岸之篇”② 等。

沈约提出的声律理论，也对同时代的文学家产生了影响。在汉赋向四六骈文发展的过程中，文学家们发现处于萌芽期的对联文学形式字句整齐，音律铿锵，对仗工整，蕴涵丰富，既长于抒情，又可大量用典，其表现力特别强，于是他们就把联语大量引入骈文之中，如江淹的《别赋》里就多处出现对联句。而且在这一时期，嵌入骈文中的联语是渐写渐长，由“四四”到“六六”，再到“四六四六”或“六四六四”，这也反映出对联句式不仅渐写渐长，且日臻成熟。如沈约之后的庾信，在其《哀江南赋序》中就有“舟楫路穷，星汉非乘槎可上；风飙道阻，蓬莱无可到之期”的四六句。至于初唐时王勃所写的《滕王阁序》，更是全用一副副对联组合成篇的佳作。因此，这一时间段可视为对联文学形式的萌芽期。

---

① 南朝·齐·沈约：《宋书·谢灵运传论》。

② 南朝·齐·沈约：《宋书·谢灵运传论》。

楹联界一般都认为对联起源于五代后蜀孟昶的新春门联（俗称桃符，是一种于新年时在辟邪祈福的装饰品上的题词）“新年纳余庆，嘉节号长春”。据《宋史·蜀世家》记载：五代后蜀孟昶“每岁除，命学士为词，题桃符，置寝门左右。末年，辛寅逊撰词，昶以其非工，自命笔题云：‘新年纳余庆，嘉节号长春。’”这是因为从南朝齐永明年间直至唐代，没有单独出现过上联与下联单独相对而出的对联作品。直至孟昶所撰的“新年纳余庆，嘉节号长春”新春联的出现，才算把对联句式从骈文中剥离出来，单独使用，这也就显现着一种新的韵文形式的生成。当然，对联生成于唐、五代，是与唐代格律诗的发展成熟有着密切关系的。所以，唐、五代可为对联的生成期。

在整个宋、元时期，对联的类别，除了春联外，还广泛出现了名胜联、书院联、题赠联、喜庆联、哀挽联、谐音联、灯联等种类，这就使对联的数目大量增加。这一时期的文学家如王安石、苏轼、黄庭坚、张先、李清照、朱熹、陆游、文天祥以及元代的赵子昂等人皆擅撰对联，并且在对联的语言使用与表现形式上，吸取了格律诗、词语言变化的长处，使对联的形式更加变化多姿了。他们可谓是宋、元时代对联创作的代表人物。而在宋、元时代，各种对联广泛应用在普通民众的日常生活之中，也为明、清时期对联文学达到鼎盛奠定了深厚的基础。

对联至明、清而极盛。在封建王朝这种专制极强的体制下，任何一种文学艺术形式的兴起，并得以生存直到繁荣昌盛，在很大程度上，都与最高权力者的喜爱、提倡有着直接的关系。明太祖朱元璋就极力提倡、推广对联，并喜欢撰联赐给大臣，以为最佳奖赏。据明代陈云瞻《簪云楼杂话》中载：“春联之设，自明孝陵昉也。帝都金陵，于除夕前忽得传旨：公卿士庶家门上须加春联一副，帝亲微行出观。”朱元璋不仅亲自微服出城，观赏笑乐，还亲自题写春联。他经过一户人家，见门上不曾贴春联，便去询问，知道这是一家阉猪的，还未请人代写。朱元璋就特地为那阉猪人写了“双手劈开生死路，一刀割断是非根”的春联。联意贴切、幽默。经明太祖这一提倡，此后贴春联便成为习俗，一直流传至今。用皇权手段来推广对联这一文学形式，其结果是大开一代联风，从而使对联创作进入了一个崭新的繁荣阶段。

清代的皇帝也多爱撰对联，特别是康熙、乾隆祖孙，在位时间最长，又颇具文才，所撰对联最多，亦有文采。这对祖孙皇帝在对联创作上是身体力行，对对联的发展起到了巨大的推广作用。如乾隆所撰一联：“深心托豪素；怀抱观古今。”对仗工整，用语典雅，颇显文趣。上有所好，下纷效之，对联自然受到了文人们的广泛重视。许多文学家、学者也是撰写对联的名家，如纪昀、翁方纲、阮元、袁枚、郑燮、林则徐、何绍基、梁章钜、俞樾、王闿运等。

明、清时期的对联发展情况，呈现出以下几个显著特点：一是对联的应用范围比宋、元时期更加扩大，对联更广泛地担负起整个社会的装饰和教化功能；二是涌现出了大批杰出的对联作家；三是有学者于理论层面对对联进行研究，出现了对联研究的理论专著，如梁章钜、梁恭辰父子就是杰出的代表；四是对联创作篇幅增长、数量增加、质量提高，对联创作进入到了一个前所未有的新阶段，如孙髯翁 180 字的昆明大观楼长联，如钟云舫的四川江津临江城楼特长联，该联 1612 字，都是长联中的杰出范例。

二、联海拾贝

对联自产生后，其发展速度是十分惊人的。时至今日，对联品种繁多，内容丰富，形式多样，应用广泛。历史上形成并且沿用至今的对联属对格式数以百计，这就给对联的分类带来许多不便。因划分的标准尺度不同，划分出的对联种类也繁多，且有重复和交叉的现象。因此，楹联学者谷向阳先生在其《中国楹联学概论》一书里提出：“用发展的观点，按照一个标准划分联类比较科学。这一标准就是按照楹联的实用范围进行分类，即以楹联化实际运用中最终发挥的作用给以分类。”[①] 谷向阳先生的这一观点是比较合理和可行的。按照对联在社会生活中使用的范围来划分，

① 谷向阳：《中国楹联学概论》，北京，昆仑出版社，2007 年，211—212 页。

对联大致可有如下几大类。

(一) 楹联

如前所指出来的，对联最初因多悬于建筑物的楹柱上，故而也称为"楹联"。人们在社会生活实践中，为了表述自身的某种愿望，抑或为了满足审美装饰的需要，常在宫廷、庙宇、府宅、园林等建筑物的楹柱上，把联语或用木板刻制，或在壁石上雕琢，这样的对联，统称为楹联。

如晚清湖广总督张之洞所题湖广督署楹联一副：

北起荆山，南包衡岳，中更九江合流，形胜称雄，楚尾吴头一都会；
内修吏治，外肄兵戎，旁兼四裔交涉，师资不远，林前胡后两文忠。①

此联上联句简洁概括了湖广（湖南、湖北）总督署所在地武昌城所处的地理方位（处于中国腹部，九省通衢，为连接南北之枢纽），突出了其地理形胜之雄势。下联句则写了自己的责任及抱负，以林则徐、胡林翼两前任湖广总督为楷模，当以中兴朝廷为己任。

楹联中数量最多的当属名胜古迹联。名胜古迹联也是对联大家族中艺术性最高的一类，因为这类楹联的撰拟和书写大都出自大家名流之手。名胜古迹联包括以下几种。

1. 山水风光联

如西湖十景之一的"平湖秋月"，位于白堤南端。在唐代中叶就建有望湖亭，后兴废不断，如今已扩建为具有亭台楼阁的园林小品建筑了。清代文人石治棠撰写一联：

万顷湖平长似镜；
四时月好最宜秋。

此联嵌有"平湖秋月"四字，全用白描的手法来写景的，颇成情趣。

① 第二、三节中所引对联，大多出自梁羽生：《名联趣谈》，上海，上海古籍出版社，1993年。

晚清中兴名臣彭玉麟游西湖，也撰有一联写“平湖秋月”胜景：

凭栏看云影波光，最好是红蓼花疏，白蘋秋老；
把酒对琼楼玉宇，莫辜负天心月到，水面风来。

此联写得颇具诗情画意，审美趣味甚浓。清代文学家朱彝尊也有一联写“平湖秋游”：

佳趣此偏多，量来秋水平篙，照我全身都入画；
吟怀闲不得，携有清风两袖，看花沿路去寻诗。

题“平湖秋月”之联甚多，但多立足于客观之方位来描写风景。即以客观之景为主，人则作为陪衬了，甚或完全“无我”。但朱彝尊此联则是以“我”为主，用“我”来贯穿景物。虽然“有我”之境未必能胜于“无我”之境，但亦堪称别具一格。

2. 园林古迹联

据说园林联最早始于后蜀君主孟昶之时。孟昶宫廷后花园中有个百花潭（在今成都市南），其兵部尚书王瑶为此潭撰有一联：

十字水中分岛屿；
数重花外见楼台。

此联无论是字面意义，还是音律节拍，都对仗得很工整。

苏州园林名动天下，沧浪亭是苏州古名园之一，原为五代吴越广陵王钱元璙的花园，其后又成为吴越中吴军节度使孙承祐的别墅。北宋庆历年间诗人苏舜钦买下别墅，临水筑亭，取“沧浪之水”的含义将其命名为“沧浪亭”。南宋初年，此园又成为抗金名将韩世忠的住宅。其后，此园屡经兴废，多次修治，蔚为大观。清代苏州知府齐彦槐撰有一联吟此园：

四万青钱，明月清风今有价；
一双白璧，诗人名将古无俦。

此上联写本事，原来苏舜钦买此园时，价钱不过四万。欧阳修得知后曾开玩笑地赠他两句诗：“清风明月本无价，可惜只卖四万钱。”下联的

"诗人""名将"即苏舜钦与韩世忠。

清同治年间曾任湖北督粮道的金安清也有写"沧浪亭"一联：

小子听之，濯足濯缨皆自取；

先生醉矣，一丘一壑亦陶然。

此上联用典，《孟子·离娄上》："有孺子歌曰：沧浪之水清兮，可以濯我缨；沧浪之水浊兮，可以濯我足。孔子曰：'小子听之，清斯濯缨，浊斯涤足矣，自取之也。'"比喻荣辱皆由自取。下联则由此典生发开去，一抒心灵之绪。

苏州还有个环秀山庄，是明代万历年间首辅申时行的故宅。此山庄的特色在于假山，园中保存有清乾隆年间叠假山大名家戈裕良所堆砌的假山，它在苏州湖石假山中名为第一。《中国名胜词典》曾介绍说："全山形态逼真，结构严密，其主要轮廓由主峰和环卫在周围的几个次峰构成，有主有从，层次分明；在细部又叠有无数涡洞和皱纹，一石一缝，交代妥帖，能远看也可细赏。山峰石壁微微向西南倾侧，加上湖石纹理体势，给人以山脉奔注、形同真山之感。"故此，晚清著名学者俞曲园特撰一联：

丘壑在胸中，看垒石疏泉，有天然画本；

园林甲吴下，愿携琴载酒，作世外清游。

俞曲园此联重在描写此山庄的假山景色。"丘壑在胸中"则是兼赞主人。从此联中我们可体会到，园林楹联的撰写必须能够准确勾画出其最具特色之处，否则就流于泛泛的风景描写了，甚至搁到任何一处景色都可以，那是不成功的。

古迹佳联也很多。武汉汉阳龟山下有一名胜古迹伯牙台，伯牙为春秋时善琴者，钟子期为其知音好友。后子期死，伯牙遂不复鼓琴，故而此台又名古琴台。大凡名胜古迹，必多题联，题古琴台之联亦不少。如清代嘉庆二十四年状元、湖北蕲水人陈沆有一联：

先生真移我情，挹湖上清风，尚留弦外余音，曲中天籁；

此地适如我意，访汉南春色，恰有夹堤杨柳，隔岸桃花。

此联立意颇新，已跳出了专就事论事的窠臼。还有一副佚名联：

先生太得便宜，只弄了一张琴，把千古河山，尽行买去；

我辈适当闲暇，聊凭这三杯酒，把两人心迹，仔细评来。

“两人心迹”，当指伯牙、钟子期“高山流水结知音”之心迹。此联用词通俗，近口语化；却又能妙语解颐，写得极具风趣。

汉阳城东龟山有一入水处名“禹功矶”，为大禹治水留下的古迹，后人在此地建一阁名“晴川阁”，阁旁边有古柏甚多，相传也是大禹治水时手植。晴川阁也留有许多楹联，如清代乾隆年间的河南商丘人陈淮，官至江西巡抚，他游晴川阁时写有一联：

灵渎去，双龙夹岸，直疑银河落；

仙踪杳，孤鹤隔江，但有白云来。

“渎”是水道，“灵渎去”指水流状。“仙踪”则指黄鹤楼传说中的羽化登仙的费祎。另有清代江苏溧阳人宋• •，他曾在嘉庆、道光年间做过湖北地方官吏，他有写晴川阁一联：

栋宇逼层霄，忆几番、仙人解佩，词客题襟，风日最佳时，坐倒金樽，却喜青山排闼至；

川原揽全省，看不尽、鄂渚烟光，汉阳树色，楼台如画里，卧吹玉笛，还随明月过江来。

此上联句写阁之状况，下联句则写阁外风景，均能表现出风物特色。

3. 祠庙陵寝联

此类楹联或用于祀神、祀祖，或用来纪念名人，如近代王荦有题西湖岳王庙一联：

天下太平，文官不爱钱，武官不惜死；

乾坤正气，在下为河岳，在上为日星。

此上联用岳飞名言，下联用文天祥《正气歌》中名句，属对自然工整，内容恰适描写对象，堪称佳对。

又如清末云南剑川人赵藩，在四川署理盐茶道的任上，曾题有成都武侯祠一联：

能攻心则反侧自消，从古知兵非好战；

不审势即宽严皆误，后来治蜀要深思。

此上联说军事，用兵当以“攻心”为上；下联谈政治，施政要以“审势”为先。就当时蜀汉的形势而言，诸葛亮的联吴抗曹政策，是正确而富有远见的。他治蜀虽严，但却能遵守“法治”，因而能将“天下未乱蜀先乱”的四川安定下来。赵藩在肯定诸葛亮治蜀功劳的同时，也对“统治”的艺术作了精辟的总结。故而此联一出，即迅速传开，成为佳作名联。

当代著名诗人臧克家有题辛弃疾纪念祠联一副：

力挽河山，浩气贯日月，空余英雄心一颗；

名垂宇宙，文光冲斗牛，剩有悲壮词千篇。

辛弃疾作为中国历史上少有的文韬武略之奇才，其一生的遭遇令人痛惜。此上联写辛弃疾于政治、军事上的正确主张不被采纳，空有满腔热血的遭遇；下联写作为豪放词人的辛弃疾在文学上的辉煌成就以及对后世的巨大影响，可谓高度概括了辛弃疾的一生。

4. 寺庙道观联

北京潭柘寺是北京城最古老的寺庙，当地流传有句谚语：“先有潭柘，后有幽州。”北京城的前身就是古幽州城。潭柘寺为北京名胜之一，这里殿宇宏伟，亭榭精致，四面松竹环绕，附近白泉之声泠泠盈耳。潭柘寺弥勒殿有佚名联一副：

大肚能容，容天下难容之事；

开口便笑，笑世间可笑之人。

弥勒为佛名，是继佛祖释迦牟尼之后著名之佛。他的坐像特点是：肚大过人，笑容逗人。此联上下首句写弥勒之外貌：“大肚能容”“开口便笑”，特征抓得很准。上下联尾句则写他的思想境界：度量很大，可以容得“天下难容之事”；心境洁美，憨笑那些“世间可笑之人”。此联虽明写弥勒的形象心境，却暗含了作者的德操精神。

清代文学家、学者梁章钜有题甘肃兰州清泉寺一联：

佛地本无边，看排闼层层，紫塞千峰平槛立；
清泉不能浊，笑出山滚滚，黄河九曲抱城来。

作者为清代著名对联学者，于对联贡献很大。此联之立意，全从作者眼中出。他站在清泉寺纵目眺望，“紫塞千峰”好像立于门前，九曲黄河犹如抱城而来。尤其一个“抱”字，把黄河拟人化，形象、生动。此联有山有水，有静有动，极具诗意。

苏轼有题广东广州真武庙一联：

逞披发仗剑威风，仙佛焉耳矣；
有降龙伏虎手段，龟蛇云乎哉？

真武为道教徒所信奉的神，相传他是古代净乐国的太子，生而神猛，飞越东海来游中土，遇到天神，天神赐给他一把宝剑。他后来入湖北武当山修炼，经过42年终于成功，威镇北方，号为玄武君，后为避宋讳，改为真武君。苏轼是中国文化史上少有的全才，他在对联上也是名家，撰联甚多，至今仍散见各处。此联描绘了真武君的神威形象，并称赞了他的高强武艺，恰到好处。尤其是联尾句的虚词连用，使联语产生生气和情感，这在宋人联语中亦不多见。

（二）春联

在对联众多的种类中，最为人们所喜闻乐见的就是春联了，它也是对联中普及面最广的一种。春联主要表达人们除旧迎新、展望未来、对生活充满希望的热烈情绪。对联的历史，实际上最早就是从春联开始的。

秦、汉之前，就存有这样的古老风俗，民间每逢过年一定要悬挂桃符。所谓“桃符”，就是挑选两块大小一致的长方形桃木板，于上面画上神荼、郁垒二神的画像，或写上二神的名字，在春节时分挂大门左右两边，用以驱鬼辟邪。古人认为鬼怕桃符，便以桃符为驱鬼辟邪之物，从而产生了桃符崇拜。所以说桃符是对偶句成为狭义的对联的最初外在形式。

而神荼、郁垒二神的画像，在唐代被唐初开国功臣秦琼、尉迟恭所取代。这也有个传说：由于泾河老龙被斩，鬼怪混到长安城里，闹得唐太宗不得安宁，只得让手下猛将秦琼、尉迟恭把守宫门，这才镇住了鬼怪。后来唐太宗命画师画其二人像，张贴于宫门上，从此就有了张贴门神的风俗。

相传东汉末期，就有文学家孔融集其诗句悬挂于自己的客厅："座上客常满　杯中酒不空"，这大概是最早的宅室联。还相传东晋王羲之于某年除夕作春联，他先书写一联："春风春雨春色　新年新岁新景"，刚贴于门外就被人揭去。于是王羲之再题写一联："莺啼北里　燕语南邻"，结果一转身又不见了。无奈之下他心生一计，书写一联贴于门外："福无双至　祸不单行"，这语义不吉之联，自然再无人揭去。等到次日春节凌晨，王羲之于此联后又续写几字，原先不吉之联就变成"福无双至今朝至　祸不单行昨夜行"这样的吉联了。

春节张贴春联，自唐以后，在长期的历史进程中，作为一种习俗被人们认可，代代相传。前面所说的五代后蜀之主孟昶所撰之春联，因其质量高，故被认为是对联之滥觞。宋代虽有题柱楹联，但仍称楹联为"桃符"，如王安石有首著名的小诗《元日》："爆竹声中一岁除，春风送暖入屠苏。千门万户曈曈日，总把新桃换旧符。"就很形象地反映出当时人们在春节之际"新桃换旧符"的情景，即把新制作的桃符替换旧的桃符。后来，才逐渐用纸代替了桃木板。正是由于春联的出现和桃符有着密切的关系，古人又称春联为"桃符"。

一直到明初，朱元璋热衷对联，大力推行，才有了"春联"一词，人们也就把"桃符"改称"春联"了。可见，朱元璋是"春联"一词的始提者。

春联的撰写，其要义是突出一个"春"字，即联语中要有一股扑面而来的浓浓春意，要表现出或国泰民安、风调雨顺，或表现出神州阖家团聚、福寿康宁。如元代赵孟頫曾奉元世祖忽必烈之旨，撰写春联二副，影响颇大。书于大殿联：

九天阊阖开宫殿；
万国衣冠拜冕旒。

书于应门联：

日月光天德；
山河壮帝居。

此二联所表达的意思很符合帝王的身份和所居之所，又有着祈福之意，故深得元世祖的欢心。

清康熙皇帝曾为紫禁城内长春宫撰写春联一副：

麟游凤舞中天瑞；
月朗风和大地春。

此联呈现出一派祥和气象，很能恰到好处地表现春联应起到的作用。

再如颇具时代气息的春联二副：

山河捧日出改革呈异彩；
风雨送春归开放展新容。

改革换新颜华夏有天皆丽日；
振兴添彩浪人间无处不春风。

春联在实际的应用中可分为通用春联和专用春联两类。通用春联不带职业或行业特征，各行各业、千家万户都可使用。如：

梅艳冰融人间增岁；
风和日丽天下皆春。

喜洋洋青山绿水春常在；
笑盈盈人寿年丰福无边。

而专用春联因有着较为明显的专业特征，就不能随意张贴了。如：

为党分忧肩重任；
与民同乐度新春。

（党政机关春联）

法治天下民安国泰；
春到人间鸟语花香。

（司法机关春联）

长风劲送千帆远；
众鸟齐鸣万木新。

（交通行业春联）

常留桃李春风面；
聊解蒹葭秋水思。

（照相馆春联）

春满九州春意随同人意闹；
财通四海财源好似水源长。

（商业春联）

（三）题赠联

在人与人组成的社会中，人们都有着必需的社会交际应酬活动，于是，题赠联应运而生，即把对联运用于人际交往的活动之中，用于题赠酬答的对联就叫题赠联。题赠联亦分赠人与自题两类。

1. 赠人联

在日常生活、工作中，上下级、同事之间，长晚辈、兄弟姊妹之间，师生、同窗之间，都有着往来活动及应酬赠答，但所相赠的除了钱财实物之外，更多的却是诗词、对联、书画等有着浓郁文化气息之物。如言简意赅、寓于哲理的题赠联，加之赠送者亲笔书写，更显友情之深重。而受之者将这赠联悬挂于客厅、书斋、居室等处，不仅高雅文气，起到了很好的装饰效果，而且还起到了联络感情、沟通思想、互相激励、增进友情的积极作用。

如上级为下级题赠联，多表示褒奖、表扬、勉励与希望。而长辈对晚辈的题赠联，也多表示勉励和希望。

清康熙年间，大臣陈廷敬奉旨出任《康熙字典》总修官，字典编成后，他已近暮年，回归故里。康熙为褒奖陈廷敬的功绩，特为其居住处“午亭山庄”题书匾额，并题赠一联：

春归乔木浓荫茂；

秋到黄花晚节香。

此联语义含蓄，对陈廷敬一生忠于朝廷、恪守敬业给予了充分的肯定。

晚清重臣左宗棠，自小就才气纵横，目中无人，人视为“狂生”。但其业师、湖南城南书院山长贺熙宁却非常欣赏他。左宗棠在书院学习时，曾连续七次课考第一，贺熙宁高兴之下，题联赠送左宗棠：

开口能谈天下事；

读书先得古人心。

此联将左宗棠学习上的特点进行了高度而简洁的概括。

再如俞樾之孙俞陛云，于清光绪二十四年参加科举考试，以殿试一甲第三名及第。俞樾闻之，欣喜之余，特撰联给俞陛云以贺勉：

湖山恋我，我恋湖山，然老夫耄矣；

科举重人，人重科举，愿小孙勉之。

作为祖父，在孙子金榜题名之际，用赠联的方式，将自己的人生甘苦与感受说给孙辈听听，其目的是希望孙辈能从中获取一些启示，少走弯路，其用心可谓良苦！

而同事、同窗、朋友之间的相互题赠联，则往往是有感而发，真挚感情，自然流露，友谊友情，尽在联中。此类联语，或概括其平生，或专简述其某一事，或兼及彼此交情，或描述其鲜明性格特征，或写其异于常人的情趣志向等。

如清代著名文学家朱彝尊有赠著名思想家、学者顾炎武的一副集经书句联：

入则孝，出则弟，守先王之道，以待后学；

诵其诗，读其书，友天下之士，尚论古人。

顾炎武是明、清之际的著名学者，学问渊博，于国家典制、都邑掌故、天文仪象、经史百家、音韵训诂等，无不探究原委。他晚年侧重考证，开清代朴学之风气。而“集经书句”，是指朱彝尊此联句子，都是从先秦儒家经书里找出来的现成句子，经过排列组合而成的对联。集句成联，需要作者阅读面广、记忆力强才行。此联可称得上是顾炎武的小传。

清乾隆年间，郑板桥在潍县任县令，因灾荒请赈而得罪了上司，他毅然解职归乡，在宴请客人时，友人李勉有感郑板桥心系民众的作风，特题联赠送，以示敬意和安慰：

三绝诗书画；

一官归去来。

此联用语简洁，却恰如其分地概括了郑板桥卓越的艺术成就和仕途坎坷的人生历程。

2. 自题联

所谓“自题联”，即作者自题自用的对联。这类对联，一般是悬挂在自己的客厅、书斋、居室等处。这一方面可以装饰美化室内环境，愉悦身心，陶冶性情；另一方面，亦可激励自己，警策自己，奋发向上，理性行事，起着座右铭的作用。

自题联一般都是很简洁精炼的格言警句，有着语言隽永、深含哲理的特点。故而古今文人学者、仁人志士多雅好此道。

如南宋爱国大诗人陆游，一生心系国家民众，北伐中原、统一祖国是他诗歌的主旋律。陆游还酷爱读书，专为自己的居室取名叫“书巢”，并自题联一副：

万卷图书消永日；

一窗昏晓送流年。

陆游有着“读书有味身忘老”的精神，而此联也正是陆游晚年读书生活的形象写照。

左宗棠亦有自题书斋联一副：

身无半亩，心忧天下；

读破万卷，神交古人。

此联将自己的志向抱负以及要从先贤典籍中获取精神力量的决心作了一个精辟的概括，能给人以启迪。

明代的海瑞，秉性耿直，刚正不阿，为此，他自号刚锋。他撰有一副自题联，悬挂于其官府的中堂上，作为修身进德的自勉：

干家国事；

读圣贤书。

此联语虽短少，却正是海瑞清廉正直之道德品格的真实写照，也是他被誉为清官的有力佐证。

清代林则徐在两广总督任上，曾题有一联自勉：

海纳百川，有容乃大；

壁立千仞，无欲则刚。

此联含义深沉，有着极强的自警他警之效果，故而此联传播开去，脍炙人口。

（四）挽联

挽联也叫哀挽联，是在治丧时哀悼死者用的，所以一般人俗称为“丧联”。挽联可分为“挽人联”和“自挽联”两大类。

生老病死，人生之常态。但一个社会人，与他人组成了一定的社会关系，在面对一个个生命结束之时，总会有情感的流露，有表述的需求，而挽联就是一种恰当的表达形式。作为一个有思想文化内涵的人，当自己的生命即将走到尽头之时，他也会对自己的一生进行深刻的反省，并用自挽联的形式表现出来。所以，挽联在实际生活中是很常见的。

1. 挽人联

挽人联即哀挽他人的对联，又可分为通用挽联和专用挽联等。通用挽联带有较为固定的模式，略去不谈，这里谈谈专用挽联。专用挽联的使用范围很广，在社会层面，人们可向逝世的伟人、名人、师长、领导、烈士、同事、同学、友人敬献挽联，致以哀悼。于家庭伦理方面，长幼之间不分彼此，均可向长辈、同辈、晚辈抒发伤悲之情，寄托对亲人的哀思。

如孙中山先生有挽秋瑾烈士联一副：

江户矢丹忱，多君首赞同盟会；

轩亭留碧血，恨我今招女侠魂。

1904年，秋瑾离家赴日本留学，1905年8月，孙中山于日本东京（东京旧名江户）成立同盟会，秋瑾即加入为首批会员。此为上联句叙述的情况。而辛亥革命胜利后，孙中山专程来到绍兴，在专为纪念秋瑾而建的风雨亭前凭吊烈士，并写有此联。而此下联句所抒发之情，当为中山先生凭吊秋瑾烈士时的真实写照。

如于右任先生有挽孙中山先生联一副：

综四十年胼手胝足之功，真是为生民立命，为天地立心，历程中揖让征诛，视同尘土；

流九万里志士劳民之泪，始知其来也有由，其生也有自，瞑目后精神肝胆，犹照人间！

孙中山先生于1925年3月12日因肝癌逝世于北京，一时各方所送挽联不计其数，且内容也是多种多样，古今罕见，其中于右任先生所撰挽联格外引人注目。因为于右任是国民党元老，这副挽联可说是代表着国民党的正面评价。孙中山先生曾言“余致力国民革命，凡四十年”，在这个革命历程中既有“征诛”（多次起义），也有“揖让”（让位于袁世凯）。做得妥当与否另当别论，但他的“征诛”“揖让”都是从国家利益出发，并非是为了个人，故而此联最能表达孙中山先生的精神，堪称大手笔。

又如蔡元培先生有挽鲁迅先生联一副：

著作最严谨，岂徒中国小说史；
遗言太沉重，莫作空头文学家。

当年鲁迅先生逝世，所获挽联之多，于已故文学家中，似应当列于首位。作为鲁迅的同乡，蔡元培先生此挽联可谓言简意赅。1920 年后，鲁迅先生一面创作，一面在北京大学、北京师范大学任教。余闲之际，则专心研究古典文学，编撰了《中国小说史略》《嵇康集》《小说旧闻钞》《唐宋传奇集》等，先生著作态度谨严，此为该挽联上联本事；下联所述，则是鲁迅先生于“遗言”里，对儿子海婴的叮嘱，“莫作空头文学家”一事。

还如郭绍虞先生有挽朱自清先生联一副：

写白话文，传白话诗，能使普天下读者如亲謦欬；
为青年师，向青年学，愿告吾辈中悫士共守仪型。

郭绍虞先生是著名的古代文学批评史学者，而朱自清先生是著名的学者、散文作家。朱自清的散文风格用同事杨振声先生的话说是“风华从朴素中来，腴厚从平淡中来”。例如，他的《背影》写父子情，《给亡妇》写夫妻情，都是从“平淡”的日常琐事中显出至性至情。此上联句的“如亲謦欬”四字具体生动概括了他的文章风格。而下联句的评述亦是妥帖真切，朱自清晚年积极参加学生运动，故有“为青年师，向青年学”之语。且“悫”字用得好，其字义是诚笃、忠厚的意思。朱自清曾在《毁灭》一诗里这样描述自己：“从此我不再仰脸看青天印。”所以说，这个“悫”字既论其文，亦论其人。

再如何香凝女士有挽丈夫廖仲恺先生联一副：

夫妻恩，今世未全来世再；
儿女债，两人共负一人完。

此联全用口语来写，显得朴素无华，但内容丰富感人，使夫妻之恩、惜别之情跃然纸上。

2. 自挽联

自挽联是撰写者于生前为自己死后写好的挽联，其内容多为撰写者对自己一生的反省或评价。

如明代著名文学家、书画家唐寅，他临终前有自挽联一副：

一失足成千古笑；
再回头是百年人。

此联写得沉重、感慨，对自己科举经历的坎坷、仕途上的不顺、生活方面的放浪形骸有反思；也对人生苦短、转眼百年有感叹。

也有自挽联写得较为豪爽、旷达的，如清代诗人陈梓涛，著有《古香阁诗集》，他有自挽联一副：

五十年经史罗胸，也喜饮酒，也喜看花，升平丧乱饱经过，百事无成，只诗卷长留天地；

八十载光阴弹指，不愿升仙，不愿作佛，富贵功名如梦灯，一端最好，有书香付与儿孙。

更有意思的是清代乾隆年间的进士朱珪，他官至体仁阁大学士，死后追赠太傅，谥文正，这在那个时代可谓是荣华富贵到极点了，是可望而不可即的。朱珪生前撰自挽联一副：

酸苦记心中，吃点儿，喝点儿，讲究点儿，百岁几何时，提起老奴，也能放，也能收，算来作嫁从公，朱氏这支深愧我；

死生抛度外，说自由，爱自由，尽管自由，一朝千古恨，叫声小子，无用忧，无用哭，论到在家如客，青山何处不埋人。

身为一品大员，却用放荡不羁的名士口吻来作自挽联，仿佛经历深重磨难，把世间一切看透，这也可算是奇葩一朵。

旧时读书人心目中最大的愿望就是能金榜题名、飞黄腾达，但现实却是异常残酷，千军万马拥挤独木桥，真正能中举、中进士者是少之又少。绝大多数人只能靠私塾教书来养家糊口。这不，就有一位穷塾师撰有一副自挽联：

仰弗足事，俯不能蓄，空余青毡一片，今朝亏得早死；
两袖清风，满身臭汗，枉费寒窗十载，来世莫作先生。

此联充满了辛酸，充满了血泪，也充满了无奈，应是旧时大多数读书人生活的真实写照。

（五）行业联

所谓行业联，是指有着明显的职业标志，人们一读就能清楚知道是什么行业的对联。它专门用于各行各业，带有广告的特征，具有很强的针对性。行业联不仅仅是指商业中的各行各业，从广义上说，还应包括工、农、学、兵、文、体等。

如有一家新开张的中药店，于其店门张贴对联一副：

神州到处有亲人，不论生地熟地；
春风来时尽著花，但闻藿香木香。

此联对仗工整，立意别开生面，内容能动之以情，喻之以理，体现出一种新型的商家与顾客的关系。对联作者根据中药店的特点，很巧妙地将四味中药名“生地”“熟地”“藿香”“木香”嵌入到对联中去，却又能不露痕迹地表情达意，实为行业联中的佳作。

还有一联，也与医生有关。据说抗日战争之前，上海有一位名叫程道周的医师，开有一家私人诊所，他于诊所门口张贴有一副对联：

但愿人皆健；
何妨我独贫。

此联亦甚有新意，且能见出这位程医师的胸襟与情怀，令人敬仰。

中国传统文化中的茶文化、酒文化底蕴深厚，有关这方面的对联也颇多，并彰显着传统文化的特色。据《成都风物》杂志 1981 年第 1 辑载：民国初年，成都附近一个小场上，一位姓张的生意人开了一家茶馆兼酒店的商铺。因刚开业，知道的人不多，生意萧条。张老板就请了一位姓高的秀才来帮忙。高秀才应邀挥毫，写就一副对联，贴于店铺大门，联文是：

为名忙；为利忙，忙里偷闲，且喝一杯茶去；

劳心苦，劳力苦，苦中作乐，再倒二两酒来。

此联用语通俗易懂，新颖贴切，谑而不虐，妙趣横生，生动形象地刻画出普通民众含辛茹苦地为生活奔波的生存状态，很容易引起人们的共鸣，并产生了雅俗共赏的效果。凡阅读此联者，无不赞赏，口口相传。其结果是张老板生意越来越兴旺。

位于广州市荔湾区第十甫20号的陶陶居是广州较古老的茶楼之一，有着上百年的历史，以经营中式饼食、中秋月饼和茶面酒菜驰名，在东南亚一带华侨中享有盛誉。陶陶居茶楼于民国时期曾以二千大洋悬赏嵌入“陶陶”两字的对联，最后选定的对联乃为一外省人所撰，其对联至今仍刻在马路边的柱上。联曰：

陶潜善饮，易牙善烹，饮烹有度；

陶侃惜寸，夏禹惜分，分寸无遗。

此联上下句均以陶起头，用两古人名，写其人其事，嵌得自然、有趣，而且与饮食内容密切相关。该联曾经传诵一时。

民国初年的广州，有一家“壶天酒家”，也征来一副很有名气的嵌字联：

壶里满乾坤，须知游刃有余，漫笑解牛甘小隐；

天下无尔我，但愿把杯同醉，休谈逐鹿属何人。

此联写得旷达、豪迈、洒脱，可谓是生活的一种姿态，且上、下联用典自然。上联典故为《庄子·养生主》庖丁解牛的故事；下联中“逐鹿”之典，出自《史记·蒯通列传》语：“秦失其鹿，天下共逐之。”后以“鹿”喻天下也。细味联意，似乎酒家主人为政治上失意者，转而来经商。

广东潮州有一家“韩江酒楼”，现留有佚名对联一副：

韩愈送穷，刘伶醉酒；

江淹作赋，王粲登楼。

唐代韩愈写有一篇《送穷文》，并曾因谏迎佛骨一事，被贬为潮州刺史。刘伶是魏晋时的“竹林七贤”之一，善饮酒，写有《酒德颂》。江淹为南北朝时齐、梁间人，以赋著名。王粲是著名的“建安七子”之一，其代表作是《登楼赋》。此联将四位文学家的典故有机组合，做成一联，其人其事不是与潮州有关，就是与酒、楼有关，而且还把“韩江酒楼”四字，很巧妙地嵌入到联语的头和尾，显得自然、妥帖，堪称妙笔。

广州还有一家酒店名“文园酒家”，是当时西关第一家高贵雅洁的园林酒家，因是广州西关文澜书院的一部分，故名“文园”。广州西关之创设，日渐繁盛，始自清同治初年，清末叶西关最为富庶，人才辈出。西关有多宝、逢源、宝源、宝庆、宝华、长寿、毓桂、恩宁、丛桂等街道。十二甫、十三甫、十五甫及抗日路（今和平路）等均巨户林立。查西关巨户之多，甲于广州。文园酒家有当时居住西关龙津西路的举人江鹤琴撰写的两副对联，颇有名气，其一云：

得世外清凉境界，正好谈诗，况当荷露新烹，竹泉初热；

浇胸中块垒闲愁，有何下酒，好把寒梅细嚼，秋菊狂餐。

其二云：

是梧桐庭院，是杨柳楼台，天开酒国长春，任教名士美人，勾留裙屐；

有槐火石泉，有杏花村酿，地接南园故址，好趁秋风明月，重论诗文。

其一联用语文雅，立意很得文人心声，作者将酒与四季美物、诗词文章联系起来，彰显了酒文化的厚重意蕴。其二联则写得气势豪爽，意韵贯通，颇能表现喝酒的境界。

南京有家“玉壶春”茶楼，有佚名者撰联一副：

到处是楼台，恨无茅屋三间，闲来赏雨；

偶然值亲友，犹有冰心一片，相与谈天。

此联对仗工整，用语平实、通俗，但写得潇洒自如，使人感觉亲切自然。

加拿大的爱明顿是一座风光明媚的城市，该城的唐人街上有家“珠城酒楼”，酒楼上有两副嵌有酒楼之名的对联，写得很有文气。其一云：

珠箔开时，十里鞭丝接城曲；

城陬静后，三更灯火闹珠楼。

“珠箔”即珠帘，爱明顿的唐人街与市中心城区有一段距离，故曰“城曲”“城陬”。此联两嵌“珠城”，属对工整并有诗词韵味，且联作者为海外华人，实属难得。其二云：

珠海月明时，翠舫乘风，俯镜涨波风度曲；

城隅人去后，红楼隔雨，卷帘飞絮雨催诗。

因酒楼名珠城，而珠城亦为广州之别称。所以此联于写作手法上可谓是“时空转换”。上联是追忆在广州的酒家夜宴时的情景，下联则转写于爱明顿“城隅”的那家“珠城酒楼”夜宴之后归来时产生的寂寞感。故而更增添了“去国怀乡”的情绪。李商隐有《春雨》诗，其中有“红楼隔雨相望冷，珠箔飘灯独自归”的诗句，此联亦能再现李诗之意境。

下面我们再来欣赏几副理发行业里的对联。

理发行业在我国的历史可算是悠久的，早在两千多年前的西周时期，人们就开始了梳理头发和剪发了。虽然长期以来，有人瞧不起理发这个行业，但身在这个行业中的人，还是很热爱这一行的，有这样一副对联足以说明：

虽然毫末技艺；

却是顶上功夫。

此联充满着一种自豪。

相传太平天国翼王石达开也曾为理发店题有一副对联：

磨砺以须，问天下头颅有几？

及锋而试，看老夫手段如何！

石达开题联笔力雄健，气势磅礴，充满自豪感，与其当时的身份和性格相吻合。

民国时期的汉口，有家理发店，铺面虽不大，但生意还兴隆。其店门口有一副对联很能体现理发行业的特色，联语云：

顺理成章，堆云卷雾皆如意；
得心应手，截短留长悉称心。

还有一家理发店老板，喜欢张贴对联，他曾贴过这样一副对联：

进来乌头武将；
出去白面书生。

此联用了两个大家较为熟悉的艺术形象来组联，反差较大，对比强烈，从而形象生动地表明了理发师理发、修面的水平高超，理发可以使人面目一新。后来老板大概嫌此联略为陈旧，就改贴另一联：

进来蓬头垢面；
出去吐气扬眉。

这改贴的一联也较好，写出了理发后焕然一新的形象以及顾客舒坦自得的一种心态。据说新中国成立后，该理发店又换贴一联：

新事业从头做起；
旧现象一手推平。

此联对仗工整，立意颇巧妙，一语双关，既巧妙地道出了理发的特色，又反映出时代变迁的特点。

抗日战争时期，重庆一家理发店贴出的一副对联也很有意思，联语云：

倭寇不除，有何颜面？
国仇未复，负此头颅。

撰联者用字铿锵有力，其立意既能紧扣理发的特点，又能紧扣当时的政治形势，把中国人民的爱国热情和民族的浩然正气彰显出来，寓意深刻，催人奋发。

再如下面的行业联：

大地山河生笔底；九州人物出毫端。（画店联之一）

天外江山来笔底；胸中丘壑写毫端。（画店联之二）

光学昌明，寸炬化为三尺焰；火星发蕾，一枝分作万家春。（火柴公司联）

光耀九天能夺月；辉腾一室胜悬珠。（电灯公司联）

从此谈心有捷径；何须握手始言欢。（电话公司联）

但作临渊羡；何须结网求。（鱼行联之一）

是池塘中物；作濠濮上观。（鱼行联之二）

此日无才调鼎鼐；他生有梦到江湖。（鱼行联之三）

味超玉液琼浆外；功在然萁煮豆中。（豆腐店联）

莫叹人情多闪烁；须知片面亦文章。（照相馆联之一）

寸寸光阴，我宜惜此；空空色相，人其鉴诸。（照相馆联之二）

无物不照；有色皆空。（镜子店联）

到来尽是热心客；此去均为快意人。（冷饮店联）

蕴白含黄，浑圆一体；扬清激浊，分判两仪。（蛋店联）

扫去尘氛，万卷诗书供赏鉴；拨开云雾，两轮日月放光明。（眼镜店联之一）

胸中存灼见；眼底辨秋毫。（眼镜店联之二）

往来尽是甜言客；谈笑应无苦口人。（糖果店联）

男添庄重女增俏；夏透风凉冬御寒。（服装店联之一）

一刀一剪裁出身上春秋；千针万线化作美中旋律。（服装店联之二）

对联的分类当然不止以上所说的五类，比如还有婚庆联、寿联等，因篇幅关系，就不一一赘述了。

三、对联趣谈

前面说过，构成对联的基础是汉字。对联就是充分利用了汉字形、音、义三方面的要素来展示对联的艺术性以及它的审美价值。那么，无论是创作对联还是欣赏对联，一个重要的必备条件就是必须有较为深厚的语言文字修养。加强自身语言文字的学习，达到一定的高度，就能创作或欣赏对联；通过对对联的学习、欣赏，反过来也能促使自己的语言文字能力得到提升，两者是相互依存的。前人就意识到了这个问题，所以从儿童的启蒙期就注重培养他们对对联的学习。

如唐代已开始把学习对句（俗称“属对”）作为启蒙教育的主要手段，这或许更多的是格律诗的迅速发展所致，但在客观上却促使着对联的迅速成熟。如苏洵、苏轼都曾在文章里提到过自己学对句的事。到明、清时，“属对”已普及到所有的童蒙学塾中了。蔡元培先生就认为这种功课不但是作文的开始，也是作诗的基础。鲁迅、郭沫若少年时也都于“属对”上受过严格的训练。如鲁迅读私塾时，先生在“属对”课上出了个题：“独角兽”，少年鲁迅根据自己阅读过的《尔雅》一书，给出答案：“比目鱼”。对仗工整，独出心裁。现代著名女作家冰心女士曾说她本人就是通过对对联而对文学产生了浓厚的兴趣，以致毕生不辍。对联的学习，是她识字启蒙教育的第一课。

国学大师陈寅恪先生也认为，对对联对提高写作能力和逻辑思维能力有着非常重要的作用。因此，1932 年，清华大学举行新生入学考试，国文一科试题就由陈寅恪先生出题，其中有一题就是做对联。陈先生出了上联：“孙行者”，结果有一半以上的考生答不出来。于是有人表示不满：对联是旧文学形式，而现在是白话文、新文学时期，清华大学不应该还要学生做这种旧式的题目。陈寅恪答辩说，做对子最易测出学生对汉语的理解程度，因为寥寥数字已包含了对词性的了解以及平仄虚实的运用。对联在各种文学形式里字数最少，但却最富于中国文学的特色。这才平息了这场风波。

“孙行者”这个上联，虽然有许多考生对不出来，但也有几个对得很好，其中最脍炙人口的是“胡适之”，即以提倡白话文运动而闻名的胡适先生。还有两个也对得很好：一个是“祖冲之”，一个是“王引之”。祖冲之是南北朝时期的数学家，王引之是清代乾嘉年间的著名学者。但三个答案相比较，当以“祖冲之”为最佳。

（一）文人对联趣闻

历代文人饱读诗书，且都重视“对联”这种文学形式，并不以其小而忽略，往往能在对联上显露出其文学才华。

苏东坡有一趣事。据说北宋王朝的主要敌人辽国，有一大臣熟读中原典籍，自诩才高，瞧不起中原读书人。一次，此人出使宋朝，宋朝皇帝知此人文才过人，不敢大意，特宣苏轼来接待这辽国使臣。辽使知苏轼文名，就出对试他，给出上联为“三光日月星”，苏轼一听，不假思索，脱口而出“四诗风雅颂”，《诗经》中的“雅”分大、小雅，对得十分妥帖、工整，折服了自以为是的辽使。

南宋大儒朱熹，不但是大教育家，而且是宋代理学之集大成者。他的学说在明、清被提到儒学正宗的地位，后世读书人尊称他为朱子。像朱熹这样的理学大家，想象中应该是不苟言笑的，但他偶尔也有风趣的一面。朱熹在福建漳州为官时，曾赠某士子一联：

东墙倒，西墙倒，窥见室家之好；
前巷深，后巷深，不闻车马之音。

此联用幽默的笔法描画了该士子的居住环境，用字通俗生动，形象具体，而且上、下联每句都是押韵的。

朱熹虽是理学家，但其诗文却少有道学气；其对联虽作不多，却颇具清新之气。如他曾作一对联云：

鸟识玄机，衔得春来花上弄；
鱼穿地脉，挹将月向水边吞。

此联寓哲理于自然景象之中，清新自然，绝少道学气。他还有一联云：

日月两轮天地眼；

诗书万卷圣贤心。

虽有道学的直白议论，但在理，亦可作格言来看。朱熹还有自题书舍一联：

五百年逃墨归儒，跨开元之顶上；

十二峰送青排闼，自天宝以飞来。

朱熹的书舍是建在福建漳州天宝镇山开元寺后顶上的，上联语是朱熹自述，下联则写周围的景物。“开元”“天宝”既是漳州的地名和寺名，也是唐玄宗的年号。“跨开元之顶上”，有双关之意义。

明代名臣、民族英雄于谦，少年即有文才。他第一次参加省里的科举考试，因其年幼而引人注目。主考官见于谦年纪尚少，就有意出对子考他。而年少的于谦还贪玩，在去见主考官的路上，看到路旁的花朵，就随手摘取一枝玩着。见到主考官后，于谦才意识到手里还有花，扔掉不及就慌忙藏于袖中，但又没藏好。主考官见到于谦，仔细打量，发现了于谦袖中的花朵，心里一笑：还真是个孩子。就此出了上联：

小孩子暗藏春色；

于谦听了一愣，低头看衣袖，马上明白过来，当即答出下联：

老大人明察秋毫。

主考官见于谦有如此敏捷的才思，对答得又如此的工整、得体，高兴得哈哈大笑。

明代嘉靖年间，湖北公安三袁均是少年有才，且都能题联。据说小弟袁中道自幼慧敏不凡，三岁就能识字，六岁时便略通诗文，并喜应对。一次，袁中道到一家文具店买墨。老板一看神童来了，便想考考他，就邀请他对对联，并许诺说，要是对联对得好，就送墨给他。袁中道同意后，老板出了上联：

学生买墨三元及第；

袁中道听后，马上应答到：

老板经商四季发财。

店老板听到如此吉利的联语，真是心花怒放，拍手叫好。随即包上两条上好的徽墨送给袁中道。

明末清初文学家朱彝尊是浙西词派创始人，与王士禛齐名，人称南朱北王两大宗。朱彝尊生于明崇祯二年（公元 1629 年），他原本不愿仕清。可康熙十八年（公元 1679 年），清廷举博学鸿词特科，由各省督抚保荐文人名士至京师候试。在这样的压力下，朱彝尊迫不得已来到北京。到京后，朱彝尊却在自己住宿处的门上题联一副：

且将酩酊酬佳节；
未有涓埃答圣朝。

此联表面上看是赞颂皇帝圣明，其实含有无功不受禄之意，亦可看作是朱彝尊向“清流”表示自己并没有助清。后来他出仕清廷，亦只是参加了撰修《明史》的工作。日后罢官，他又集句为联，张贴于门上：

圣朝无弃物；
余事作诗人。

这表明诗人只把诗、词、文当作自己的终生事业。

清乾隆年间的学者纪昀，滑稽幽默，才思敏捷。他家人中曾有为庸医所误，因此，他最恨庸医。他曾作两副集句联，嘲讽庸医。其一云：

不明才主弃；
多故病人疏。

这两句联语取自唐代诗人孟浩然的《岁暮归南山》一诗。但原诗句为“不才明主弃，多病故人疏”，纪昀将诗句的二、三两字作了一个颠倒，便成了嘲讽庸医的绝妙之作。“才”谐音“财”，嘲讽其医术不够高明，而被财主所弃矣。

其二云：

新鬼烦冤旧鬼哭；

他生未卜此生休。

上联出自杜甫《兵车行》诗：“君不见，青海头，古来白骨无人收。新鬼烦冤旧鬼哭，天阴雨湿声啾啾。”下联出自李商隐《马嵬》诗：“海外徒闻更九州，他生未卜此生休。”纪昀集而成联，对仗工整，诗句亦是嘲讽庸医的妙句。

清代广东嘉应州（今梅州市）人宋湘，是乾嘉年间的著名才子。他曾以巧对捉弄名流。宋湘幼时家贫，曾给人放牛，后来中了进士，但当时一些名流，因他出身贫贱，打心眼里瞧不起他。在一次文人雅集的酒会上，有人就特地出一上联难为他：

北雁南飞，遍地凤凰难下足；

意即把他比作“北雁”，把在座名流比作“凤凰”。宋湘看了，不露声色，随手取一纸片，写后搓成一团，以茶碟覆盖，不辞而别。众人见状，以为宋湘对不上而走，纷纷笑他徒有虚名。一人拿开茶碟，铺平纸团，众人低头齐观，只见纸片上写道：

东龙西跃，满江鱼鳖尽低头！

此一下联，不但属对工整，且正是眼前情景。众名流本想难为宋湘，不料反被宋湘奚落了。

宋湘做湖北督粮道时，适值嘉庆皇帝万寿，各地大小官员挖空心思，纷纷献财宝。宋湘为官清廉，无宝可献，遂献自作寿联一副。联云：

顺穆康贤，雍和乾乐嘉千古；

治平熙世，正直隆恩庆万年。

此联分嵌顺治、康熙、雍正、乾隆、嘉庆五位皇帝的年号，在宋湘看来是“应制”之作，是为臣的分内之事，可嘉庆见后，却是龙颜大悦，把宋湘此联悬挂于金銮殿的蟠龙柱上。而宋湘在高兴之后一细想，感觉“千古”二字有点欠妥，而且把皇帝的年号分割开来，亦足招谤。他越想越后怕，为避惹祸，遂告病还乡。

清末民初的湖南湘潭人王闿运，是著名的文人学者，他也有以妙联折服江南名士的趣事。王闿运有位姓魏的同乡在南京做官，王闿运中举人不久，游南京，住在他家。两人闲聊时，魏姓朋友说金陵名士每多自负，看不起外省文人。王遂为他题联一副悬于客厅，联云：

吾道南来，原是濂溪一派；

大江东去，无非湘水余波。

“濂溪”即宋代理学家周敦颐，周是湖南道州人。湘水经洞庭流入长江则是地理事实，故有“湘水余波”之语，王联虽有自炫之意，但亦难反驳。王闿运题此联后，魏姓朋友遍邀南京名士为王介绍，众名士见到王联，都作声不得。此事过后不久，南京新建关庙竣工，魏姓朋友主祭安神典礼，王闿运又即席挥毫，替魏题联一副：

匹马斩颜良，河北英雄皆丧胆；

单刀会鲁肃，江南名士尽低头！

此联巧用《三国演义》中有关关羽的故事来组联，对仗工整，大煞“江南名士”气焰，王闿运的才名遂亦因此联传开去。

清末民初的江西抚州人李瑞清是著名的教育家、美术家、书法家，是中国近现代教育的重要奠基人和改革者，中国现代美术教育的先驱，中国现代高等师范教育的开拓者。他还是著名画家张大千的书法老师。李瑞清居住上海时，很喜欢一家名叫“小有天”的闽菜馆的菜肴，几乎每天都要光顾“小有天”。有一天，“小有天”老板捧出文房四宝，恳请李瑞清为小店题联。李瑞清接过笔略加思索后，一挥而就，成联一副：

道道非常道；

天天小有天。

上联的“道道非常道”，本语出自《老子》开篇句：“道可道，非常道。”可用在此处，却不是谈哲学，而是赞美此店的每道菜式都不同寻常。下联则是纪实，说我这个顾客因喜欢店中菜肴，所以天天光顾此店。老板拿着书法大家撰写的墨宝，高兴地把对联贴在店门口，招来了许多文人墨客的围观，小店生意更加兴隆了。

著名数学家华罗庚不仅在数学上成就卓越，而且他的传统文化修养也深厚。1953 年，华罗庚先生与物理学家钱三强、赵九章等人出国考察，途中闲暇无事，大家少不得谈古论今。华罗庚即景生情，提出一上联要大家对，其上联：

三强韩赵魏；

联中的“三强”既指战国时期七雄中的三个强国韩、赵、魏，又暗指在座的钱三强，此上联句的构成颇为精巧，想要对出下联，实属不易。在大家颇为踌躇之时，华罗庚不紧不慢地续出了下联：

九章勾股玄。

续联既出，满座为之倾倒。《九章》是我国古老的算术名著，书中首次记载了我国数学家所发现的勾股定理，同时又暗含了在座的赵九章先生的名字，真可谓精妙绝伦。

（二）趣联趣谈

如前所说，汉字形、音、义之特点构成了对联的艺术特性及审美价值。所以，对联与诗歌一样，都充分重视汉字的特点，重视利用有限的文字，充分运用各种修辞手法，来达到奇特的表现效果。

如下面一副对联运用了拟人的手法：

稻草扎秧父捆子；
竹篮提笋母抱儿。

这是一副在民间广为人知的对联，生活气息浓郁，也有着较高的审美情趣。此联的构成就在于抓住了“稻草”与“秧”，“竹篮”与“笋”之间的特殊关系生发开来，采用拟人化手法来写，使人读后会心一笑，并赞赏作者构思之巧妙。

汉字因语音、语义的因素，就能构成“双关”的艺术表现手法。下面这副对联就运用了语义双关：

宰相合肥天下瘦；

司农常熟世间荒。

晚清重臣李鸿章是安徽合肥人，时在主政；翁同龢是江苏常熟人，时任户部尚书，相当于前朝的司农。清光绪三年（公元 1877 年），冀、陕、浙等地灾情严重，李、翁两人负有主要责任。时人用对联的形式，巧妙地将二人的籍贯、官职和政绩分别写入上下联之中，构成了双关语的表达方式，从而对二人进行了有力的讽刺。

而利用语音双关的手法组成的对联，亦充满情趣，常常使人读后会心一笑，有着较高的审美价值。如在民间广为流传的几副对联，其一：

鼻孔子，眼朱子，朱子敢居孔子上；

眉先生，须后生，后生还比先生长。

此上联语中的“孔子”“朱子”本义是对鼻、眼而言的，但对联作者又巧妙地利用了汉字同音、同字不同义的现象，把孔夫子、朱熹纳入上联中，将眼、鼻上下之位与孔子、朱熹先后出生融为一体，从而产生出喜剧性的艺术效果。而下联语中的前一“先生”“后生”为动词，后一“先生”“后生”则为名词。但作者也是利用同音、同字而不同义的现象，巧妙组合，对联的艺术效果颇佳。

其二：

指破纸窗成孔子；

手持铜镜照颜回。

此联中的“孔子”“颜回”同样可理解为音同而义不同的两组概念：既是指破纸成洞，又可理解为孔圣人；既是指镜照面容，又可理解为圣人之学生。

其三：

两舟竞渡，橹速不如帆快；

百管争鸣，笛清难比萧和。

此联则是充分利用了汉字音同而字不同的现象，暗含有四个历史人物："橹速"对应"鲁肃"，"帆快"对应"樊哙"，"笛清"对应"狄青"，"萧和"对应"萧何"，使此联于平常中有了几分乐趣。

明代洪武、永乐时期的江西吉水人解缙自幼颖悟绝人，19 岁中进士，官至内阁首辅，与徐渭、杨慎被后人誉为明代三大才子。传说他 12 岁时就被明太祖招到朝廷与饱读诗文的大臣们对对联。大臣中有一年迈者，见是一乳臭未干的小孩，心生轻蔑，就出了一个带有侮辱性的上联：

二猿断木深山中，小猴子也敢对锯；

他把解缙比作小猴子，"对锯"谐音"对句"。解缙一听，不高兴了，想了一下，不慌不忙对出下联：

一马陷足污泥内，老畜生怎能出蹄。

也将这老大臣比作老畜生，"出蹄"谐音"出题"。解缙可谓是对得工整，骂得巧妙，反击有力。

与语音双关相类似的还有一种对联形式叫谐音联，即把音同义不同的字，通过一定的排列组合，使其在意义上达到一定的艺术效果。谐音联是民间百姓所喜闻乐见的一种技巧联，亦充满了民间的智慧和乐趣。如民间流传有这样一副谐音联：

饥鸡盗稻童桶打；

暑鼠凉梁客咳惊。

上、下联各有三对音同义不同的字，原本互不发生关系，但经过排列组合，发生了关系；上、下联各自叙述了生活中常见的事情，从而产生了艺术效果。

还有一副谐音联：

荞上桥风吹，荞动桥不动；

桑上霜日出，霜溶桑不溶。

此联同样是利用"荞"与"桥"、"桑"与"霜"的谐音，既写了生活，又能产生一种情趣。

汉字在形体上是由一定的笔画所组成的，在结构上它分为独体字和合体字。人们在对联撰写的实践中，也是充分利用了汉字“形”的特点，从而创作出了充满审美元素的“字形巧对”对联。如下面的几副对联：

冰冷酒，一点、两点、三点；丁香花，百头、千头、万头。（其一）

湛江港清波滚滚；渤海湾浊浪滔滔。（其二）

空空寂寞宅，寡寓安宜寄宾宿；

迢迢逶迤道，适逢邂逅遇迷途。（其三）

这三副对联的构成、立意，都是从字的形体构造来进行的，这也是世界上其他文字所不能做到的。

而且“冰冷酒，一点、两点、三点；丁香花，百头、千头、万头”一联还有个故事：据说乾隆皇帝某年临朝殿试，传膳时，酒未热，沾唇觉冷，因罢饮。及试，遂出此“冰冷酒”上联（“冰”字旧时常于“水”字左上加一点，故偏旁恰为一、二、三点）。参加殿试士子中有江西人彭元瑞者，曾在应试途中遇一妪，妪曰：“公子博学多才，老身有一联，能对否?”即出上联句：“丁香花，百头、千头、万头。”彭元瑞不能对，及殿试，见乾隆的出句，顿忆妪句，遂以之作下联。其他人均不能对，彭则因此而高中矣。“丁香花”三“字头”与“百千万”相若。且“百头、千头、万头”是一片繁荣气象，与上联句之“冰冷酒”气象亦成鲜明对比。

再如对联还有一种叫“拆字联”，就是把一个字的偏旁部首分解开来，各自表述，然后再合拢，其上下联句都是如此。如：

此木为柴山山出；

因火成烟夕夕多。

此上联句中二字“柴”与“出”，下联句中二字“烟”与“多”，作者充分利用这四个字的结构，先拆开，再合拢，组成对联，对仗稳妥，表述也有意思。

又如一联：

妙人儿倪家少女；

大言者诸葛一人。

此联的构成，就在于将“倪”字与“诸”字拆开来进行，其立意自然通畅。

再看一副拆字联：

寸土为寺，寺旁言诗，诗云：明月送僧归古寺；

双木成林，林下示禁，禁曰：斧斤以时入山林。

由汉字组成的语言是十分丰富、异常生动的。如汉语中有一种表达的形式叫“歇后语”，很是风趣、生动。而对联里，也有一种近似于“歇后语”的对联种类，叫隐字联。即对联作者将联语中的某些字故意略去，读者稍不留意，就有可能把所隐的字要表达的意思忽略了，可一旦悟出所隐之字的意思，就会感觉到言外之意，其趣无穷。据说 1916 年袁世凯称帝后，报纸上刊登出这样一副隐字联：

一二三四五六七；

孝悌忠信礼义廉；

如果细读此联，就会发现，上联缺了一个“八”字，下联少了一个“耻”字，作者于上联中忘了“八”，下联里无了“耻”。再展开想象力，分明是在骂袁世凯是“王八”“无耻”。

对联中还有一种形式，称为回文联，就是顺读或倒读均成联，其意思贯通甚而还富有文采，显得特别有情趣。如民国时上海“天然居酒楼”有一副回文联云：

客上天然居；

居然天上客。

四川乐至县的大佛寺在明代就是著名的古刹，寺庙里也有一副回文联，联云：

人过大佛寺；

寺佛大过人。

还有一副回文联也颇有意思，联云：

僧游云隐寺；

寺隐云游僧。

能构成回文联的关键处，全在于汉语句子的组成，是由字词排列的先后顺序所决定的。相同的字词，如果排列的先后顺序不同，所表达的意思就会出现多个，不仅不会相同，甚至还会相反。

对联形式中，还有一种叫“无情对”。此种对联，上、下联迥然不同，可谓风马牛不相及，内容是隔得越远越好。但字面却字字相对，十分工整、巧妙。这类对联，最能展现汉字的无穷魅力和妙趣。

我们先来看一副“无情对”：

庭前花始放；

阁下李先生。

上联写景，春色进入庭院，引来百花盛开；下联却是人物的称谓，上下联在意义上无法相对。但细品之，却能发现下联三用借对：“阁下”既指一种尊称，又指楼阁之下；“李”既指姓氏，又指李树；“先生”既指尊称，又指最先长出。巧与上联字字工对：“庭”与“阁”是建筑物小类工对；“前”与“下”是方位名词对；“花”与“李”是植物名词对；“始”与“先”是副词作状语对；“放”与“生”是动词对。

此联诙谐工整，亦堪称无情对的佳句。上句平淡无奇，但下句一出，则妙趣横生了。据说上句是明代学者、文学家李东阳出的，他当时任文渊阁大学士，遂有人对出下句。

再来看一副无情对：明成祖朱棣有一次对解缙说：“我有一上联‘色难’，但就是想不出下联。”解缙应声答道：“容易。”朱棣说：“既然容易，你就对出下联吧。”解缙笑道：“臣不是对出来了吗?”朱棣愣了半天，方恍然大悟。“色难”一语，出自《论语·为政》：“子夏问孝，子曰：‘色难。’”意思是子女侍奉父母，要经常保持和颜悦色，是件很难的事。解缙所对“容易”，出自西汉东方朔的《非有先生论》一文：“於戏！可乎哉？可乎哉？谈何容易！……今则不然，反以为诽谤君之行，无人臣之礼，果纷然伤于身，蒙不幸之名，戮及先人，为天下笑，故曰谈何容易!”此段话的意思是在君王面前指陈得失，不可轻易从事。

解缙巧借“容”为容貌之意，与“色”（脸色）恰成小类对，“易”与“难”则是一对反义词，极为工巧。

清道光至光绪年间，广东有一位叫何淡如的文人，擅长用广东话撰无情对，而且数量甚多。如他有两副无情对：

有酒不妨邀月饮；无钱那得食云吞。（其一）

四面云山谁作主；一头雾水不知宗。（其二）

这两副对联都是以一句广州俗谚来对一句唐诗，一雅一俗，妙趣横生，而字面却对得非常工整。何淡如还有一副广为流传的无情对：

公门桃李争荣日；

法国荷兰比利时。

上、下句意思相去十万八千里，但字字相对，丝丝相扣甚工，其构思之巧妙，可谓匪夷所思。

晚清重臣张之洞的姓名也曾被人用作无情对的材料，联云：

张之洞；

陶然亭。

一是名臣姓名，一是北京名胜，真可谓是风马牛不相及，但字面却对得十分工整。张、陶都是姓，又都可作动词用（“陶”作动词有二义，一为培养、造就，二为快乐、喜悦）；“之”与“然”均为虚词；“洞”与“亭”则属同一类名词。

据说张之洞有一日在北京陶然亭宴客，席上要求以对句佐兴。一宾客用一诗句为上联：“树已千寻难纵斧，”张之洞作答：“果然一点不相干。”上、下句对得极为工整，但句意却丝毫不相干，出人意表。“果”与“树”，是物名对；“一点”与“千寻”，是量词对；“干”与“斧”，是器物名（兵器）对。

当然，在各种形式的对联中，人们最感兴趣的，可能就是所谓“绝对”了。“绝对”有两个特点：一是它在民间长时间流传下来的，有的已经对出来了，有的还未对出；二是它的难度非常大，凡是可以称得上“绝对”的，总有一些“古怪”的条件限制。

如有一上联句“烟锁池塘柳”，其写春景，很雅，很有诗意；但这五个字的偏旁包括了“金、木、水、火、土”“五行”。下联句除内容要雅致外，其五字也应有“五行”才能对得上，这就是特别条件的限制。

有人以“灰堆镇海楼”来对，在形式上是可以的，都有“五行”，但内容上却毫无意义。两者之间的雅俗是不可以道里计的。后来有人把“灰”字改为“炮”字，变成“炮堆镇海楼”，这就强多了。但意义上仍说不通，把许多炮“堆”在镇海楼里作何用?“堆”字的气势很弱。

后有人对以“茶烹凿壁泉”，甚好。此句用倒装，意为用“鑿壁泉”之水来煮茶，平仄协调，意境佳美，烹茶细品，赏心写意，舍此而何？且与上联句意境和谐。但此下联句出来后，有人认为还有“可议”之处。可议者，“茶”字也。原来“茶”字不属于“木”部，而属于“草”部，认真推究，这个“可议”是成立的。

后有人以“港铺灯塔标”来对，因夜观海港，船只如梭而得灵感。凡海港必设有灯塔标志，防船只触礁。此下联句亦具生活气息与新意。后又有人对以“烽销漠塞榆”，此下联句，不但平仄协调，其意境和韵味也颇佳，而且“五行”的顺序和“烟锁池塘柳”一样，是难得的好对句。

就“烟锁池塘柳”而言，古人也有好对句。《清稗类钞》记载前人有这样一个对句：“灯深村寺钟。”以“灯深村寺钟”对“烟锁池塘柳”，不但平仄协调，且胜在自然。“深”是深远之意，既形容村寺的所在处，亦是对灯光的视觉感受。“钟”应是指钟声，“村寺钟”是听觉方面的描写。这是以虚带实的写法，其意境韵味皆直追出句。

“烟锁池塘柳”原是前人诗句，后有好事者拿来作为对联之上句，遂成“绝对”，其流传至少有三百多年了。晚明广东南海人陈子升（1614—1692）就对此“绝对”兴趣甚浓，多次相对。陈子升著有《中洲草堂遗集》，其卷十六有《柳波曲》并序云：“客有以‘烟锁池塘柳’五字具五行以属余为对句，因成《柳波曲》二首，与好事者正之。”其一云：

烟锁池塘柳，灯填锦槛波。回波初试舞，折柳即闻歌。

其二云：

灯垂锦槛波，烟锁池塘柳。妾梦五湖湄，郎家大堤口。

陈子升以“灯填（垂）锦槛波”对“烟锁池塘柳”，甚具诗意。“灯填”是虚写，“灯垂”则是实写。“灯”指灯光，灯光铺盖波光，用一“填”字益见其“重”，这是所谓的象征手法。但若依“正路”，则仍以“垂”字为佳。

陈子升所作对句“灯填（垂）锦槛波”，虽然亦具“五行”，但他觉得“烟”对“灯”，两个字都是从“火”，稍欠工。于是他又有《续作锁柳销鸿之曲》云：

烟锁池塘柳，烽销极塞鸿。东枝罢春水，南翼怨秋风。

用“烽销极塞鸿”来对“烟锁池塘柳”，意境甚高。但因“烽”与“烟”也还都是“火”字旁，他还不能满意，又作《烟锁沉灯引》云：

烟锁池塘柳，钟沉台榭灯。灯心红缕密，柳眼绿波澄。

“钟沉台榭灯”与“烟锁池塘柳”相对，两边的“五行”无一相重，可谓绞尽脑汁了。但论诗意韵味则有些勉强了，似不及前面的“灯垂”“烽销”二句来得自然。

四、黄鹤楼对联赏析

大凡名楼均有众多对联，这是因为传统建筑中的亭台楼榭需要对联来装饰、点缀，更因为著名建筑物能吸引大量的文人墨客来登临、游览，能使他们产生各种感慨，并用对联的形式来予以表述。这样一来，亭台楼榭等传统建筑为文人墨客的对联创作提供了平台，而文人墨客所创作的对联，也很好地诠释了传统建筑的文化底蕴。

如江南三大名楼，都有着众多的对联。岳阳楼有一副对联云：

一楼何奇？杜少陵五言绝唱，范希文两字关心，滕子京百废俱兴，吕纯阳三过必醉。诗耶？儒耶？吏耶？仙耶？前不见古人，使我怆然涕下！

诸君试看：洞庭湖南极潇湘，扬子江北通巫峡，巴陵山西来爽气，岳州城东道岩疆。潴者，流者，峙者，镇者。此中有真意，问谁领会得来？

此联作者为清代道光年间进士，著名的诗人、书法家、对联名家何绍基。何氏论诗，推崇苏轼、黄庭坚，书法得力于颜真卿，对联则气势豪放纯熟。岳阳楼是我国主要名胜之一，“迁客骚人，多会于此”。所以，该楼题联甚多，但只有这副对联内容最丰富。上联尽述岳阳楼有关史事传说，下联则描写洞庭湖风景大观。而且用典贴切，风格豪放，联中充满了诗情画意，很好地诠释了岳阳楼的文化内涵。

再看滕王阁的一副对联：

兴废总关情，看落霞孤鹜，秋水长天，幸此地湖山无恙；

古今才一瞬，问江上才人，阁中帝子，比当年风景如何？

对联作者是晚清军事家、政治家、湘军宿将刘坤一。此联的特色就在于：指出了江山、王阁依旧，而才人、帝子无存，幽默地说明了朝“兴”朝“废”、变幻无常；而“此地”的“风景”却美丽“无恙”。因此，此联的格调要比一般怀古伤今的作品显得高亢，也彰显了中华楼阁文化的意蕴。

说到黄鹤楼的对联，从明代迄今，流传下来的就有近两千副，这个数量是可观的。但我们只能从中撷取十几副名联来欣赏。

1. 宋荦：题黄鹤楼联

何时黄鹤重来，且自把金樽，看洲渚千年芳草；

今日白云尚在，问谁吹玉笛，落江城五月梅花。

作者宋荦（1634—1713），字牧仲，号漫堂，又号西陂。河南商丘人。他的父亲宋权是明熹宗天启五年进士，官顺天巡抚。后来降清，官至国史院大学士。清廷以宋权“诛杀自成党有功”，在其死后追赠少保兼太子太保，谥文康。宋荦因属功臣之后，因此在他14岁时（清顺治四年），就得“应诏以大臣子列侍卫”。累官江苏巡抚、吏部尚书。宋荦工诗词古文，他的画也很出名，水墨兰竹，尤其超妙。

宋荦此联化用了鲁班筑黄鹤楼、仙人吹箫跨鹤的民间传说故事，并借用李白的“黄鹤楼中吹玉笛，江城五月落梅花”的诗意，兼叙事、议论、抒情、写景于一炉，形象地描绘了黄鹤楼美丽、壮观的人文景观和自然景观。

宋荦此联现悬挂在黄鹤楼的一楼后厅，由湖北当代著名书法家王遐举先生所书。

2. 鲁之裕：题黄鹤楼联

到来径欲凌风去；

吟罢还思借笛吹。

鲁之裕（1665—1746），字亮侪，号三南。原籍湖北麻城人，弱冠后入籍安徽太湖，晚年寄住湖北江夏。康熙五十九年举人。官至直隶清河道，代理布政使。为官数十年，在兴修水利、发展生产、革除旧习等方面多有建树。他爱游历，足迹半天下；他学养颇深，好著述，著作丰且博，著有《长芦盐志》《下荆南志》《式馨堂诗文集》等书，皆行于世。他一生不幸，充满传奇色彩，幼时充为人质，老年时其妻、子、孙俱丧。河南总督田文镜称其为“奇男子”，袁枚写有《书鲁亮侪事》一文，记叙他的生平事迹，誉他是“伟丈夫”“真奇士”。

鲁之裕此联依据崔颢及李白诗之典写来，字数虽少，但将人们的内心情愫概括得较为准确。因为此联写出了人们登上黄鹤楼首先映入脑际的具体感受：能否也像传说中的仙人一样乘鹤而去呢？一旦人们意识到这只是一种不切实际的幻想，也就会在坦然一笑之后，将胸中积郁的情绪宣泄出来，这也就很自然地想要“借笛吹”了。此联写出人们的普遍心态，故而能引起人们的共鸣。

袁枚在《随园诗话》卷一四中评价此联云：“人言黄鹤楼无佳对；惟

鲁亮侪观察一联云‘到来径欲凌风去，吟罢还思借笛吹’差胜。鲁星村云：‘凌风二字，改乘云二字，更佳’。”

从炼字的角度来看，这一改动确实更佳，有着“点银成金”的艺术效果。因此联下句“吟罢还思借笛吹”典出自李白诗句：“黄鹤楼中吹玉笛，江城五月落梅花。”其所借之玉笛，当可理解为李白笔下之玉笛。但此上联句的“到来径欲凌风去”，“凌风”二字却无与黄鹤楼相关的典故。改成“乘云”就不同了，因崔颢《黄鹤楼》诗“昔人已乘黄鹤去”之句，黄鹤入云，亦可理解为“乘云”。这不但使上联句因典而有着落，且与下联句用典相对应，从而使此联对仗工整、精致。

3. 钱楷：题黄鹤楼联

我去太匆匆，骑鹤仙人还送客；
兹游良眷眷，落梅时节且登楼。

此联作者钱楷（1760—1812），字裴山，清代浙江嘉兴人，乾隆五十四年进士，选翰林院庶吉士，曾做过太常寺少卿、光禄寺卿、河南布政使、广西巡抚、湖北巡抚等。钱楷任湖北巡抚只有三个月，就奉诏回京，另有任用。这副对联可以说是他对黄鹤楼的惜别之作。清代对联大家梁章钜在《楹联丛话》里评论钱楷这副对联时说：“黄鹤楼联匾极多，自以钱裴山所撰为最。”这个评价应该是很高的。梁章钜在对联创作、研究方面的贡献颇丰，乃楹联学开山之祖。他的眼光应该是很准的。钱联的特点是结合了自己“登楼”的“时节”和“匆匆”离楼进京的心情，表现出对黄鹤楼的依恋之情，同时也含蓄地表明了黄鹤楼的巨大魅力。钱楷把自己摆进去，其感情的流露真实、自然。梁章钜看重的或许也是这一点。任何文学作品的创作，贵在有真情。这是不容置疑的。

4. 萨迎阿：题湖北武昌黄鹤楼联

一楼萃三楚精神，云鹤俱空横笛在；
二水汇百川支派，古今无尽大江流。

萨迎阿（？—1857），钮祜禄氏，字湘林，满洲镶黄旗人，清朝将领。嘉庆十三年举人，授兵部笔帖式。先后做过礼部主事、郎中，湖南永州知府、礼部侍郎、伊犁将军等。

此联上联句中的“三楚”指楚地分为西楚、东楚、南楚，在此联中，则指湘、鄂一带，意为黄鹤楼聚集了湘、鄂一带的神采；然后化用崔颢《黄鹤楼》诗句“黄鹤一去不复返，白云千载空悠悠”之意和李白《黄鹤楼闻笛》诗句“黄鹤楼中吹玉笛，江城五月落梅花”之意，才有了“云鹤俱空横笛在”的感慨：以往陈迹已杳，令人无限感伤，但幸好玉笛还在，可用以吹尽我古今愁恨。下联句中的“二水”，指长江和汉水，因武昌为二水的汇合点，而众多支流，尽流二水而归，所以称“二水汇百川支派”；而“古今无尽大江流”，则是感慨滔滔长江，从古至今日夜无休止地流淌着，流去的是岁月？是人事？是历史？或是……

本联除具备名胜对联的联系当地自然风光和史事传说的共同特点外，还突出了黄鹤楼本身所独有的神圣作用，“一楼萃三楚精神”一句给人一种崇敬的感觉。而此联立意极高，如将上面钱楷之联对比一下，则显示出钱楷之联要单薄得多。

此联现挂在黄鹤楼五楼大厅的立柱上，由当代著名书法家沙孟海先生所书。

5. 何绍基：黄鹤楼题联

我从千里而来，看江上梅花，已开到红羊劫后；
谁云一去不返，听楼中玉笛，又吹起黄鹤飞高。

何绍基（1799—1873），字子贞，号东洲，湖南道州（今道县）人。清道光进士，曾任四川学政，主讲鲁、湘、浙等地书院，主持苏州、扬州书局。

何绍基题此联时在太平天国覆亡之后。清廷称太平天国起义为“洪杨之乱”（“洪杨”即洪秀全、杨秀清），何氏站在清廷的立场上，故而亦称之为“劫”。“红羊劫”典故出自宋代人柴望的《丙丁龟鉴》一书。柴望在此书里综述了自战国时秦庄王五十二年丙午，至五代后汉天福十二年丁未，其间共为 1260 年。在这个时间段中，丙午、丁未之年发生战乱的，就有 21 次之多。柴望此书，意在托言讦讳，以儆时君。又因“丙”属火，红色；而“未”是“羊”年，后人便把国家战乱之时称为“红羊劫”。且于此联中，“红羊”与“洪杨”谐音。

撇开政治观点不谈，这副对联还真是写得不错。关于黄鹤楼的传说典故，不外乎仙人、黄鹤、玉笛、梅花。而黄鹤楼众多对联的用典，也多取其中；其表现手法也多是登楼赏景，触景生情，情盛怀古，古人不回，于是回首伤今，慨叹不已。可何氏撰此联，虽仍用常典，却一反陈态旧姿，特别是对崔颢之诗，反其意而用之，写出了新角度、新景象、新气氛：梅花盛开，玉笛声脆，黄鹤飞翔。整副对联充满了诗情画意，令人享之不完、受之不尽。

6. 陈兆庆：题黄鹤楼联

一枝笔挺起江汉间，到最上头放开肚皮，直吞得八百里洞庭，九十里云梦；

千年事幻在沧桑里，是真才人自有眼界，哪管它去早了黄鹤，来迟了青莲。

陈兆庆（1806—1885 或 1821—1871），湖北孝感人，一说为云南通海人。陈兆庆以书法闻名当时，被人誉为“湖北第一，全国第七”。清同治八年（1869）黄鹤楼重建后，陈兆庆书写匾额“黄鹤楼”三字，悬挂于楼的最高层，当时观者莫不惊呼：“真乃王右军再世！”

此联为陈兆庆登上黄鹤楼所见所想后的感悟，其文气奔放，构思亦可谓新奇。“一枝笔”是以笔喻楼，黄鹤楼因崔颢、李白题诗而闻名，作者由此生发，故借用笔来比喻黄鹤楼的形状；也用来比喻崔颢、李白的才华和气魄，颇有双关之妙。而这一比喻，又使上联句出语惊人，极度夸张，更有洞庭、云梦作衬托，从而传神地显示出黄鹤楼的壮观雄伟，气度不凡。下联句则笔锋一转，为沧桑的历史风云而感慨，启迪后人，有真才实学，就要有自己的胆识，要有敢于与前贤比肩而上的勇气。这也可以理解为学古人，但不能囿于古人，而应当做时代的精英，为国为民作出一番事业。

7. 胡林翼：黄鹤楼题联

黄鹤飞去且飞去；
白云可留不可留

胡林翼（1812—1861），字贶生，号润芝，清代湖南益阳人。湘军重要首领，与曾国藩、李鸿章、左宗棠并称为“晚清中兴四大名臣”。清道光十六年进士，授编修，先后充会试同考官、江南乡试副考官。历任安顺、镇远、黎平知府及贵东道，清咸丰四年迁四川按察使，次年调湖北按察使，升湖北布政使、署巡抚。抚鄂期间，注意整饬吏治，引荐人才，协调各方关系，曾多次推荐左宗棠、李鸿章、阎敬铭等，为时人所称道，在武昌咯血死。有《胡文忠公遗书》等。

胡林翼于咸丰五年（1855）执掌湖北，最后死于湖北巡抚任上。他文武双全，且能诗能文，天分极高，时人均认为胡氏之才，为中兴诸贤之冠。著名学者李慈铭评价他是“老谋深识，烛照不遗，固中兴第一流人”。以胡林翼的见识，加之多年宦海阅历，与太平军的对垒，他应该对晚清官场看得很透，对人生的感悟也很深。他生命的晚期，驻节武昌，常登黄鹤楼，感受应是很多的。但诸多感慨，他却凝聚在简短的 14 字之中，可谓以少许胜多许。此联立意全由崔颢《黄鹤楼》诗起，却将崔颢所抒发的生命意识、乡愁离绪，由直抒转为暗发，从而表达出作者登楼后的心境：或有一种阅尽人生后的旷达潇洒，或有一种竭尽全力后的无可奈何。总之，此联颇具禅意，留给读者想象的空间很大，人们尽可依据自身的阅历来解读。

8. 彭玉麟：黄鹤楼题联

心宽天地远，把酒凭栏，听玉笛梅花，此时落否？
我辞江汉去，推窗寄语，问仙人黄鹤，何日归来？

彭玉麟（1816—1890），字雪琴，自号退省庵主人，清代湖南衡阳人。清咸丰年间追随曾国藩创办湘军，以文人身份统兵，任长江水师提督，坐镇武昌与太平军作战。后官至兵部尚书，是晚清著名的“中兴名臣”。他与曾国藩、左宗棠并称为晚清“三杰”。彭玉麟长于诗画，精于联语，在其一生中，写下不少赞美祖国大好河山的对联。

此联是彭玉麟将离武昌，饮于黄鹤楼上时所题。联中表达了他留恋该楼、情有独钟、不知“何日归来”的心绪。此联有着冲天豪气。他为何如此留恋黄鹤楼？此时的彭玉麟，因打败了太平军，功名显赫，正是春风得意之时；而自己的文韬武略，也在与太平军的战斗中发挥得淋漓尽致。武昌城，应该是他发挥军事才能的重要平台，是他事业成功之地，是他人生达到辉煌之处，是他的风水宝地。所以他才会登上黄鹤楼，面对浩瀚长江，有如此感慨。

彭玉麟此联中“推窗寄语”的那个“语”字，也有作“慨”字的。以“推窗寄慨”来对“把酒凭栏”，较有韵味，也更切合彭玉麟“我辞江汉去”的心境。但“慨”字是虚词，与“栏”字相对稍欠工整。

9．张之洞：题黄鹤楼联

江汉美中兴，愿诸君努力匡时，莫但赏楼头风月；

𬨎轩访文献，记早岁放怀游览，曾饱看春暮烟花。

张之洞（1837—1909），字孝达，一字香涛，号壶公，因位居总督，称“帅”，时人皆呼之为“张香帅”。清代河北南皮人。清咸丰二年（1852年）十六岁中顺天府解元，清同治二年（1863年）二十七岁中进士第三名探花，授翰林院编修，历任教习、侍读、侍讲、内阁学士、山西巡抚、两广总督、湖广总督、署理两江总督、军机大臣等职，官至体仁阁大学士。

张之洞早年是清流派首领，后成为洋务派的主要代表人物。教育方面，他创办了自强学堂（今武汉大学前身）、三江师范学堂（今南京大学前身）、湖北农务学堂、湖北武昌蒙养院、湖北工艺学堂、慈恩学堂（南皮县第一中学）、广雅书院等。政治上主张“中学为体，西学为用”。工业上创办汉阳铁厂、大冶铁矿、湖北枪炮厂等。张之洞与曾国藩、李鸿章、左宗棠并称“晚清中兴四大名臣”。

此联是张之洞1867年任湖北学政时，重游黄鹤楼有感而题写。说重游，是因为张之洞13岁那年，从出生地贵州兴义府（今贵州安龙县）回故乡河北南皮应童子试，曾游过一次黄鹤楼，故联中有“曾饱看春暮烟花”之语，这是“记早岁放怀游览”的本事。而此次重登黄鹤楼，则是君主委以重任，作为朝廷使臣来到湖北，自然与上次登楼的感觉大不一样。“𬨎轩”，古代一种轻便车，古代帝王的使臣多乘𬨎车，后因此称使臣为“𬨎轩使”。“中兴”云云，是因张之洞题写此联时，为太平天国被清廷镇压之后的第四年，以他当时的身份，自然要称为“中兴”。“匡时”，指挽救艰危的时局。“文献”，指有关典章制度的文字资料和熟悉掌故的人。张之洞天资聪慧，26岁即金榜题名，点为翰林，可谓少年得志，而30岁就任湖北学政，仕途不可估量。所以该上联语以钦差大臣的口吻来告诫湖北的官吏，莫要只贪美景，而应同心协力，匡扶时政。当然，也包含有自我勉励之意。下联语则追忆往昔，意在表明自己早有凌云志，更有报国才，是肱骨栋梁，这是一种自负和自信。此联的立意，并不在于对黄鹤楼传说与景观的具体描述，而是把黄鹤楼作为一个平台载体，重在抒发自己的感慨与抱负，这是此联与众多黄鹤楼对联最大的不同点。所以，对联也是可以用来抒情言志的。

1889年，52岁的张之洞任湖广总督，他又登黄鹤楼，再题一联：

昔贤整顿乾坤，缔造皆从江汉起；
今日交通文轨，登临不觉亚欧遥。

湖广总督是军政长官，封疆大吏，身份相比学政要显赫得多，权利也大得多，因此，此联的口气也比上一联要大得多。此上联的用语，就全是总督口吻。张氏抒发了要以湖北作为自己施展才华的平台，要让湖北走在全国前面的理想抱负。下联语则写出了张氏作为清末洋务派首领的眼界与胸襟，这在清廷的重臣中是少有的，由此也更能见出张氏胆识与见识的不凡。

10. 李联芳：题黄鹤楼联

数千年胜迹，旷世传来，看凤凰孤岫，鹦鹉芳洲，黄鹄渔砚，晴川杰阁，好个春花秋月，只落得剩水残山，极目古今愁，是何时崔颢题诗，青莲搁笔？

一万里长江，几人淘尽，望汉口斜阳，洞庭远涨，潇湘夜雨，云梦朝霞，许多酒兴诗情，仅留下荒烟晚照，放怀天地窄，都付与笛声缥缈，鹤影蹁跹。

李联芳（生卒年不详），字轩芝，号实斋，陕西平利县人。幼年家贫，敏而好学，其师王端夫喜其才华，资他深造。同治十年（1871）中进士改翰林院庶吉士，授编修，迁詹事府右春坊右赞善，历放广西、山西、云南、甘肃考官，官至内阁学士，兼礼部侍郎。工于诗。

此联作者视野开阔，胸襟博大。状景并不局限于黄鹤楼上所见，而是极目纵横。上联写黄鹤楼上所见之景，下联则写想象之景。这样就使对联所呈现的景色有着纵深感，有着空间的张力，自然也能引发读者的想象。而对联作者的抒怀，是建立在状景的基础之上的，因心绪使然，大自然的景色于作者看来，是“剩水残山”“荒烟晚照”，故而他才有“放怀天地窄”“极目古今愁”的感慨，状景与抒怀达到高度统一，有着苍凉深远的诗歌意境。此联在遣词造句上也恰到好处，除了用崔颢、李白诗本事外，还化用了唐代刘长卿诗《自夏口至鹦鹉洲夕望岳阳寄源中丞》中的“汉口夕阳斜渡鸟，洞庭秋水远连天”诗句，使此联语言形象生动，清新文雅。在众多的长联中，此联亦可谓是佳品。

【本讲小结】

本讲在强调了汉字三要素的基础上，结合具体的对联作品，重点讲了对联的基本规则；简要地介绍了对联的发展历史；较为详细地介绍了对联的基本类型；并结合对联的特征，讲述了相关对联的趣闻轶事；最后较为详尽地分析了黄鹤楼的10副佳联。这样安排讲授内容，其最终目的就是：学生能了解对联，喜爱对联，自己能动手撰写对联，并在这一过程中，能提高自身的母语水平。

【思考与练习】

1. 为什么说汉字是构成对联这一文学样式的重要因素？其他文字可否？为什么？

2. 什么是对偶句式？请简述它的发展历史。

3. 对联基本规则的具体内容有哪些？请结合具体作品来回答。

4. 课外阅读《黄鹤楼古今楹联选注》一书，归纳一下黄鹤楼对联较为明显的特点，写一篇 2000 字的论文。

【扩展阅读】

1. 车万育．声律启蒙·附笠翁对韵［M］．成都：成都古籍书店，1981.

2. 朱承平．对偶辞格［M］．长沙：岳麓书社，2003.

3. 梁羽生．名联谈趣［M］．上海：上海古籍出版社，1993.

4. 徐明庭，李曼农．黄鹤楼古今楹联选注［M］．武汉：武汉出版社，1990.

第六讲　笔墨丹青如有神

——走进黄鹤楼的书法世界

【本讲导读】

本讲主要内容是介绍黄鹤楼上的书法作品。书法是中国传统文化中最能表现文化特质的一种艺术，因此，就有必要先对书法艺术作一个简明扼要的介绍：作为文化的书法有何特点，作为艺术的书法又有何特点，以及如何欣赏书法。然后再具体对黄鹤楼上的书法作品进行欣赏。因为受到篇幅的限制，只能从黄鹤楼众多的书法作品中选出较有代表性的来作分析。

【学习目标】

本讲旨在通过对黄鹤楼书法作品的欣赏，一是了解书法与中国古代建筑之间的关系；二是对书法这一古老而独特的艺术有一个较为清晰的认识；三是通过对黄鹤楼书法作品的分析，能掌握书法欣赏的几个维度，从而提高自身的艺术修养与审美情趣。

【重点概念】

书法与建筑　书法与文化　书法艺术　书法欣赏

本讲主要谈与黄鹤楼有关的书法艺术，因此有必要对书法艺术作一个简要的介绍。

中国书法是与绘画、舞蹈、雕塑、建筑并称的五大造型艺术之一。它是我国传统文化的重要组成部分，是我国以及整个汉文化圈最有特色的一种艺术形式，它兼有艺术与实用的双重功能。中国书法是以中国汉字为主要表现对象，以毛笔为主要表现工具，以笔法、结构法和章法为主要表现形式的一种线条造型艺术。

中国书法堪称中国的国粹。它以形式独特、方法简便、手段抽象、意蕴丰富而为世界瞩目；它以简约为美、气韵为美、中和为美，令欣赏者欲罢不能、玩味不已。中国书法已经冲破了民族、文化、地域的界限，受到世界的普遍注目、钟爱，成为中国传统艺术中对西方艺术影响较大的艺术门类之一，以致西方抽象派艺术深受中国书法艺术之熏陶和影响。正如英国诗人、文艺评论家赫伯特·里德爵士在《现代绘画简史》一书中所说：抽象表现主义作为一个艺术运动，不过是这种书法（指中国书法）的表现主义的扩展和苦心经营而已，它与东方的书法艺术有着密切的关联，道理也就在此。[①]

一、书法——中国文化的特殊表现形态

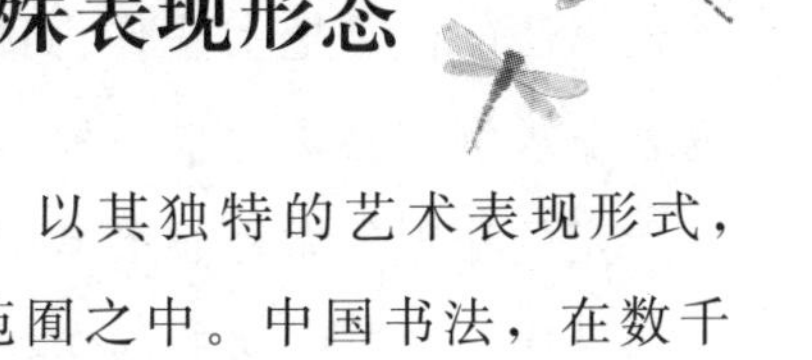

中国书法，作为一种文字书写的艺术，以其独特的艺术表现形式，呈现出特殊的艺术魅力，绽放在世界艺术苑囿之中。中国书法，在数千年的历史长河中，由无数知名与不知名的书法艺术家的精心创造和培育，已成为中华民族优秀历史文化的重要组成部分。因此，了解中国书

① ［英］赫伯特·里德：《现代绘画简史》，上海，上海人民美术出版社，1979年，143页。

法发展轨迹，理解与鉴赏书法艺术，对于提高当代国人的人文素养是大有益处的。

（一）作为文化的书法

中国书法，是中华文化中最具中国艺术品性的，形式上看起来简单的汉字书写，实际上却蕴涵着十分丰富的文化。旅法艺术家熊秉明先生认为，中国书法是中国文化核心的核心。[①] 可谓指出了中国书法与中国文化二者之间存在的密切关系。

首先，中国书法的生存状态与中国文化关系十分密切。

在中国的传统文化中，书法从一产生就起着记载史实、交流思想、表达感情的巨大作用，人们在政治、宗教、社交、教育等方面都离不开它。长期以来，书法一直是人们文化素养的主要标志之一，这就给书法艺术注入了更多的文化内涵。中国书法在历史上实际存在着两种形态：一种是物质形态，一种是文化形态。因此，在中国传统文化体系中，书法除了是“写字”外，还是“写心”“写志”“写情”“写自然”等，所以，书法是作为意识形态的一种存在形式在人们的理念中显现出来的。书法艺术绝不是简简单单地写字，而是在书写人生，是用书法向人生提问，又用书法来回答人生。如汉代的扬雄就说过：“书，心画也；心画形，君子小人见矣。”[②] 明代的书法评论家项穆则将王羲之比作孔子：“宰我称仲尼贤于尧舜，余则谓逸少兼乎钟张，大统斯垂，万世不易。”[③] 这是以儒家的伦理学观点来谈论书法的，是把书法作为助教化、成人伦的有效工具来看待的。因此，这就要求书家必须追求一种尽善尽美的境界，而在追求的过程中，必须遵从一定的法则，做到心正笔正。

其次，中国书法的创作状态与中国文化关系十分密切。

因传统文化使然，书法家们一般都把书法创作活动作为一种道德行为

① 熊秉明：《我与书法》，《文汇报》1999年12月11日。

② 汉·扬雄：《法言·问神》。

③ 明·项穆：《书法雅言·书统》。

来看待。线墨飞舞，以表性情，以表书家人格，完美的书法作品应建立在完美的心灵之上。明末的傅山就强调："作字先作人，人奇字自古。"[①] 人品和书艺虽是两个不同的范畴，但两者有着相互的影响力，清代的朱和羹认为："书学不过一技耳，然立品是第一关头。……故以道德、事功、文章、风节著者，代不乏人，论世者慕其人，益重其书，书人遂并，不朽于千古。"[②] 因此，要想使书法作品流传于世，为后代所赞许，还必须在品行上下功夫才行。

此外，书法家们也没有把书法视为一种简单的艺术，而认为它与天地宇宙相通，是道化玄妙的显现，是宇宙大化的符号。他们把书法看作和自然之物同为一个层次的存在物，书法家所创作的每一幅作品，所书写的每一个字，都与日、月、山、川、云、雨、风、雷一样，有着其客观性、实在性和存在的价值。这显然是把自然美放在艺术美之上，艺术美应力求趋近于自然美的审美评判。所以，书法创作的最高戒律就是师法自然与生命，书法的一切理、法都受自然与生命的启示与暗示。而崇尚、师法自然与生命，不仅仅是道家的理念，也是中国艺术的最基本的规律。这样，我们就可以理解为什么在中国书法发展过程中会有那么多的书体出现，如雕虫篆、薤菜篆、龙爪书、蝌蚪书、灵芝书、蛇书、鸟书、虎书等；为什么在分析笔法结构时，要常以自然之物为喻来进行。而大自然景物丰富多彩的变化形态，不仅仅是引起书法家的摹仿与创新，更能给书法家以情绪上的感染，成为书法家们创作的驱动力和创作灵感的源泉。如北宋书法家雷简夫，起初书法水平一般，虽勤练而起色不大，很是苦恼。一次南游，他泊船平羌江上，夜间风起，闻江涛如雷，他由此想象到波浪汹涌的气势，顿悟笔法，起身书写《江声帖》。从此，他的书法，气势宏大，被人视为家珍。再如北宋书画家文同，学草书十年，落笔如风，但用心不够，终参不透古人笔法。一次在外忽遇路旁二蛇相斗，他视之良久，突然醒悟了笔法之妙诀，从此，草书大进。

---

① 明·傅山：《霜红龛集·作字示儿孙》卷四。

② 清·朱和羹：《临池心解》。

最后，中国书法的鉴赏标准与中国文化关系十分密切。

在儒家思想占主导地位的中国传统社会里，对任何一个事物的评判，都会把道德、人格等因素放在首要的位置上，对书法作品的评判也不例外。就书法与道德、人格而言，两者距离应该十分遥远，但人们在对书法的鉴赏中发现，书法形式与人伦品行存在着某种“形式同构”的现象，即书法的笔墨形式，在某种程度上能展示人的道德境界；“君子”与“小人”之性，能在书法作品里找到其分野的微妙痕迹。这种观点对后世的影响很大，后来发展成为一种书法鉴赏的模式。因此，人们在欣赏书法作品的同时，也就是在欣赏书法家的人品、情操，“故论书如论相，观书如观人”[①]。正因为如此，宋四大家“苏黄米蔡”的“蔡”，就由蔡京而成为蔡襄；而赵孟頫、张瑞图、王铎等人，虽然其书法为一代宗师，对后世影响极大，但因气节问题，后世对其书法评价颇有争议。这种论书重人品的观点，是传统的中国文化具有鲜明的民族特色的一个重要因素，也是促使许多书家追求人格自我完善的一种动力。

在对书法作品进行艺术鉴赏时，也少有具体的、理性的分析，而是用一种比拟的、感悟式的方式来评判。这样一种比拟式的艺术评价不唯独在书法艺术中使用，在中国古典诗文、古典绘画的评论里也是常使用的，这也是中国传统文化艺术的特征之一。

（二）作为艺术的书法

在中国传统文化体系里，书法是一门极其特殊的艺术。说它特殊，是因为书法是写字，但又不尽然是写字。作为艺术的书法，与写字有着本质的区别。因为一般的文字书写，起着记载、交际的作用，它只需工整、清晰，能够辨识就可以了；而书法是一种心灵的艺术，抒情性是其主要特点，在长期的艺术实践中，书法形成了一套完整的艺术语言和艺术表现形式，有着特殊的审美标准，有着独特的美学境界。

---

① 明・项穆：《书法雅言・知识》。

1. 作为艺术的书法与宇宙、自然、生命有着直接的联系

钱穆先生在谈到中西文化差别时指出："西方文化主要是在对物，可谓科学文化。中国文化主要是对人对心，可称之为艺术文化。"[①] "对人对心"即表现为对天地自然生命及生命精神的认识与崇拜。《易传》云，"天地之大德曰生"，扬雄云，"天地之所贵曰生，物之所尊曰人"[②]，此可谓是中国人生命精神的集中概括。天地以生物为本，万物以生命为贵。从崇拜生命到重视感悟生命，再到对生命精神的表现，则是中国传统文化长期演化的结果。也正是中国文化的这一特点，决定了中国人的生命精神必然会延伸到艺术之中，甚至在艺术之中才能最充分地体现出这种生命精神。而作为宇宙生命最生动、最形象的表现形式的艺术，也理所当然地把生命作为艺术表现的最高目标，把体现生命精神视为不二法门。正如傅抱石先生所说："一切艺术的真正要素乃在于生命，且丰富生命。有了生命，时间和空间都不能限制它。"[③] 因此，重视生命，表现生命精神也就成了中国艺术尤其是诗、书、画、乐等的基本特征。

2. 作为艺术的书法是抒写对生命感悟情怀的

作为艺术的中国书法是抒情写意的，但这种"情"与"意"，则是书法家基于对宇宙生命的感悟及对自身生命情感的体验而得出来的。在此过程中，书法家首先有一个面对宇宙自然探求内在生命精神的阶段，即师法自然。这也就是为什么书法创作虽是书斋案头的活动，却还必须深入到大自然之中去的原因。但深入自然，师法自然，并不是单纯地摹拟自然的外在形态，而是探寻其内在的生命精神。即要认真观察体验自然界中的各种生动活泼、充满生命活力的事物，从它们各异的形态里撷取生命运动之美，以丰富书法艺术的表现形式和内在意蕴。书法必须具备大自然风姿多彩、勃勃生机的生命精神；如果没有那种意蕴隽永、气韵生动的活脱自然的生命精神，那么，书写出来的就只能是"字"，而不是有着审美意境的

① 钱穆：《现代中国学术论衡》，239 页，北京，三联书店，2000 年。

② 汉·扬雄：《太玄·玄文》。

③ 傅抱石：《傅抱石美术文集》，328 页，上海，上海古籍出版社，2003。

书法艺术了。正是在这个意义上，苏轼认为："书必有神、气、骨、肉、血，五者阙一，不为成书也。"[①] 这所谓五者，即是书法里的生命韵味。此外，书法家在面对宇宙自然有了感悟之后，就进入了一个如何用书法艺术进行表现的阶段。与诗、画不同的是，书法不能直接表现自然之物的具象，书法家必须对自然物象进行提炼概括，把它抽象为富有动感生命力的线条才行，但宇宙自然中是没有线条的，线条是书法家对外在自然物象概括所形成的一种心理形式。书法家就是用线条这种心理形式间接地传达出自己的感悟或体验。书法家因对宇宙自然的感悟、体验不同，又因个体的情怀秉性有异，加之才华修养的参差，故表现出来的线条是不尽相同的，这也就使书法作品面貌迥异、风格多样。

3. 作为艺术的书法有着自己独特的艺术语言

书法是通过情感化的笔画、线条的创造来构建书法艺术形象，并表达书法家的内在情意的。因此，笔画和线条就是书法艺术的基本语言，此外，还有结构、墨韵、章法等艺术语言。

作为书法艺术的"笔画"，与我们常说的汉字笔画有着质的区别。书法的笔画除应具有汉字笔画的外形特征外，还应具有特殊的笔墨意态。即书法的笔画，不仅仅是墨的有形显现，更应具有生命动感、生命意味的笔墨意趣。而这种笔墨意态，则是书法家有意为之，运用特殊用笔技巧的结果，如起笔、收笔，藏锋、露锋，方笔、圆笔等。不同的用笔技巧，能带来不同的审美体验。

作为书法艺术的"线条"，也不同于几何学上的线条。几何学上的线条，规整、均匀，是抽象的，富有理性的色彩；而书法艺术的线条，则与笔画对举，是不规范的，富有感情的色彩。决定书法线条感情的因素是笔法和墨法，但书法中墨色的变化，要依附于线条而存在，所以，对线条质感起决定作用的主要是笔法。笔法控制着线条的运动节奏和力度，这就使书法的线条或长或短，或刚或柔，或燥或湿，或弛或疾，或连或断，并给人带来不同的审美感受，或舒展、空灵、飘忽，或严肃、端庄、稳重，或

---

① 宋·苏轼：《东坡题跋·论书》，卷四。

艰涩、淹留、迟重等。

作为书法艺术的“结构”，其表现形式也是十分丰富的。如篆、隶、楷诸体，除笔画、线条有特殊的外形要求外，还要求结构上有着对称、平衡、均匀、和谐的点线张力布局，构成端庄、典雅的审美意境。而行书、草书，则是改变字体形状，变化字的各组成部分之间的相对位置、相对大小及疏密关系，调整笔画、线条的轻重、长短及倾斜程度等，使每个字的结构都充满力的对抗和冲突，从而突显出书法内在的运动力度和生命美感。

作为书法艺术的“墨韵”，有着变化丰富的艺术魅力。因纸与墨的运用，使书法艺术对黑白空间里的笔墨韵态十分注重。古人将墨色分为五类：焦、渴、浓、灰、淡。而这五种墨色的变化，很自然地构成了一个墨泽色彩变化多姿的墨色天地。墨韵变化的特征主要有二：一是浓淡，二是燥润，而这又与运笔速度有极大的关系。因此，利用运笔速度的变化，就可以创造出多姿的笔墨意象，形成丰富、细腻的笔墨聚留形式，从而扩展了书法艺术对线条节奏、力度的表达。

作为书法艺术的“章法”，则是一种黑白空间排列的艺术语言。表面上看起来，章法指的是字与字之间的关系，字距、行距关系的调整等，但它决不仅仅是汉字书法形象之间排列、调整的技巧问题，更是书法家的大局观及艺术修养、审美情趣的一种体现。不同的黑白空间排列形式，对书法艺术的表达效果有着巨大的影响。高明的书法家在创作时，不但注意有墨处，更注意无墨的空白处。这空白之处如处理得当，能产生一种神秘缥缈、意味深长的美感，所谓“计白当黑”意义也就在此。因此，完美的章法，能使每一个书法形象都精神气充沛，富有感染力，发挥其应有的作用，整幅作品气脉贯通。而差的章法，书法形象则显得别扭，彼此冲撞，整幅作品软弱无力。

（三）书法欣赏的几个维度

作为艺术的书法，有着独特的艺术美。对书法的欣赏，可从以下几个方面来进行：

一是欣赏书法的线条美。中国书法由于书写工具的特殊，形成的线条效果亦是特殊的。中国的毛笔，大多是用禽兽毛制成的。笔毫有尖、圆、齐、健各种特性，使用起来，能粗能细，能刚能柔。这种富有弹性的笔毫书写出来的点画，就具有各种不同的线条美。形成这些不同笔画线条的各种质感和美感，主要靠书法家使笔的轻重、疾徐、顿挫、转折的运动变化；同时遵循一定的用笔方法，就能写出非常美观好看的线条笔画来。如永字八法，就规定了点、横、撇、捺等用笔的方法规律（见图 6-1）。

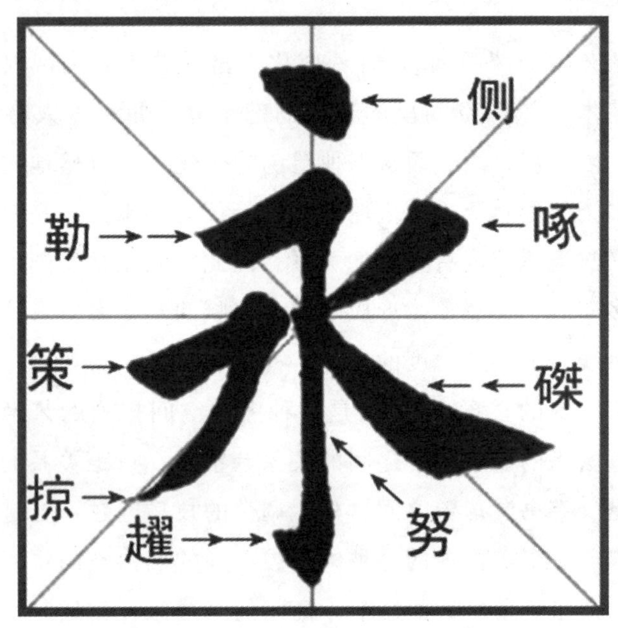

图 6-1 “永”字的笔画

因个人书法功力的深浅、修养的不同、个性的差异，各人写出来的字，其笔画线条又有千差万别，或敦厚圆润，或粗犷有力，或纤细，或遒劲，或刚劲坚实，或温润婉媚，或圆转流畅，或古朴雅拙，或神采飞扬，真是千变万化，多彩多姿。如欧阳询的字，笔笔刚劲斩切，干净利落，他的笔画线条之美，有如铁划银钩的劲健；颜真卿的字，笔画端庄厚重，气势宏大，其笔画线条之美，有如出水莼丝，深厚润泽；宋徽宗赵佶的字，笔画瘦劲遒健，富有弹力，人们称之为“瘦金体”，有如纯金遒润，坚韧妍美；北魏碑体如《始平公》《杨大眼》等碑，经过石工镌刻，斧凿刀痕，其笔画线条的锋棱圭角，毕露无遗，呈现出一种刚利峻峭之美；至于张旭、怀素的草书线条，更是使转纵横，连绵不断，有如惊蛇入草，舞鹤游天，令人流连观览，叹赏不止。

二是欣赏书法的造型美。所谓造型美，就是指中国书法的结体多种多样、变化多姿。汉字的方块结构特点，是中外文字中最奇特，也是最优美的一种（欧体正楷如图 6-2 所示）。西方拼音文字都是由若干字母拼写连缀而成字，虽然也有正字、草字、大写小写的区别和变化，但毕竟有限。而中国汉字的结构造型，单从书体上说，就有大篆、小篆、隶书、魏碑、草书、行书、楷书的区别，而大篆里面又有甲骨、钟鼎、籀文、石鼓之别，草书里面又有章草、小草、大（狂）草之别。这些书体的结构造型都有各自不同的规律。在每种书体之内，又因时代风尚以及书法家审美观点、个人风格的不同，其结构造型也有大同小异。如甲骨文的字形结构，因笔画、形态、长短变化，且大小不一，但多为长方、纤细硬挺，有一种峻洁刚利的瘦劲美。钟鼎文笔画厚实，字形宽博、长短方圆，变化多样，有一种敦厚俊整的庄重美。小篆的笔画均匀，秀润流畅，结构上密下疏，字形瘦长，修短合度，有一种整饰严谨的匀静美。汉隶笔画粗细、长短、方园，富有变化，颇多省改更易，具有蚕头燕尾的特点，结构疏密错综，生动活泼，字形趋向方阔，其结构造型，比之于篆书（见图 6-3），又是一番气象，具有一种新颖的简洁美。隶书如图 6-4 所示。

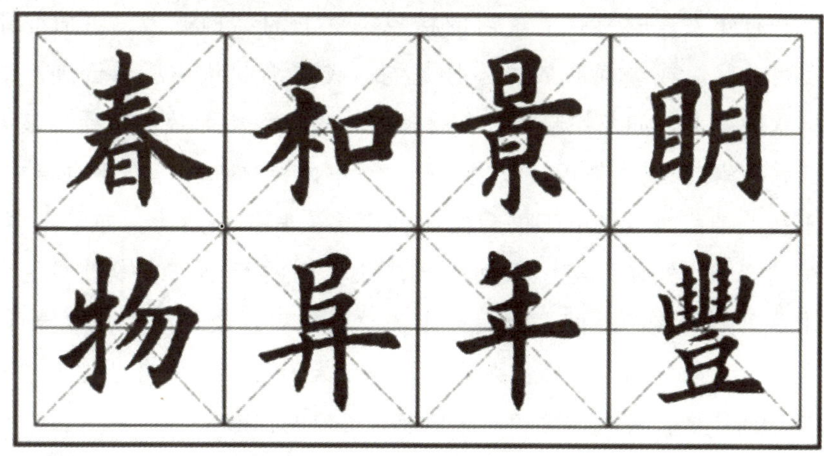

图 6-2　欧体正楷

图 6-3　篆书

图 6-4　隶书

至于楷书的笔画结构就更讲究了。经过历代书法家的研究总结，积累了许多结体造型的方法和规律。唐代如欧阳询、虞世南、褚遂良、薛稷、颜真卿、柳公权等人的楷书各有特色，各人的结体造型，个性突出，风格鲜明，千百年来，成为后世学习的楷模。草书的结构造型，更加变化多端，莫可名状。或纵横奔放，势若龙蛇；或连绵起伏，舒卷云烟。如张旭、怀素的草书，如龙蛇起舞，奔腾驰骤，狼奔豕突，放纵不羁。被人称为“颠张狂素”，庸夫俗手，叹嗟莫及。行书的结体造型，介乎真草之间，不急不缓，带草兼真。由于书写的人特别多，其结构造型，亦丰富多彩。如米芾的行书，妖娇多姿，八面生风。郑板桥的行书，结体造型更为奇特，正草隶篆，夹杂其间，或大或小，或正或斜，或疏或密，诡异百出，穷形变态，无以复加，打破古人陈法，一新人们耳目。他自己称为“六分半书”，人们叫它“乱石铺街”，这是极为形象的比喻！

三是欣赏书法的节奏美。中国书法的节奏美，主要表现在用笔的轻重疾徐，用墨的浓淡枯湿，字形的大小交错，字距行距的疏密变化等方面。由于毛笔的特性，在书写时表现出轻重、刚柔的不同质感，形成一种抑扬顿挫、富有变化的节奏感。墨色的运用，也因笔毫濡墨的多少，显现出湿润、枯燥的变化；运笔的迟涩疾速，表现的笔画线条又有凝重古拙、飘逸潇洒的区别；至于墨色的浓淡变化，又有丰满厚实、轻快飘扬的不同感觉。这些墨色运用变化，形成了一种墨彩的乐章，所有这些用笔用墨的变化，既不是截然分开的，也不是杂乱无章的，而是有机的结合。如果轻重疾徐是一种机械的运用，轻则飘浮，重则笨拙；疾如闪电，滞若冻蝇，这不但毫无节奏感可言，简直形同恶札，令人作呕。用墨之妙，亦必须枯中有湿，浓中有淡，方能发其光华，增其风韵。

至于字形大小的交错间杂，与字距行气的安排布置，则更能体现章法布局的节奏美。一幅好的书法作品，不单要每个字写得好，还要在每行、整篇的布局上讲究，才能微观既好，宏观亦佳。如毛泽东的草书《满江红·和郭沫若同志》横卷，在章法上就非常讲究节奏美，字形大小互相间杂，每隔一两行都有几个字或整行笔画粗壮，字形特大，形成波澜起伏的变化，如上半阕的“蚂蚁缘槐夸大国，蚍蜉撼树谈何易”这两句，就强调了“蚂蚁”“蚍蜉”“撼树”等字；“正西风落叶下长安，飞鸣镝”，特别强调了“飞鸣镝”等字，字形特大，笔墨雄浑。下半阕的“四海翻腾云水怒，五洲震荡风雷激”两句，就强调了“翻腾”“风雷激”等字。最后一句“要扫除一切害人虫，全无敌”，又强调了“全无敌”三字。整幅书法用笔的缓急、字形的大小、笔势的收放、布局的松紧，都有一种动势，波澜起伏，节奏鲜明，令人看了，也觉得有一股激烈动荡之气从胸中勃然而出（见图 6-5）。

四是欣赏书法的表情美。就书法本身来说，它是由笔画线条组成的符号，怎么能与表情联系起来？但是，好的书法作品，就有这种表达感情的“特异功能”。因为中国的方块文字本身，就有一种人化的意象。书法家凭借中国文字的这些意象特点，再加以笔墨艺术上的运用变化，就“可达其情性，形其哀乐”。明末遗民八大山人感于亡国之痛，在书画题款时，特将八大山人四字，行草连缀成绝似“哭之”“笑之”二词，深刻地表达了

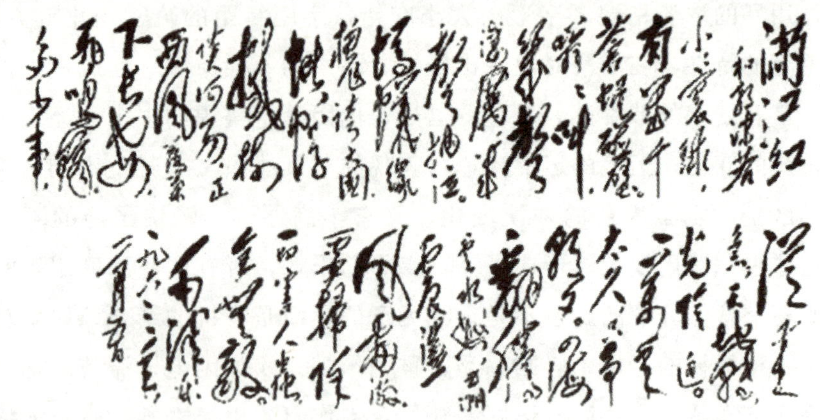

图 6-5　毛泽东草书作品

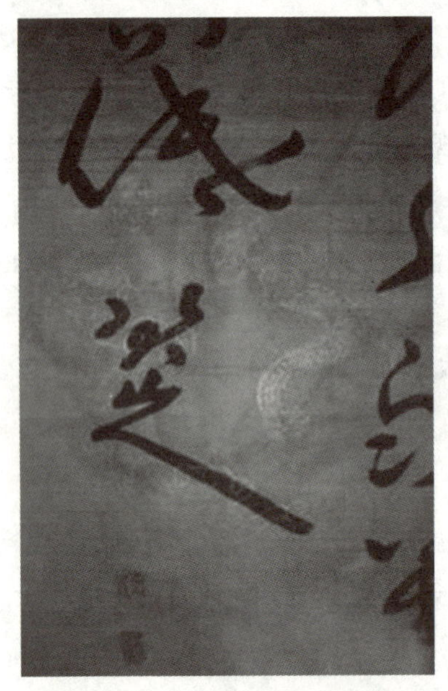

图 6-6　八大山人作品

八大山人在国破家亡后的内心世界和痛苦感情（见图 6-6）。传说为八大山人兄弟的牛石慧，在书画题款时，亦将名字连缀草书成像“生不拜君”四字，亦恰切地表现了他对当时清王朝的鲜明态度。这虽然是个别现象，但也不失为书法表情美的典型范例。

古人评论历代著名书法家的字，有各种各样的形容和比喻。什么钟繇书如盛德君子，容貌若愚；卫夫人书如插花舞女，低昂美容；王右军书如谢家子弟，爽爽有神；欧阳询书如金刚怒目，力士挥拳；赵孟頫书如挟瑟燕姬，矜宠善狎等，就说明书法艺术有多种多样的表情美。人们常说的书如其人，也是一种感情的表露。

千百年来人们对颜真卿的《祭侄文稿》叹为绝笔，誉为“天下第二行书”，就是因为它表现了书法家的至性感情。颜真卿身为朝廷重臣，在抗击逆贼时，惨遭兄死侄亡之痛，国恨家仇，摧心裂胆。临文激昂，满腔悲愤，尽泻笔底。这就是《祭侄文稿》之所以感人的原因。这种书法艺术的表情，又因时因地因人而不同，甚至同一个书法家，也因时因地以及心情的不同而千差万别。王羲之“写《乐毅》则情多怫抑，书《画赞》则意涉瑰奇，《黄庭经》则怡怿虚无，《太师箴》又纵横争折”[①]。但是在写《兰亭序》时，“天朗气清，惠风和畅”，更有崇山峻岭，茂林修竹，曲水流觞，与朋友们饮酒赋诗，得自然之乐，所以“游目骋怀”，怡然自乐。信笔为之，都能“思逸神超”。这也是他的平生妙笔，后来反复重写，都没有达到这个水平，更谈不上超过它，思想感情在这里起到了非常重要的作用。

五是欣赏书法的意境美。文学艺术都有一个意境，而且都是作为艺术作品的最高要求提出来的。古人是很重视艺术作品的总体效果的。这个总体效果也就是意境美。作为艺术的书法，也有着它的意境。一件书法作品要达到一定的意境美，必须具备下列几个要素：一是文字内容要有一定的深度，要能比较深刻地反映事物的本质，具有较强的时代精神。二是文字语言要有较强的形象性和思想性，能够从其生动的语言形象，引起观赏者的美感和联想，以其优美的思想情操去拨动观赏者的心弦，引起由衷的共鸣。三是要有高度熟练的书法技巧，给文字语言符号加以调节安排、美化润色，增强其疏密、大小、节奏、韵律等的艺术效果，以达到文约理赡、调清词雅、心悟手从、思逸神超的美妙境地。

如毛泽东的《采桑子·重阳》这一横幅（见图 6-7），词的思想境界是非常高昂壮阔的。而作者又从笔墨意态上，更加提高了它的思想意境美。作品通幅笔墨轻松愉快，一气呵成。随着词意情绪的激昂变化，书法笔墨亦表现出顿挫抑扬的轻重节奏，富有强烈的韵律感，观其分行布白的疏密处理，用笔的粗细轻重，字形的时大时小，无不体现着词意内容的意境。最后一个“霜”字，占了两行位置，是书法家有意强调的。这是霜天的霜，就是这个“霜”字染红了大地，使大自然更为绚烂，更加壮丽，以致“胜似春光”；就是这个“霜”字，作为秋天的催化剂，催化得“战地”的“黄花分外香”。黄山谷说：“字中有笔，如禅家句中有眼”[②]。这个“霜”

---

① 唐·孙过庭：《书谱》。

② 宋·黄庭坚：《山谷题跋·跋法帖》，卷四。

字的特大形态，正是这篇书法的“眼”，所谓传神之笔，点题之笔，它加强了这幅书法作品的意境美。

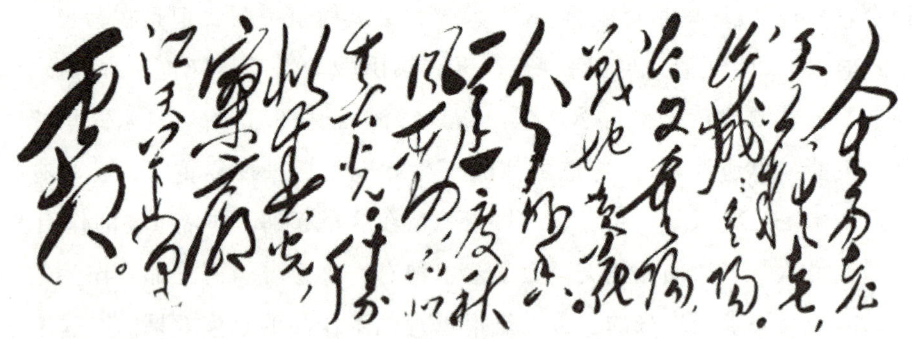

图 6-7　毛泽东书

书法作品的线条美、造型美、节奏美、表情美、意境美，错综交结，构成完整、高度的艺术美。例如用笔的粗细、刚柔、曲直、方圆等线条变化，运用到字形结构中去，就加强了字的长短、肥瘦、大小、拙秀的造型美。而字形的结体变化与字距、行气乃至通篇的疏密宽窄、欹侧、高下等安排，又形成一种波澜起伏、急骤缓易的节奏感。又因笔画线条的变化与节奏、韵律的合拍，流露出书法家的心理状态，形成欣戚悲欢的感情变化。而线条、造型、节奏、表情等诸种美感因素，又因为书法家的学识修养、人品情操的高低雅俗的不同，形成其作品意境的深浅优劣。所以这五美之间，既是互相关联、互相渗透、互相补益、互相生发、互相辉映，又是融合无间、水乳交融、浑然统一的整体，决不可以分割单独而存在。犹如人之耳目口鼻，首脑四肢，构成人之完整形象一样；然人体的首脑五官四肢，又各秉其能，各司其职，构成万物之灵的人类智慧和才能。书法艺术的五美，亦是各呈其态，各尽其妍，然后交织融汇成为书法作品的艺术美。

综上所述，中国书法无论是表现的对象，还是书写的方式，甚或审美的形态以及传承的精神，都与中国传统文化有着极为密切的关系。它是传统文化精神一种特殊的表现形态，是书写者心灵境界较为形象的物化形态，其字里行间充盈着特定的时代气息与文化内涵。

二、书法艺术与建筑艺术的关系[①]

书法与中国建筑关系密切。这主要表现在以下几个方面：

（一）汉字与建筑关系密切

东汉学者许慎在其《说文解字·序》里提出了汉字的“六书”之说，即六种造字的方法，其中第一种就是“象形”字。所谓“象形”字，即模拟具体事物的形状，经过加工、省略等过程成为“字体”。因为房屋是具体的物体，所以在创造文字时，人们很容易将建筑的情况（包括外形和内容）“记录”下来。因此从某种程度上来说，汉字本身就谱写了中国建筑的发展史。

例如我们可以从字形看到古代建筑的形象、结构和布局。我们现在所能见到的最早文字是“甲骨文”和“金文”。在这些原始字体上，有三个典型代表建筑物的字：“室”“宅”“宫”。如果仔细观察，会发现其实它们是一组房屋的平、立、剖面图。“室”字，可以看作是台基之上的一座四坡顶房屋，这是一幅“立面图”（见图 6-8）。“宅”字更把房屋构造情况表达出来了，有基座、屋身、屋顶，说它是一个“剖面图”也不为过（见图 6-9）。“宫”字，其实可以看成是一组建筑的平面图，在一个方形的院子里，四周布置了四座房屋（见图 6-10）。这种构图虽然与现代建筑平面图的表示方法有所不同，但中国古代一直都是以此方法来表示的（即平面图与立面图的结合）。

这一组最古老的文字还传达了许多有关中国古代建筑发展的讯息。其一，甲骨文的使用是在殷商时代，而台基和“四阿”的屋顶便已经出现；其二，从构图来看，当时的房屋可能是木架结构；其三，围绕一个空间布置建筑物已经是一种常用的方式。

---

① “书法艺术与建筑艺术的关系”一节内容，主要参考了老杜的博客：《汉字、书法与建筑的关系》及《中国书法与古代建筑的呼应》二文。

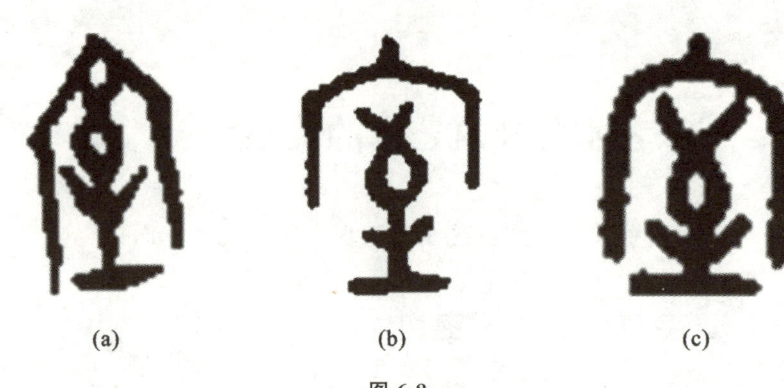

图 6-8

（a）甲骨文“室”；（b）金文“室”；（c）大篆“室”

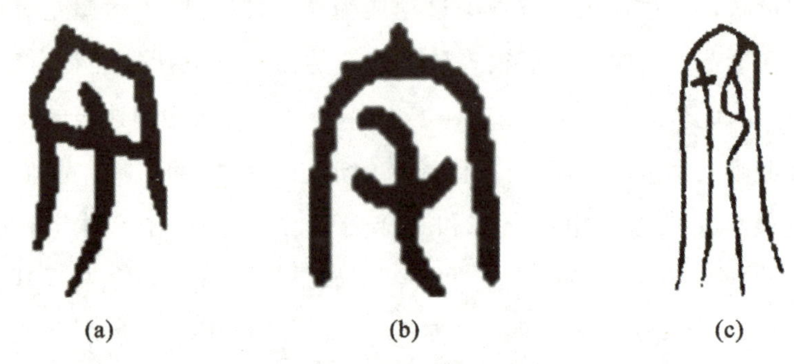

图 6-9

（a）甲骨文“宅”；（b）金文“宅”；（c）大篆“宅”

图 6-10

（a）甲骨文“宫”；（b）金文“宫”；（c）大篆“宫”

总体看来，中国建筑的基本形制在当时已经初步完成，之后都是在这一基础上继续发展起来的。我们似乎可以得出这样一个结论：中国古代建筑设计的基本原则在3500年前至4000年前便已大体确立，它的发展正如梁思成先生所言：4000年来一气呵成。

我们再从汉字的字体结构来看房屋的种类和用途。除了“字形”表现出建筑物的具体形象外，字体的构成也常常表现出房屋的种类和用途，或者说明了建筑物的性质。因为房屋是由“穴居”发展而来，由自然山洞的“穴”到半地下的“穴”，于是一系列有关房屋用途的字就由“穴”作为部首而来。

例如“穹、窖、窗、空”等，这些字都是半地穴式房屋的组成部分。如“窗”，原意是指半地穴即“穹顶”下的封闭空间。“宀”表现的是屋顶，在屋顶下又容纳了很多事物，分别代表房屋的各种功能。这一类的字有“宫、室、宅、寝、宇、家”等。“家”字是屋顶之下有一只猪，应该表示“猪屋”，或者表示每户人家都养了一头猪；“宗”字里面的“示”表示“祀”（即“土地神”），屋顶之下放了一个“土地神”，当然就是土地庙了；“宫”字表示屋子里面有很多房间，就是规模较大的建筑物。

两坡顶的一般都是主体房屋，在主体房屋之外，前后或左右通常都带有一些单坡顶的房屋，这种房屋的形式就以“广”字来表现，例如“序”（东西墙为之序，今庑廊之属曰东西序，是为堂侧之厢）字。“广”不仅指单坡屋面，还指“一边开敞的房屋”，一般用作买卖、杀猪、停车马、缴纳税粮等，如“店，庖，库、庑、廊”等。

我们还可从用汉字的部首看建筑材料的使用。建筑物的构件名称一般多以其材料及“形声”来组成。例如“梁”“柱”“栋”“楹”等都从“木”，“墙”“壁”“垣”“堂”都从“土”，“础”“碑”“碣”都从“石”，还有“钩”（古有钩楹、钩栏，即包在楹外的铜件）、“镉”（门上的铜钉）、“铺”（铺首，门上的铜环）等从“金”，在字形上一看便明白这些构件是用什么材料制成的。有时同一字可从不同部首，如从“木”“土”或“石”，则表示该构件可用不同的材料制成。总体来说，以“木”字旁组成的汉字最多，这也表明了中国古代建筑以木材料构建为主。

（二）书法艺术与中国古代建筑艺术

书法是汉字的重要表现形式，也是中国独有的一种艺术，它与建筑的美好视觉形象有着亲密的联系。这种“美好视觉”不仅仅停留在一般的工艺美术字上，甚至是一种气韵生动、形神兼备、节奏化了的生命之“美”。从某种角度而言，书法的介入不仅从内容上深化了建筑的意境，而且从形式上起到了美化建筑意象的效果，对建筑文化品位的提升起到了一定的作用。

1. 构成书法与古代建筑的材料

中国古人历来讲究“五行”之说，金、木、水、火、土，构成人们心目中最原始的世界本原的印象。五行是中国人世界观中万物组成之基本元素。

建筑与书法，在这个基本元素的起点上密不可分。中国的建筑，有别于西方建筑的第一大特征，就是建筑材料的选择上。西方的古代建筑，无论是古埃及的金字塔、古罗马的斗兽场、古希腊帕特农神庙，还是圣索菲亚大教堂，都是以砖石为材料建造的。西方人要以这种强悍粗犷的材质彰显人类改造自然的伟力，并冀望人类文明的永存。而中国的古人却有着根本迥异的思路：从来不相信天地间万物之永恒，“人法地，地法天，天法道，道法自然”[①]，主流思想是顺其自然，人不可胜天，因而，在建筑材料的选择上采用了温柔质朴的木头。这种材质自有其独到的优点，首先是它的轻便及由此带来的防震性（因为承受屋顶重量的不是墙壁而是立柱），其次是其采伐的便宜性，可以就地取材（古代林木繁茂不比今日），最后是它的可再生性，用现代话讲就是生态的可循环性，即使经年腐坏或焚毁也很方便原地推倒重来（中国人重视故土难离）。可见中国建筑的基本元素是五行中的“木”和“土”，正所谓建筑学谓“土木工程”，旧称帝王将相的建筑施工为“大兴土木”。

---

① 老子：《道德经》第二十五章。

至于书法，文房四宝，笔墨纸砚无一不与“土”及“木”相关。笔的杆子是竹子或木头斫成的，甚至有的笔全部由“木”构成，如竹笔，蒿笔；毛笔之“毛”，采用禽兽之毛。墨更不必说，《述古书法纂》载：“刑夷始制墨，字从黑土，煤烟所成，土之类也。”还有一说是某日，刑夷在河边洗手看见水中漂来一松炭把手染黑，于是带回家以粥饭和之，凝结成状，此为制墨之始。不管怎么说，墨仍然属“土木”；纸，大家都知道是我国的“四大发明”之一，是以树皮、竹纤维、藤革等为原料制造的；至于砚，无论端砚、歙砚、洮砚、澄泥砚四大名砚，还是远古时期的石砚、陶砚，都离不开“土”。

至于书法创作，因毛笔刚柔并济、柔中带刚的品性，书法家在运用毛笔时，可将其特性发挥得淋漓尽致。而另一个重要的元素便是书法创作中极其重要的材料——水。

由于有了水，毛笔下的线条灵动活泼起来，表现力有了无穷的变化。毛笔的特性，水墨的交融，中国的艺术家们在一册册竹简、一张张白纸之间应运而生。水，是中国书法的“精气神”的物质源泉。

而同样地，在中国古代建筑中，水几乎具有同等重要的地位。在典型的苏州园林景观中，曲水、清溪、莲池，随处可见，是园林建筑中必不可少的构图元素，这里没有了水就跟书画中的“枯笔”一样，虽然也可以造成审美的效果，毕竟将大打折扣。而在规模最为宏大的北京故宫建筑群中，本就无水的偌大场地，硬是被设计者生生挖出了一道护城河，挖出的土堆成了一座景山。因为中国人讲求好的“风水”，依山傍水是最理想的居住环境（即使人死后的墓地最好也要面水背山以利于后辈人丁兴盛），水在一组建筑群体中，仅就其艺术价值而言，是不可替代的。建筑师用如椽巨笔蘸水一挥，原本沉郁的楼阁院落厅堂广场刹那洋溢着飞扬的灵性。

当年书圣王羲之等士人“群贤毕至，少长咸集”，“会于会稽山阴之兰亭”，幸好有“清流激湍，映带左右”，才更能够有兴致“俯仰一世”，“放浪形骸之外”，激情挥毫写下千古绝唱的第一行书《兰亭序》。有兰亭，有曲水，有笔墨文章，五行具备，此乐何极？

2. 书法与建筑，最紧密结合处当在结构上，除了结构，还是结构

人无骨不立，书无骨不存，建筑首须建立起间架。这些说的都是结构。间架结构，在书法中谓之“结体”。赵宧光《寒山帚谈》云：“能结构不能用笔，犹得成体；若但知用笔，不知结构，全不成形矣。”“古人不畏无笔势，而畏无结构”，又云，“用笔有不学而能者矣，亦有困学而不能者矣；至若结构，不学必不能，学必能之。能解此乎，未有不知书者”。

俗话说，“上梁不正下梁歪”。说的正是建筑的结构问题。建筑要考虑到实用性，因而尤以结构端正严谨为要务。书法虽然有行草者，可以汪洋恣肆、疏影横斜，然而倘若把这看成是任意为之胡乱涂抹那就大错特错了。实际上，正如早有人反复说过的那样，怀素、张旭等大家的所谓“狂草”却是最为章法谨严，结字规矩，笔法不乱。果真大肆涂鸦，那必然毫无审美性可言，因为人们面对的正是一堆东倒西歪甚至支离破碎的木头与砖石堆砌一处的废墟和垃圾。

历代向有著文探究书法结构美感奥秘者。清代《间架结构摘要九十二法》，几乎成为后代书法教学的圭臬。其中不乏至理箴言，比如“一字无二脚”“画长直短撇捺宜缩，画短直长撇捺宜伸”“横戈不厌曲”等。我们看历代名家法书，风格各异，仪态万方。然而其结字之理相通，都遵循着普适的结构规则，未有越雷池一步者。这跟一直以来建筑基本准则的道理是一致的。在书法的结体与建筑的造型结构两者关系间，绝不是羚羊挂角无迹可求，只是需要细心去对比和观照。比如“勒”字，《间架结构摘要九十二法》中这样进行归纳：“让左者，左昂右低。”就是说，像“勒”字这种左部突出右部让步的字形，书写时要做到左部高昂伸展，右部低矮收缩。建筑中的格局也是这样。北京碧云寺有一座金刚宝座塔，在主塔旁边还有一座小塔。可谓“塔上加塔”，然而这塔不是随意加的，这样一种左高右矮（从一个侧面看）的式样设计，正呼应了书法结字中“让左者，左昂右低”的法诀。有一个更微妙的例子，宁夏青铜峡有一座规模很大的喇嘛塔群，共由 108 座小塔构成，从山顶往下按 1、3、5、7……一直排到最

底层的19座，形成三角形状。小塔的真实大小是越往上越大，这样就避免了透视上的误差，看上去似乎108座塔是大小一样的。与这种建筑对应的是那些笔画比较多结构比较烦琐的字体。比如“齊”（齐）字，笔画繁多。《九十二法》里怎么说的呢？就是“密者匀之”。怎样匀？黄氏范字依的是欧体，上面的一点连一横写得横贯长迈，比其他笔画要大许多，其他笔画也尽量安排匀称，造成一种视觉上的平衡感。不使上面太狭小，不使中间太逼仄，也不使底部太空阔。这与百八塔的利用透视原理何其相似！

3. 书法、建筑都需借景与布白

人们常说：“建筑是凝固的音乐。”这个音乐怎么体现出来呢？一个音符无法构成乐曲，同理，一座建筑也很难体现出音乐性来，对于中国建筑而言更是如此。

中国古建筑一个非常突出的特点就是它不以个体的独美为功用表征，相反，中国建筑的最大特点在于靠群体生势。不论苏州园林或者北京故宫，不论佛教塔林或者北方四合院，都是以一组建筑群的有机组合产生强烈的视觉美感和功用效果。书法亦如是。一个字的书法作品不是没有，比如传统节日春节时家家户户张贴的大“福”字，不能不说那也是书法。可是，即使是这个福字，也要有周遭的春联、横批、楣联等共同造势，形成一种浓厚的喜庆氛围。也就是说，书法在这一点上也与古代的建筑相一致，不单独地张扬单体结字之美，而是寻求一种汉字群体的组合之境。书法术语称之为“章法”，或曰“布局”“布白”。

一篇书法作品中，布局是相当重要的一个构成部分。没有好的章法的作品甚至不可以称之为书法。古人历来对此颇为重视，唐书论家张怀瓘曾有云：“夫书，第一用笔，第二识势，第三裹束。三者兼备，然后为书。”[①]这个识势，含义有二：一曰单字的结构关系，二就是指这个章法布局。一篇字体隽永章法优美的书法作品和好的建筑群一样，带给人的是心旷神怡的精神享受。

---

① 唐·张怀瓘：《玉堂禁经》。

在一幅书法作品中，章法所要强调的是整体性。即各个单字间，线条的粗细，墨色的浓淡，水分的枯湿，笔意的勾连，结字的大小，空间的疏密，所有这一切构成一种或对比或一致或激扬或幽雅的通篇和谐的视觉感受。需要特别指出的一点是，不光是单字，而且书法中的空白也参与艺术的表现。尤其是画面中的空白与字里行间流动的“气”，或刚健或阴柔或雄浑或恬静，这一切离不开适当留出的空白的作用。

建筑中讲究“天人合一”，讲究建筑与周围环境的协调，讲究景点的安排和布置。什么地方该建造凉亭，什么地方该开渠引水，什么地方矗立园景的中心建筑，什么地方开辟旷野，都要独具匠心，更要巧夺天工。这个“天工”为何？与彼同理，书法布白之“气”也。一幅书法和一幅中国画一样，不要整幅填满，不要堵死，要懂得“知白计黑”，一群建筑要保持活气流动的空间，切不可满眼皆建筑，否则生活在那里面会郁闷窒息。当代建筑学有一个很重要的概念叫作“景观”（landscape），谋求的就是建筑周围的大场景设计与构造问题，其实就是建筑的“章法”。中国古代的建筑家们早就研究和总结过建筑方面的“章法”学问。明代万历年间的文人、造园家计成写过一本《园冶》，开卷写道：造园“虽由人作，宛自天开”。说的虽只是园林艺术，却足以说明所有建筑景观设计的机理。典型的宫城布局，北京的故宫，占地面积72万平方米，在这样浩大的场地之上布置近千栋房屋宫殿，其艺术技艺所需水平之高，没有很深的造诣是绝难成型的。在长达六百多米的中轴线上，一字排列天安门、午门、太和门、三大殿、两大宫，直至神武门，加上两侧的边门，蜿蜒横贯的金水河，无数的大小房屋庙宇，这样恢宏的气势，没有精心的布局，单单把每个殿堂屋宇建造好，又有何用？艺术价值大打折扣不说，整个建筑的实用性也不值一提。这就跟书法作品的布局一个道理。

不光是布局问题，还有“大背景”需要考虑和分析。所谓“大背景”，就是指艺术范围这个大空间，即建筑的场所，书法使用的纸张。

计成在《园冶》一书中说：“构园无格，借景有因”，“夫借景，林园之最要者也”。他所说的借景，就是要在建筑中善于假借当地的环境和地貌，所谓因地制宜。又说：“园林巧于因借，精在体宜”。该建亭子的地方就造亭子，该盖高楼的地方就盖高楼。他还分析了江河、湖泊、城市、乡野、山林等不同环境下建筑的不同特点和设计原则。如对于山林地最为理想，“园地惟山林最胜”；对于村庄地段，则“桃堤种柳，门楼知稼”，亦自得田野之乐；建造曲廊，要“随形而弯，依势而曲”；堆砌假山，要“宜上大下小，似有飞舞势”。可见，不同的环境对建造有不同的要求，不同的建筑物也需要不一样的环境表现。

创作书法，也跟营造园林、建筑群是一个道理。首先要选纸、笔。唐代韩方明《授笔要说》中说：夫欲书先当想，看所书一纸之中是何词句，言语多少，及纸色目相称，以何等书，令与书体相合，或真或行或草，与纸相当。所谓“意在笔先”，这个意，包括了下笔前的整体布局构思，包括了运笔的结字使转，包括了器具的相应选择。写行书用什么纸和笔，写小楷用什么样的纸笔，皆不可一概而论。

总的来说，建筑也好，书法也好，刚才说的所谓的“大背景”相对“布局”而言，还不是最主要的。艺术魅力显现与否的关键还是在于这个能够使“气”运行的布白上面。正因为空白可以无限“塑造”，才使它成为艺术作品成败与否的一大关键。而“空白”所以会产生这样奇妙的作用，也许正应验了心理学家荣格所谈及的“格式塔”心理学的实践意义吧！由于有空间，人们才可以自由地想象。

老子曰：“有之以为利，无之以为用”①。“无”，才是最高深的境界。

（三）书法在建筑中的作用

中国书法是普及最广的艺术。房屋装饰、书籍装帧、街头店面都离不开它的点缀。公园名胜、旅游景点更是借书法而彰显人文之气。节假日，当你徜徉于楼台亭阁、山石林木之间，常常可见精致的匾额、挂幅和石刻，那是书法家得山水之灵性而开放出的翰墨之花，它使山水增色，使游人兴致更浓。当人置身于书法点缀的奇幻境界之中，那龙威虎振、云蒸霞蔚的气势使人感到惊叹；那清风出袖、明月为怀、白云舒意、清泉洗心的

---

① 老子：《道德经》第十一章。

情趣，让人感到自在；那乔松倚壑、飞鸟依人、歌声绕梁、舞姿翩翩的形态，使人感到心醉。

就建筑中书法的运用而言，书法所书写的内容一般来说都是美文、诗词等。而中国文学体裁中的匾额、楹联等，更是与古代建筑浑然一体。它们似乎就是为了标明建筑的用途、意境，解读建筑的内涵、风貌，以及周边景色等而产生和存在的。如匾额即是悬于门屏上的牌匾。通常解释：用以表达经义、感情之类的属于匾，而表达建筑物名称和性质之类的则属于额。因此合起来可以这样理解匾额的含义：悬挂于门屏上作装饰之用，反映建筑物名称和性质，表达人们义理、情感之类的文学艺术形式即为匾额。但也有一种说法认为，横着的叫匾，竖着的叫额。匾额是古代建筑的必然组成部分，相当于古代建筑的眼睛。而楹联则是与匾额配合使用的，它的文字比匾额要多，也能更为详细地描写、表述某一建筑物、景区、景点、景物的内涵和环境。因此，建筑产生文学，书法书写文学；文学描写建筑，文学又对建筑有所启示；相互依存，相互补充，共同创造出充满审美情趣的审美客体。

中国的书法艺术在古代极其发达，取得了相当高的艺术成就。早期的书法比较具象，它重视文字的象形性。后来随着象形字的减少，书法更多的是通过结构的疏密、点画的轻重、行笔的缓急，来表现人们对形象的情感，抒发意境，逐渐由写实走向写意。建筑中大量的碑碣、诗条石、摩崖、匾联等语言同时也是研究书法艺术的宝贵资料。好的书法作品不仅是自身造型美与概念美（文字内涵）的高度统一，而且书体气质与所在建筑环境性格也是高度协调的。比如颜体楷书可增环境之壮美，柳体行书可洋溢环境之妩媚，汉碑之体势可使环境有古朴的内涵，怀素的草书丰韵使环境充满动态之美。可见书法作为一门独立的艺术，在提高建筑文化品位、深化建筑意境等方面同样可以发挥重要的作用。

中国独有的书法艺术就好比一件独一无二的“法宝”，使中国古代建筑具有其他民族的建筑体系无法相比的深广度和丰富性。即使在今天，加强对书法艺术在建筑中的发展及运用，也是中国建筑语言探索中的一个卓有成效的努力方向。

综上所述，既然书法与建筑关系如此密切，那么可以说中国书法是成就天下名楼之“名”的基石。但天下名楼有很多，唯以湖南岳阳楼、湖北黄鹤楼、江西滕王阁最有名，并称“江南三大名楼”。这“三楼”之所以成为名楼，或因名人而名，或因仙人而名，或因名文而名，或因书法而名，或因地理而名，而成名的理由各有侧重。岳阳楼主要因文学名人、文学名句而得名；黄鹤楼主要因仙人、诗人、山名而得名；滕王阁则主要因文学名人、名句而得名。但三大名楼都有一个共同特点，那就是借力于名人、名文、名句、名书法的点缀。当人们进入三大名楼之时，游览于楼台亭阁之间，仿佛置身于书法艺术的人文世界。书法对楼台亭阁中的关键部位进行重点点缀，或彰显楼名，或告知地理，或描述气势，或揭示历史，或赞美声誉，等等。正是凭借书法艺术的装饰，使楼台亭阁充满灵气，使名楼景观形神兼备，使游览客人身心陶冶，从而获得极大的精神愉悦。

尤其是黄鹤楼的书法艺术极为丰富，既有众多的楹联匾额书法，又有书法古碑廊和现代名人书法诗碑廊，还有古代书法大家王羲之的“一笔鹅”书法传说、诗仙李白的“壮观”字碑和米芾“天下江山第一楼”的书法题词，以及岳飞手书词作《满江红·登黄鹤楼有感》和毛泽东草书体词作《菩萨蛮·黄鹤楼》。这些书法景观为险绝俊美的黄鹤楼注入了精神之魂，也极大地提升了“天下江山第一楼”人文之气，使其成为大武汉的名片。

下面将从“黄鹤楼的书法牌匾”“黄鹤楼的书法诗碑廊”“王羲之的‘一笔鹅’传说”“米芾的‘天下江山第一楼’题词”等几个方面，带领大家领略黄鹤楼的书法艺术世界。

三、黄鹤楼书法匾额艺术简介

黄鹤楼书法匾额众多，仅主楼而言，其五楼西、东、南、北四个方向，分别悬挂有四个匾额，它们是“黄鹤楼”（北京舒同先生书）、“楚天极目”（武汉喻育之先生书）、“南维高拱”（武汉李尔重先生书）、“北斗平临”（武汉陶述曾先生书）；与之相对应，黄鹤楼一楼西、东、南、北四个方向也分别悬挂有四个匾额，它们是“气吞云梦”（北京赵朴初先生书）、“帘卷乾坤”（北京方彦先生书）、“势连衡岳”（武汉黄亮先生书）、“云横九派”（武汉邓少峰先生书）。此外，黄鹤楼一楼正面悬挂着刘海粟先生撰写的大幅楹联匾额：“由是路，入是门，奇树穿云，诗外蓬瀛来眼底；登斯楼，揽斯景，怒峡劈江，画中天地壮人间。”

黄鹤楼上，这些高悬的书法牌匾，尤其是四个方向的八个横匾（每块匾额长 6 米，宽 2.8 米，字径 1 米见方，木质结构，烫金字），更像一张张浩荡大气的名片，用一个个逸兴飞舞的大字最先表现出黄鹤楼的凌云威武。名楼之匾，气度非凡，寥寥几字，就吞吐出黄鹤楼高昂飞纵的磅礴气势，彰显出黄鹤楼特有的人文景观。

下面就黄鹤楼主楼的几个书法牌匾作一介绍。

（1）从正门进入黄鹤楼景区，就可看见楼西第五层的书法牌匾“黄鹤楼”三个金色大字（见图 6-11）。

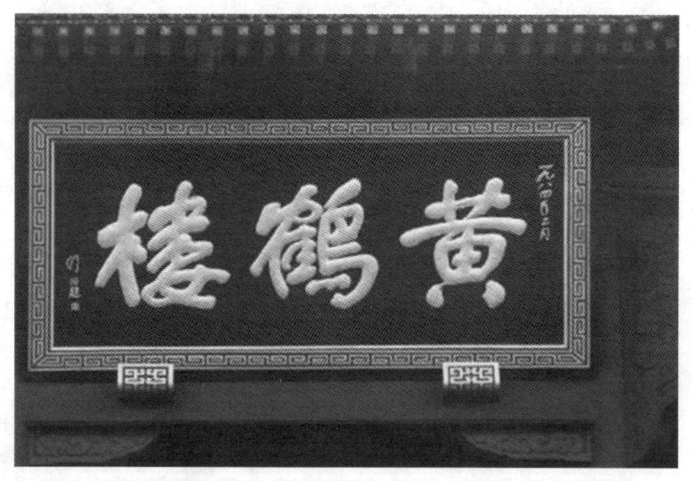

图 6-11　书法牌匾“黄鹤楼”

这是黄鹤楼的主牌匾，它是由中国书法家协会第一届主席舒同先生所书写。舒同先生是江西东乡人，原中共山东省委第一书记、陕西省委书记、中央顾问委员会委员，曾被毛泽东称为“党内一支笔，红军书法家”，是我国当代自成一体的书法大师，自创“舒体”。

舒同先生临遍古代法帖，尤得颜真卿、柳公权、何绍基等大家之风韵。他师古而不泥古，积极开拓创新，形成自己的“舒体”风格（又称“七分半”书）。他以“二王”入手，以颜、柳楷书为本，心摹手追各家之长，终成“七分半”体，亦即结体上以楷、行、草、篆、隶五体各取一分，风格上颜、柳各取一分，何绍基体取半分，谓之“七分半”。

“黄鹤楼”三个大字，在结体和章法上大气磅礴，稳健端庄；用笔凝重，笔画藏头护尾，圆劲婉通。其书法风格与黄鹤楼建筑气势交相辉映，凸显了“天下江山第一楼”巍峨壮观、挺拔独秀、辉煌瑰丽的“绝景”。

（2）黄鹤楼楼西一楼的匾额是“气吞云梦”四个金色大字（见图 6-12），是由唐代诗人孟浩然诗句“气蒸云梦泽，波撼岳阳城”演变而来，极言黄鹤楼气魄之盛。其书法匾额是由我国卓越的佛教领袖、杰出的书法家、社会活动家赵朴初先生所书。

图 6-12　匾额“气吞云梦”

赵朴初是安徽太湖人，其诗词和书法闻名遐迩，蜚声中外。其书法尤以楷书和行草见长。其风格可比颜、柳之风貌，雄强之风骨。

“气吞云梦”四字，其结体与章法方正、严谨、稳健、舒展；其用笔厚重、劲健、圆通，彰显出雍容宽博的气度，透视出一种佛家气象。整个匾额的书法风格与黄鹤楼挺拔雄伟的气势相得益彰。

（3）黄鹤楼楼东五楼匾额“楚天极目”四字（见图 6-13），取自毛泽东词作“万里长江横渡，极目楚天舒”一句，寓意是登上黄鹤楼祖国大好河山尽收眼底。“楚天极目”匾额是由武汉辛亥革命老人喻育之先生所书。

图 6-13 匾额“楚天极目”

喻育之是湖北黄陂人（1889—1993），早年参加辛亥革命，武昌首义时，他参加了抢占楚望台、攻打总督府的战斗。新中国成立后，喻育之以极高的热情参加了新中国建设。历任中南军政委员会委员，武汉市政协委员、常委，武汉市人民政府参事室参事等职，晚年定居武汉。他擅长书法，所书“楚天极目”四字，结体稳健，用笔朴茂，其书风展示了黄鹤楼厚重的历史。

（4）黄鹤楼辅楼匾额“黄鹤楼”与“黄鹤楼公园”两块匾额（见图 6-14、图 6-15）是由中国书法家协会第二届主席、北京师范大学启功教授题写。

启功教授是中外著名的书画大家、古书画鉴定家、古典文学家。他以自己数十年书法实践，创作了大量有影响的书法作品，也撰写了不少颇有创见的理论著作，如《论书绝句百首》，其理论之深邃，令人惊叹不已。文化部（现称文化和旅游部）于 2000 年和 2002 年分别授予启功先生“兰亭终身成就奖”和“造型表演艺术创作研究成就奖”。

图 6-14 匾额“黄鹤楼”

图 6-15 匾额“黄鹤楼公园”

启功先生题写的“黄鹤楼”和“黄鹤楼公园”匾额，是用“启功体”楷书写成。启功先生认为书法之美首先是结构之美，其次才是笔法之美。而这两个匾额很好地体现了他的主张。这两副楷书匾额用笔清瘦劲健，爽朗有神；结构稳健端庄，洒脱飘逸，其书风与黄鹤楼建筑风格相契合。

四、黄鹤楼的书法诗碑廊

黄鹤楼东南 210 米，环绕景区鹅池四周，建有黄鹤楼书法诗碑廊。碑刻内容为当代国内书画名家李可染、沈鹏、黄苗子、范曾、欧阳中石、李铎、刘艺、刘炳森等人书写的历代名人吟咏黄鹤楼的诗词名句（亦有部分为当代诗作）。碑墙上共嵌有石碑 124 方，这些碑刻是从黄鹤楼重建开放以来书法家馈赠的墨迹中挑选出来，并根据真迹描摹刻写而成。整个诗碑廊书风各异，“五体”兼备，刻工精致，既彰显出黄鹤楼悠久的历史文化，又烘托出黄鹤楼得龟蛇之灵气而形成特有的人文气象。让人既长知识，又受到艺术熏陶（见图 6-16、图 6-17）。

图 6-16　诗碑廊（一）

图 6-17　诗碑廊（二）

下面就黄鹤楼诗碑廊中的碑刻作品选取几幅做一赏析。

(1) 图 6-18，这是毛泽东同志于 1927 年在武汉登黄鹤楼时所写的草书体自作词《菩萨蛮·黄鹤楼》:“茫茫九派流中国，沉沉一线穿南北。烟雨莽苍苍，龟蛇锁大江。黄鹤知何去？剩有游人处。把酒酹滔滔，心潮逐浪高!”该词通过登楼远望近观的景色描写，抒发了大革命失败前夕那种苍凉而又激愤的心情。

图 6-18 毛泽东草书《菩萨蛮·黄鹤楼》

毛泽东是中华人民共和国的主要缔造者，是著名的政治家、思想家、军事家、文学家、书法家和诗人。被公认为 20 世纪“十大书家”之一，有“行草书圣”之称，其书法自成一格，被称为“毛体”。

“毛体”风格源于唐代大草书家张旭和怀素，却青出于蓝而胜于蓝，达到很高的艺术水平。毛泽东书法《菩萨蛮·黄鹤楼》，以行草为主，其章法纵横驰骋，笔墨潇洒淋漓，布局严谨，用笔恣肆，浑然天成，遒劲刚健，纵逸奔放，大气磅礴，刚劲挺拔，苍劲有力具有个人独特风格的书法艺术。其书法风格、词作意蕴和黄鹤楼气势交相辉映，体现了词人、词作和黄鹤楼的豪强之气。

（2）图 6-19，这是沈鹏创作的唐代崔颢的诗作《黄鹤楼》（昔人已乘黄鹤去）的碑刻原作。沈鹏江苏江阴人，中国书法家协会第三届主席。其书法深受王羲之行书《圣教序》、米芾与怀素草书之影响，自成一体。他旁通楷、隶、行、草各体，尤以草书见长。

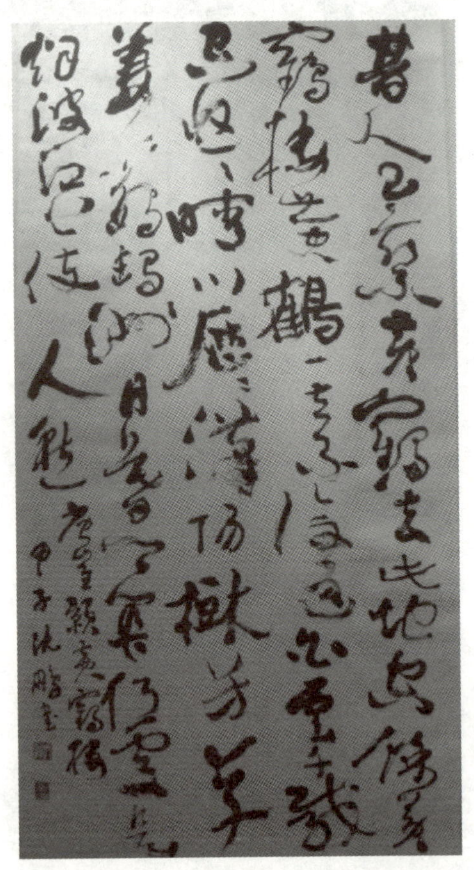

图 6-19　沈鹏碑刻作品《黄鹤楼》

书法作品《黄鹤楼》，以草书写成。其章法布局，虚实相间，疏密和谐，轻重平衡，错落有致，节奏感强，气势奔放；其用笔，笔画纵横奔放，苍劲矫健，浓淡润燥焦枯飞白和谐得体。其书法风格与诗文意蕴和黄鹤楼气质和谐一致，自然天成。

（3）图 6-20，这是李铎先生 1985 年为黄鹤楼重建而创作的自作诗行书。李铎，湖南醴陵人，现为中国书法家协会副主席。他不但擅长书法，还喜欢吟诗作画。其书法初学颜、柳，追宗“二王”及郭沫若书体，遍临苏、黄、米、蔡书体，兼收并蓄，博采众长，终成自己之风格。李铎先生以行书见长，其书体以沉雄朴茂、苍劲挺拔而著称，既有柳字之严谨，又有王字的飘逸，还有苏（轼）字之豪放、黄（庭坚）字之挺拔。

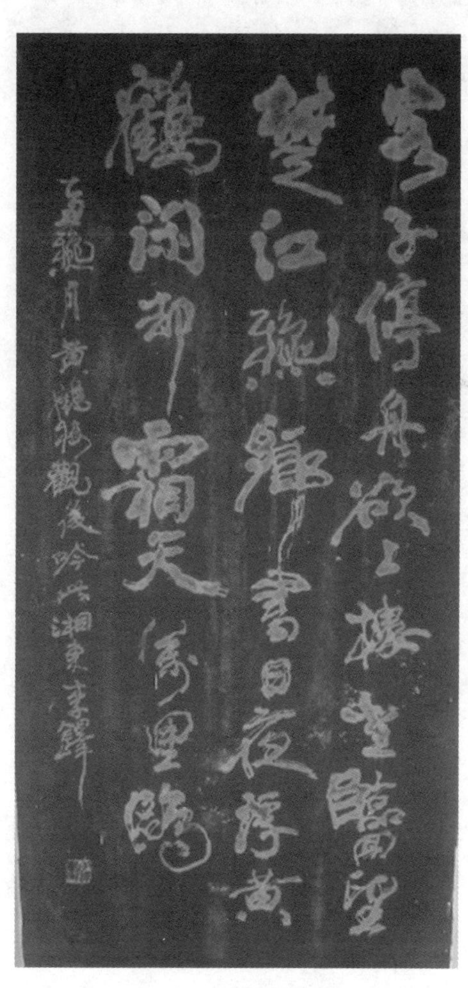

图 6-20 李铎作品

其行书作品“客子停舟欲上楼，登临回望楚江秋。乡书日夜浮黄鹤，闲却霜天万里鸥。”不仅诗美，而且书法更美。论用笔，点画撇捺，虎虎生气；论结构，以险取势，倾斜跌宕，八面生姿；论章法，字里行间错落有致，轻重、枯润、正斜之笔画多端。整幅作品给人以沉着凝重，遒劲飞动之气势。其书法之意境与黄鹤楼之形势相得益彰。

五、王羲之的“一笔鹅”传说

如果我们从正门进入黄鹤楼景区，往东行走 250 米左右，就可以看见“鹅”碑亭。在一方大型的刻石上，有一个用一笔草书写成的“鹅”字（见图 6-21）。

图 6-21 “一笔鹅”

这方一笔草成的“鹅”字刻石，是清代流传下来的，发现于武昌蛇山黄鹄矶，也就是黄鹤楼原址。传说我国晋代有“书圣”之称的书法大家王羲之曾经在黄鹤楼下生活过，并养过鹅群。有一天，他与一书生聊天论鹅，说鹅是“禽中豪杰，白如雪，洁如玉，一尘不染”。他越说越兴奋，便情不自禁地写了一个“鹅”字，书生爱之，遂临摹藏之。1986年，黄鹤楼风景区将依拓本重新制作的“鹅”字碑立于形如弯月的鹅池东端，并在碑的北侧建一座石拱桥，并以碑作亭壁，建六角亭，亭以碑名。这一草书“鹅”字，从用笔和结构来看，苍劲古朴，气韵贯通，潇洒天成，很有晋人那种潇洒飘逸的风韵。我们知道，笔墨当随时代，书风因时而变，这是时代发展的规律。中国古代每个时期的书法风格各有差异，晋人尚韵，唐人尚法，宋人尚意，明人尚态等，就是这一规律的反映。

晋人尚韵书法风格的形成，与晋代社会动荡、国家分裂的形势密切相关。在这种社会背景下，一部分士人以从政为途，一部分人钟情于声色犬马，一部分人在哲学思辨中寻求精神解脱。这是一个苦闷、矛盾、思索、却又充满激情和浓郁生命色彩的时代，是一个玄学、清谈、议论、思辨之风盛行的时代，是一个人在觉醒、崇尚个性自由和个性解放的时代。与此社会思潮相适应，文学、书法等艺术的发展，也呈现出要求摆脱儒家伦理束缚而转向抒发个人情怀，从追求形式美到转向追求神、意、风骨和气韵的志趣美的特点。

晋人尚韵的书风，正是晋代审美观念的集中体现。这种书风，圆转流畅，飘逸飞扬，一改秦汉书法雄强、肃穆的气息，开一代风气之先。晋人特别喜爱和擅长最有利于表达自己风韵和心灵的行草书体，王羲之堪称这一时代的代表。我们经常用“龙跳天门，虎卧凤阁”来形容王羲之的书法风格，已是非常贴切。我国现代著名美学家宗白华先生在《论〈世说新语〉和晋人的美》一文中说：“行草艺术纯系一片神机，无法而有法，全在下笔时点画自如，……一点一拂皆有情趣，从头到尾，一气呵成，如天马行空，游行自在。……这种超妙的艺术，只有晋人萧散超脱的心灵，才能心手相应，登峰造极。”这段话不但道出了行草艺术的真精神，而且将晋人这自由潇洒的艺术人格形容尽致。

关于草书“一笔鹅”作品，到底是不是王羲之所作？今人孙启康先生在《黄鹤楼下“鹅”字刻石作者考》一文中进行了研究，根据碑上的书法款文得知，碑文是一个来自辽海的人——门镇国所书。又据清同治戊辰年（1868 年）编写的《松滋县志》记载：“知县门镇国，汉军人，康熙间，莅松九载。初不识汉字，既乃留心法拓（碑帖），临摹不间寒暑，久之成家。……喜作径丈‘鹅’字，所过名胜辄书之，黄鹤楼刻石其一也。”从这段文字的记述中，我们知道了黄鹤楼草书“一笔鹅”字，实为清人门镇国所书，书于清康熙五十四年（1715 年），次年秋天摹刻上石，流传至今，门镇国“鹅”字碑刻后不久，他就由松滋调任他地了。故传说中的黄鹤楼草书“一笔鹅”字为王羲之所作，实为误传。虽为误传，但也为黄鹤楼文化增添了一份传奇色彩。

六、米芾的“天下江山第一楼”题词

在黄鹤楼辅楼的壁墙上，有两个人的题字，楼阁上面的“黄鹤楼”三字是由原中国书法家协会主席、我国当代著名的书法大家、北京师范大学启功教授所题写。下面壁墙上的“天下江山第一楼”则是出自我国宋代大书法家米芾的手迹（见图 6-22）。

米芾与苏轼、黄庭坚、蔡襄堪称宋代四大书法家，官至书画博士。其祖籍为湖北襄阳人，父亲是左武卫将军，母亲阎氏是宋宣仁皇后的旧知，侍奉过皇后。米芾曾被宋徽宗召为书画两学博士，后又被免去京官，做了淮阳军（今江苏邳州市）的长官，次年，卒于淮阳任所。

米芾书法造诣很高，既天资聪敏，又刻苦勤奋。临摹过多位晋唐大家的真迹，又接受过苏轼的指点，其书法达到以假乱真的地步。苏轼曾评价米芾有“超妙入神之字”，其书作“风樯阵马，沉着痛快，当与钟王并行，非但不愧而已。”黄庭坚对米书的评价：“如快剑斫阵，强弩射千里，所当穿彻，书家笔势，亦穷于此。”苏、黄二人，都认为米书极有个性，如临敌之战士，激奋怒张。米芾对自己书法也有评价。当宋徽宗以书画博士召

图 6-22　米芾“天下江山第一楼”

其入对时，问他：本朝以书名世者有几人。米芾答曰：“蔡京不得笔，蔡卞得笔而乏逸韵，蔡襄勒字，沈辽排字，黄庭坚描字，苏轼画字。”皇帝问他：“卿书如何？”米芾答曰：“臣书刷字！”

米芾传世书法有《苕溪诗》《蜀素帖》《离骚经》等。米芾虽以书法名世，其辞章亦“豪放不群”，这是他的书法不至于苍白无力、缺乏情趣的原因。此外，米芾还是一个享有盛誉的画家和古器物鉴赏家。

米芾性格素有“癫”“狂”之称，这种性格也融入他的书法之中。他笔法古雅自然，结体奇诡逸纵，气势沉着痛快。他时而清醒，时而癫狂，把他对世事的不满和超然物外的追求，进行了奇妙的结合。他是书作就是他情感世界的“符号化”，仕途的失意虽然阻断了他“治国平天下”的梦想，但书法却成就了他的人生，其书法以精神文化的魅力，培养着后代文人的心灵。

其实，黄鹤楼上这“天下江山第一楼”墨宝主要来源于米芾所作的行书《多景楼诗册》中的一个诗句。这首诗的完整内容是：

华胥兜率梦曾游，天下江山第一楼。
冉冉明廷万灵入，迢迢溟海六鳌愁。
指分块圠方舆露，顶矗昭回列纬浮。
衲子来时多泛钵，汉星归未觉经牛。
云移怒翼抟千里，气霁刚风御九秋。
康乐平生追壮观，未知席上极沧洲。
多景楼。禅师有建楼之意。故书。

诗作书法局部图片如图 6-23、图 6-24 所示。

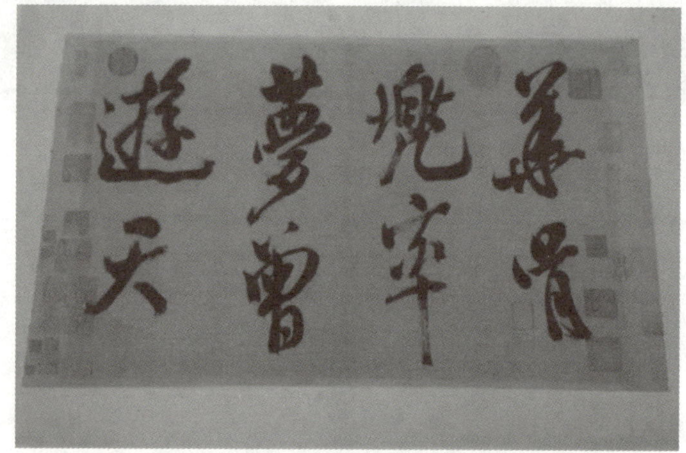

图 6-23　米芾诗作局部图

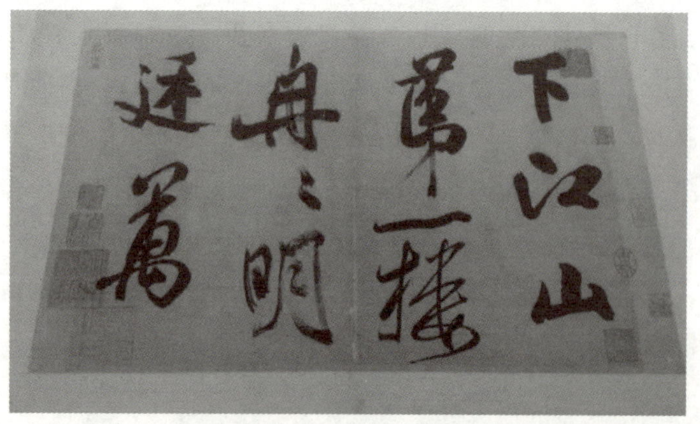

图 6-24　米芾诗作局部图

黄鹤楼是一座文化名楼，它以悠久的历史，丰富的文化底蕴，赢得了“天下江山第一楼”的美誉，名扬海内外。米芾的题词放在黄鹤楼这里，并不为过，当之无愧。

但黄鹤楼上这个“天下江山第一楼”的题词，曾经引起过纷争。纷争缘起于“天下江山第一楼”诗句，是宋代四大书法家之一的米芾，为江苏镇江的多景楼所写的诗作《多景楼诗帖》中的一个诗句，这里的诗句“天下江山第一楼”应该指代多景楼，而不是黄鹤楼。所以镇江多景楼管理处认为，黄鹤楼公园用米芾的这一题词，存在侵权行为，曾准备用法律途径解决“天下江山第一楼”题词的归属问题。但后来经过双方协商，妥善处理了这一问题。湖北黄鹤楼承认“天下江山第一楼”是米芾为多景楼写的。但江苏律师认为，我国法律对知识产权的保护是有期限的，米芾作为一个古人，他的知识产权期限早已超过，无法确认谁是他知识产权的维护人和继承人，故黄鹤楼此举并不构成对多景楼的侵权。米芾的“天下江山第一楼”只是他对多景楼的赞誉，并不构成多景楼的专有。况且，黄鹤楼的名气远远大于镇江的多景楼，米芾的诗句“天下江山第一楼”放在黄鹤楼这里，是实至名归。但黄鹤楼在对外宣传中，应该把这一事实说清楚，不要误导旅游者。

【本讲小结】

本讲实际上讲了三部分内容：一是简要地介绍了书法与中国古代建筑的关系；二是重点讲述了书法的文化特征、艺术特征以及如何欣赏书法，这部分是本讲的核心，是欣赏书法的理论基础与方法；三是对黄鹤楼的书法作品有选择地进行了分析，也是对第二部分的一个印证。其目的是教给大家一个方法，以便能“举一反三”。

【思考与练习】

1. 促使汉字的书写成为书法艺术的主要因素有哪些？
2. 书法欣赏可从哪几个方面来进行？请举例印证。

3. 请实地游览黄鹤楼诗碑长廊，选取一幅你最欣赏的书法作品进行鉴赏，鉴赏评论要求500字以上。

【扩展阅读】

1. 周俊杰，崔尔平，洪丕谟，等. 书法知识千题［M］. 郑州：河南美术出版社，1991.

2. 余楚民. 黄鹤楼藏名家书法选［M］. 武汉：武汉出版社，2015.

3. 杨蒲林，岳燕青. 黄鹤楼藏古今名家书法选［M］. 武汉：武汉出版社，2000.

第七讲 旧曲新唱总风流
——黄鹤楼文化的传承与推广

【本讲导读】

本讲是在前六讲内容的基础上进行的小结。主要围绕着一个问题来展开：千百年来人们为何对黄鹤楼始终怀有极大的热情？本讲内容可分为三部分：一是黄鹤楼建筑的历史变迁；二是人们文化心理上的“黄鹤楼”；三是黄鹤楼文化的传承与推广。之所以这样确定本讲内容，其出发点仍然是要把黄鹤楼文化作为这门课的最终目的，即从文化的角度来分析、考察、认识黄鹤楼。

【学习目标】

对历史风云中的黄鹤楼兴废修建史有一个较为清晰的印象，并能从历史文化心理的角度对黄鹤楼的兴衰现象进行解读，能准确把握：黄鹤楼是黄鹤楼文化的物质载体，黄鹤楼文化是黄鹤楼的灵魂所在，二者不可分割，这也是黄鹤楼屡建屡毁，屡毁屡建的原因所在。要从文化的角度来理解一座楼与一座城市的关系；要能意识到，黄鹤楼文化是独特的，是宝贵的，是值得我们珍惜的，是需要我们去认真传承和推广的。

【重点概念】

黄鹤楼的兴废修建　文化心理上的黄鹤楼　黄鹤楼文化的传承推广

综合前面六讲的内容，我们可以看到，一座黄鹤楼承载的内容已经远远超出了建楼的初衷，而是承载着丰富的文化内涵。故而黄鹤楼还胜在历史变迁的文化心理上。这一讲我们不妨从追问这个问题入手："黄鹤楼"到底是哪一座楼呢？

首先，让我们走进烟波浩渺的历史烟云中，来看看这座建筑在历史中的变迁。

一、"黄鹤高楼迹已芜"

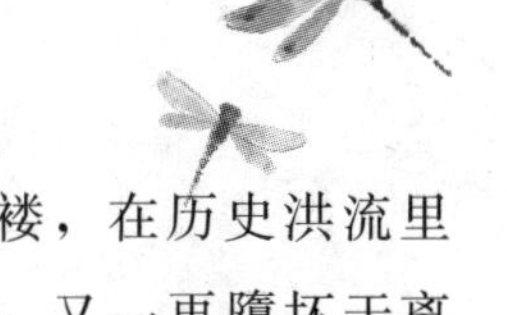

这一座矗立在长江汉水汇注、龟山蛇山夹峙的黄鹤楼，在历史洪流里本是兴毁无常、时存或亡。它往往兴修于政通人和之时，又一再隳坏于离乱动荡之世，其间兴修毁废竟有如时代治乱的注记。我们可以梳理一下在跌宕起伏的历史中，黄鹤楼历经了多少次的兴废修建。

① 三国吴黄武二年（223），孙吴城江夏，因矶为楼。

② 南朝时期（420—589）已建，因山得名。

③ 宋仁宗间（1022—1063）修葺或重建？

④ 约南宋高宗绍兴末至孝宗乾道间（约 1162—1173），毁。

⑤ 南宋淳熙五年（1178）重建。

⑥ 元末，至正二十三年（1363）尚存，后毁于战乱。

⑦ 明初（约 1368—1378）已重建。

⑧ 明英宗（1435—1464）、宪宗年间（1464—1487），武昌知府秦夔（英宗天顺四年（1460）进士）修葺。

⑨ 明嘉靖四十二年（1563）、四十五年（1566），大雷火入楼中毁于火。

⑩ 明隆庆五年（1571）都御史刘悫重建。

⑪ 明万历二十五年丁酉一日（1597），无故自火，延烧万家，盖未全毁。

⑫ 明崇祯十六年（1643），张献忠毁之。

⑬ 明末（张献忠毁后）以敕书楼易建。

⑭ 清顺治十三年（1656），御史上官铉重建。

⑮ 清康熙三年（1664），毁于火，总督张长庚、巡抚刘殿麟重建。

⑯ 清康熙二十年（1681），楼遭雷震（未全毁）。

⑰ 清康熙四十三（1704），总督喻成龙、巡抚刘殿衡修缮。

⑱ 清康熙六十一年（1722），总督满丕、巡抚张连登、布政使张圣弼督修。

⑲ 清乾隆元年（1736），湖广总督史文靖“更其制”。

⑳ 清嘉庆十五年（1810），总督马慧裕重修。

㉑ 清咸丰六年（1856），毁于太平军，总督官文倡捐未修。

㉒ 清同治七年—八年（1868—1869），署总督郭柏荫、护巡抚何璟、总督李瀚章重建。

㉓ 清光绪十年八月初四（1884 年 9 月 22 日），火灾楼毁。

㉔ 清光绪年间（1901），端方署湖北巡按后在黄鹤楼旧址建二层洋楼，并于楼顶修建一座钟塔，装有大自鸣钟，后称之为“警钟楼”。

㉕ 清光绪末年（1907 年），湖北军、学界因张之洞调往京城，为之纪念，集资于“警钟楼”旁添建“奥略楼”。

㉖ 1955 年，因建长江大桥而拆除“警钟楼”。

㉗ 1981—1985 年，黄鹤楼重建落成，主楼高 51 米，共五层。

由此观之，我们看到了黄鹤楼的沧桑。我们不禁感到遗憾，遗憾于黄鹤楼并没有保留原始古老的面貌，在历史的浮浮沉沉中始终屹立不倒，见证着岁月的变迁。从这个角度来说，黄鹤楼作为文物的魅力似乎减少了很多。但是我们换个角度来看，这何尝不是黄鹤楼的迷人之处呢？正是由于在历史变迁中的不断损毁与重建，正是无法保留原始的容貌，黄鹤楼反而开启了观赏者的想象空间，让观赏者立足于当代而去回望历史，想象黄鹤楼在历史中的模样。就像断臂的维纳斯一样，断臂的缺憾成就了它无法逾越的美。

另外，黄鹤楼不断损毁与修建的历史也让我们好奇，到底是什么力量能够让黄鹤楼数次逃脱了淹没于历史的命运，一次次的损毁恰恰成就了它一次次的涅槃呢？人们何以如此呢？俯瞰在中华大地，数千年来不知有多少个楼塌了之后，默默无名，如寒潭雁影，稍纵即逝，消失于人间，而黄鹤楼却摆脱了这种宿命。这就需要从文化心理上来解读了。

二、半空金碧心中楼

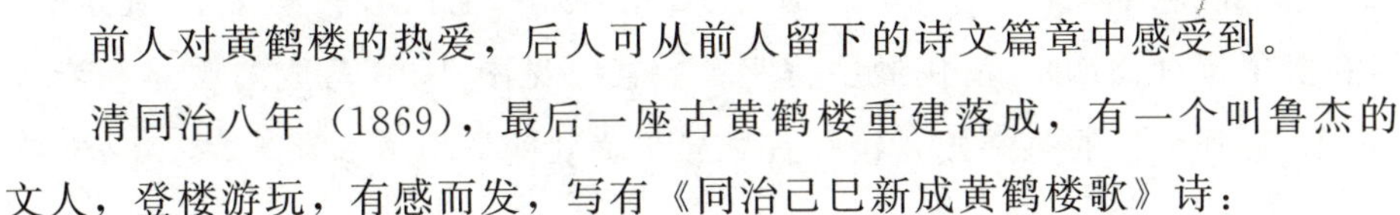

前人对黄鹤楼的热爱，后人可从前人留下的诗文篇章中感受到。

清同治八年（1869），最后一座古黄鹤楼重建落成，有一个叫鲁杰的文人，登楼游玩，有感而发，写有《同治己巳新成黄鹤楼歌》诗：

一

昔向江边问，今向江边游。
玉笛仙吹黄鹤楼，梅花落也否？

二

辛家酒，果依郭？漫向楼头酌！
且借玉笛吹，还听梅花落。

三

说什崔颢诗题！说什李白笔搁！
迁客诗，何为作？即此可观其大略！

这一组诗，词语清新流畅，句短多变活泼，情感的抒发自然生动，极富民歌风味。

再来看另一组诗，作者刘金兰，清代官吏，湖北黄陂县（现武汉市黄陂区）人，约生活于清仁宗嘉庆至清德宗光绪十年（1884）前后。刘金兰有《黄鹤楼吟稿》，吟诵黄鹤楼诗篇甚多，均为清代最后一次重建黄鹤楼前后所作，有着较高的史料价值。刘金兰特写有一段文字：

> 鹤楼由来久矣。辛亥、壬子至其地，犹是巍然。迨后遭于兵燹，则颓然废址。庚午焕然一新。更有小亭曲榭，络绎生姿，较昔更觉壮丽。屡登凭眺，临风把笔，每不禁兴高采烈。今特检二十余年来旧稿，寄兴废之遐思，庶可当一笛梅花之曲乎?!

上面文字中的辛亥、壬子年，分别是清咸丰元年（1851）、二年（1852），清嘉庆十五年（1810）所建的黄鹤楼犹在，诗人曾多次登楼游玩。后于清咸丰六年（1856），毁于太平军。刘金兰心中是颇为遗憾的。但在庚午年（1870），清代最后一座黄鹤楼（见图 7-1）落成的次年，诗人再来，看到新建的黄鹤楼，较往昔之楼更为壮丽，由衷高兴。

图 7-1　俄国鲍耶尔斯基摄 1874 年武昌城及黄鹤楼远景

今从刘金兰《黄鹤楼吟稿》里选录五首如下：

跨鹤仙人意共倾，落梅一曲有余情。
依稀以为歌苹野，玉笛声中寓鹿鸣。

——壬戌年

精神抖擞更登楼，灏气英光接斗牛。
久爱楚江山色好，归时满载一船秋。

——庚午年

翩翩黄鹤下江城，天上仙翁亦世情。
我欲歌诗夸凤哕，借君玉笛颂升平。

——癸酉年

苍茫气欲贯虹霓，历览名楼自品题。
顾我如登奎壁府，回头唯见白云低。

——乙亥年

好风送我赴家乡，诗系仙人欲举裳。
摘取星辰携满袖，随舟烟月是归装。

——丙子年

上面所选五首诗作，从时间上看：壬戌年是清同治元年（1862），庚午年是清同治九年（1870），癸酉年是清同治十二年（1873），乙亥年是清光绪元年（1875），丙子年是清光绪二年（1876）。除壬戌年所作一首诗是写于嘉庆年间所建的黄鹤楼被毁、而同治年间黄鹤楼未建外，其余四首均是同治年间新楼建成后所写。

刘金兰对黄鹤楼有着一种超乎常人的热情，有着深厚的黄鹤楼情结，他似乎是用诗篇来书写黄鹤楼的历史。这种文化现象确实要引起后人的思考。

清光绪十年八月初四（1884 年 9 月 22 日）傍晚七点半钟，武昌城汉阳门外街东门坡地方一家张姓骨货作坊失火。烈火借助劲疾的北风，竟成燎原之势，将沿江一带的木板厂化为灰烬（见图 7-2）。尤为糟糕的是，熊熊大火一路延烧至黄鹤楼，使这座江南名楼遭受到重创，仅剩下一个铜铸楼顶。一直等到百年之后，钢筋混凝土所铸建的黄鹤楼才再度于 1985 年矗立于武昌。

在整整一个世纪里，世上已无黄鹤楼供人登览观咏，但是却仍然有无数文人志士登临此地凭吊黄鹤楼。下面略举几例：

如晚清今文经学健将王闿运（1833—1916）曾在清咸丰三、四年间（1853—1854）写有《黄鹤楼》一诗：

黄鹤楼边月，流光每到衣。
暮鹍仍不定，孤雁幸知归。
宗寞心难退，风尘事渐非。

但半个世纪之后，当他 1903 年离开武昌时，却只能回首怅望“黄鹤楼空余古矶”，已无黄鹤楼可以登临了。

图 7-2　《点石斋画报》刊载的《古迹云亡图》，再现了 1884 年黄鹤楼大火的场景

清光绪十五年（1889）正月，御史屠仁守以康有为代草诸折得罪于慈禧太后，被革职永不叙用。32 岁的康有为（1858—1927）亦以上书不达，政治活动第一次受到挫折，招致了顽固守旧人物的嘲谤，在北京的广东同乡当中甚至有倡议把他驱逐出京的。所以，此时的康有为心情极为压抑。

本年八月，康有为出京城，游杭州、苏州，溯江经九江、武昌，至十二月还粤。他于十一月份游武昌、汉阳，登临黄鹤楼旧址，写有《登黄鹤楼》的诗作：

浪流滚滚大江东，鹤去楼烧矶已空。
巫峡云雨卷朝暮，汉阳烟树带青红。
万家楼阁随波远，百战江山扼势雄。
极目苍天帆影乱，中原万里对西风。

此诗首联“浪流滚滚大江东，鹤去楼烧矶已空”，先借用苏轼《念奴娇·赤壁怀古》词起拍“大江东去”之意，再写清代最后一座黄鹤楼1884年“楼烧”的事实，诗题虽名为“登”楼，实则无楼可登，但康有为仍然要“登”上黄鹤楼。诗中写景苍凉而格调沉雄，尾联尤能看出作者对时局的忧心忡忡，只是含而不露罢了。

如《老残游记》的作者刘鹗（1857—1909），是晚清罕见的通才人物。涉猎了众多领域，著述颇丰，为我们留下了丰富的文化遗产。除《老残游记》外，刘鹗还著有天算著作《勾股天元草》《孤三角术》，治河著作《历代黄河变迁图考》《治河七说》《山东治河续说》，医学著作《人命安和集》（未完成），金石著作《铁云藏龟》《铁云藏陶》《铁云泥封》，诗歌集《铁云诗存》等。清光绪二十二年（1896），刘鹗应湖广总督张之洞之邀到湖北商办芦汉铁路，他写有《鄂中四咏》，其中有一首《登黄鹤楼》：

清晨携酒出花堤，试一登临万象低。
神女昔留苍玉佩，土人犹唱白铜鞮。
江流直扑严城下，山势争趋汉水西。
此去荆州应不远？倩谁借取一枝栖。

很显然，刘鹗此时已是无楼可登的，他只能是凭吊楼的旧址。诗作写得清新俊逸，才调高旷，如颈联两句，仅用“直扑”“争趋”这两个平常语，就将黄鹤楼四周的山川形势全盘烘托出来，形象生动。而尾联用李白诗典，表达自己渴望有一个施展才华的平台，让整首诗颇具余韵。

如吴趼人（1866—1910），原名宝震，又名沃尧，清代谴责小说家，字小允，又字茧人，后改趼人。广东南海（佛山）人，号沃尧，出生于北京，因居佛山镇，在佛山度过青少年时代，自称“我佛山人”。以此为笔名，写了大量的小说、寓言和杂文，名声大噪，成为近代“谴责小说”的巨子，其代表作为《二十年目睹之怪现状》。

吴趼人有一首《眺黄鹤楼故址》诗：

仙人黄鹤好楼台，几辈登临眼界开。
一水便违凭吊愿，半生曾许卧游来。
苍茫烟雨迷陈迹，多少山河共劫灰。
名胜不留天地老，只今回首有余哀。

诗之首联直指一座名楼为世代人们所钦慕而登临；颔联则紧扣诗之眺望之题，而又回顾半生只能“卧游”，更以不能亲临凭吊为生平憾事；颈联状写眺望之景而借题发挥，隐含河山破碎之痛，意在言外，寄慨颇深；尾联则直抒胸臆，为黄鹤楼胜景没有留存下来而动容，天地亦为之苍老，怜惜之情不为不深。

如晚清诗人、外交家、政治家、教育家黄遵宪（1848—1905），有“诗界革新导师”之称，被誉为“近代中国走向世界第一人”。清光绪二十三年（1897），黄遵宪到湖南赴任，路经武昌，写有《上黄鹤楼》一诗：

矶头黄鹄日东流，又此栏杆又此秋。
鼾睡他人同卧榻，婆娑老子自登楼。
能言鹦鹉悲名士，折翼天鹅概督州。
洒尽新亭楚囚泪，烟波风景总生愁。

这是一首重游之作。作者自注：“乙未五月客鄂，方与客登楼，忽闻台湾溃弃之报，遂兴尽而返。”乙未年即公元1895年，自注所说之事，即清政府与日本签订的《马关条约》，割让台湾、澎湖列岛和辽东半岛。而此时作者至武昌办理教案，听到这一丧权辱国的消息，愤而罢游。事隔两年，作者赴湖南任长宝盐法道，兼署按察使，协助巡抚陈宝箴推行新政，再次路经武昌，重游黄鹤楼故址，有感而发。

此次“登楼”，诗人感慨万端，因此次赴任，为推新政，责任重大；而维新困难重重，前途未卜；加之国家内忧外患，逢多事之秋。故而诗人于诗中是引古喻今，壮怀激烈。而此诗写后的第二年，维新变法果然失败，诗人的担心成为事实。诗中“又此栏杆又此秋”一句在诗里格外沉郁顿挫，至今读之而犹如耳闻诗人当年的深深叹息之声。全诗用典贴切，忧怆悲壮，抒发了忧国伤时之情，表明了不屈不挠地坚持维新变法的决心，有着以诗宣传反帝救国的鲜明时代特色，是清末改良派倡导的“诗界革命”的代表作之一。

黄遵宪写下《上黄鹤楼》诗后又两年的己亥年（1899），他写有一组《己亥杂诗》，其中有一首写黄鹤楼：

黄鹤高楼又捶碎，我来无壁可题诗。
擎天铁柱终虚语，空累尚书两鬓丝。

黄遵宪在诗中自注云：“黄鹤楼已毁，南皮制府（指湖广总督张之洞）常语宾僚，将来炼铁有效，当改造铁壁，庶免火灾。然铁政一局，费饷五六百万，已易官为商矣。”诗中流露出“我来无壁可题诗”的遗憾。

坐镇武昌的“南皮制府”张之洞，雄心勃勃。彼时他已建造了汉阳铁厂，遂计划以汉阳铁厂出产的钢铁重建黄鹤楼，使其拥有水火不侵的钢筋铁骨。但以铁壁建楼的计划并非那么轻易就能实现，因此黄遵宪以略带揶揄的口气在诗中说：“擎天铁柱终虚语，空累尚书两鬓丝。”不过张之洞的努力也并非徒劳，一座新楼最终还是在黄鹤楼的废墟上拔地而起。据清末徐珂《清稗类钞》记载，建成的新楼“改为西式，左右置炮台，命名曰警钟楼”。

虽然这座三层洋楼完全不复黄鹤楼之旧观，但对鼓吹“中学为体，西学为用”的张之洞来说，显然颇为满意，这从他撰写的一副楹联中可以得到印证：

昔贤整顿乾坤，缔造皆从江汉起；
今日交通文轨，登临不觉亚欧遥。

后来人们也就将这座“警钟楼”视为“黄鹤楼”，如毛泽东登临的就是“警钟楼”，20 世纪 50 年代因修建长江大桥而拆掉的也就是这座“警钟楼”，如图 7-3 所示。

图 7-3　1904 年，时任湖北巡抚的端方，在黄鹤楼原址主持修建了一座“警钟楼”

学者汪荣祖曾撰《解读黄鹤楼：1955 年因兴建长江大桥曾遭拆除》[①]一文，具体分析了人们对黄鹤楼的文化心理：

> 黄鹤楼虽然几度消失，但黄鹤楼空灵洒脱的精神面貌，一直在人们的记忆里，也使已经消失的黄鹤楼能够一再重建。
>
> 黄鹤楼因景成名，因诗而传，留下遐想与空灵的美感，并形成一种固定的文化意象，此一抽象的意象才是后心目中真实的黄鹤楼。黄鹤楼的真实形状，多高多大，反而无足轻重。事实上，最原始的黄鹤楼其形状如何，已难考定。南宋杨济说：“楼凡三层，外圆内方”，永乐宫壁画里的黄鹤楼则为两层。宋、元、明图轴里的黄鹤楼形制也不一致。这些画作未必是实地写生之作，可能是根据若干材料的悬想拟作。不同时代重建之新楼，也不是坐落旧址，更非原物。然则，后人对黄鹤楼的实在形状，虽不可

① 见《南方都市报》2010 年 4 月 2 日。

能有一个确切的印象，但抽象的黄鹤楼形象反而是相当一致而明确，黄鹤楼的名声重于形状，因而黄鹤楼作为一个历史与文化概念，才是永久长存的。

因诗而传的黄鹤楼，使后来者不敢题诗，然而往往触景生情，虽在意境上超不过崔诗，但是还是要写上一两首，不是写身临其境的黄鹤楼，而是写身临其境的时代感受……

历来骚人墨客不仅感叹楼空，更涉及自身的处境。千古以来，真不知有多少人见此古楼，不断兴发当代的心绪与感慨……

萧公权教授于抗战军兴后溯江入川，途经武昌，先在舟中眺望，做了一首七言律诗："百战河山几是非，危楼历劫自崔巍；从来南渡凭天堑，终恨北门失地机；三镇平分江水阔，孤帆远入暮烟微；胸中无限苍茫意，不敢登高望落晖。"他在船上所见高耸的危楼，已经是张之洞修复后的警钟楼，当然不是当年崔颢所咏。萧师远望"危楼"，所发抒的是国破家亡的悲凉，"落晖"岂不象征国家当时的处境，真不忍登楼目睹也。他毕竟还是勉强登楼，所谓"罢哭穷途强上楼，楼高翻助杞人忧；四天云结低含雨，万籁风鸣惨带秋；我始欲愁山北向，古皆有死水东流；锦江西湖无多路，犹及残生作漫游。"通篇几皆触景生情，借楼兴发。诗人面对战乱，离开安居的清华园，感到前途渺茫，勉强登楼观赏，奈何全无心情，反而增加对个人以及国家的杞人之忧，其落寞可以想见，根本不会也无必要想到此楼是否是崔颢当年的旧观。

从 1955 年到 1985 年的三十年间，黄鹤楼连遗迹残景都不存在了，我曾于 1981 年之秋到访武汉，纵眼大江，看不到黄鹤楼的一点影子，然而与唐长孺教授唱和，我说"五洲学士欲登台"，唐先生说"大江望眼试登台"，都想登已经不存在的黄鹤楼，因千古留名的楼，并不会在人们心目中消失，就像我们已看不到诸葛亮，但"诸葛大名垂宇宙"，仍然可以怀想他。然则，毛泽东于 1959 年的夏天在庐山"冷眼向洋看世界，云横九派浮黄鹤"，并不是说看到黄鹤楼，即使黄鹤楼没有因造桥而被拆除，他在庐山又如何能够看得到？他在庐山远眺，只是想见两湖江西间的九条大河，不觉浮现著名的黄鹤楼于其间，楼虽不存，意象犹在……

我的好朋友陈熙远博士研究黄鹤楼，认为千载而下“真正存在的是一座虚拟于文本传统里的黄鹤楼”。事实上，若将黄鹤楼视作文本，绝不是完全凭空虚拟的，它来自实存过的高楼，气象万千的地理空间，令人遐思的神话故事，以及使人感动的歌诗与文篇。这一切凝聚成黄鹤楼的文化意象，不因楼塌而消逝，却因楼兴而复活，永远会存在于人们的记忆当中。毕竟今日楚天又出现了高耸的黄鹤楼，俯瞰长江东流，不仅仅是“文本”而已。这座新建的现代黄鹤楼，不可能是历史原貌，然而仍然负荷着千年累积的文化意象。

汪荣祖先生的分析可谓鞭辟入里。

清末徐珂《清稗类钞》名胜类十二“黄鹤楼”条记载：

黄鹤楼为武昌名胜，高几百尺，俯瞰大江，气象雄壮。光绪癸未，邻屋失慎，遂被焚，洎张之洞督鄂重建，改为西式，左右置炮台，命名曰警钟楼，然旧时形胜已荡焉无存矣。当楼毁时，有姜氏老人，年已八十有九，在楼煎茗二十余年，自第二层楼跃下，得不死，楼中诸物，概能记忆。宣统庚戌，南洋劝业会开幕，有制旧时黄鹤楼雏形者，得老人指示，阅四月而告成，毫发无异。

紧接“黄鹤楼”条，还有一条“奥略楼 ”（见图 7-4）的记载：

光绪末，武昌军学两界以南皮张文襄公之洞久督两湖，为之在黄鹤楼故址建风度楼，供文襄小像其中。及文襄入军机，致电鄂中，谓：“此楼形势，关系全鄂，不当为一人所私。”乃改为奥略楼，取《晋书·刘弘传》中“恢弘奥略，镇绥南海”语意也。

可见人们心中的“黄鹤楼”情结是多么深厚啊！

图 7-4 清代黄鹤楼被毁后原址建奥略楼，当 1947 年黄鹤楼替身

无楼可登的黄鹤楼如此让人们如此魂牵梦萦，这足以可见黄鹤楼已经远远超越了其建筑本身，而是化为人们心中华丽的楼阁，上升为一种黄鹤楼文化。

千百年来，黄鹤楼文化始终没有间断过，这也正是黄鹤楼的魅力所在。在这一千多年里，数不清的名流大家登上了黄鹤楼，留下了大量的诗词文赋楹联题字，这些诗词文赋和民间传说构成了黄鹤楼文化的内容。

黄鹤楼是黄鹤楼文化的物质载体，黄鹤楼文化是黄鹤楼的灵魂所在，二者不可分割，这也是黄鹤楼屡建屡毁、屡毁屡建的原因所在。

一种文化形象的塑造，是需要强大的力量才能做到的，如某些皇家建筑，其广为人知，是因为有国家或政府的力量作后盾，而黄鹤楼却少有这种力量，它更多的是凭借着民间的力量，即凭借着民间传说和文人诗词来加重黄鹤楼的文化分量，共同塑造了人们的历史记忆。从民间传说和历代文人诗词中，我们可以清晰地感觉到，人们眼里不仅有座客观存在的黄鹤楼，同时在人们的心理图景中还有座黄鹤楼。或许可以这样认为：历史上存在着两座黄鹤楼，一座是视觉上的，一座是心目中的。前者是实实在在的建筑物，是无数能工巧匠心血汗水的结晶；后者是文化心理的，是历代民众与文人用传说和描述塑造出来的。对人们而言，视觉上的黄鹤楼是必不可少的，没有了它，就没有了实物的寄托；而心目中的黄鹤楼更是不可或缺的，没有了它，就没有了精神支柱。精神的力量需要有物质的基础来产生，但当精神的力量产生之后，却可能与物质的力量相匹敌甚或有物质的力量不能企及之处。人们心目中的黄鹤楼就是这样一种精神力量，心目中的黄鹤楼形象是历史文化的积累。在一部完整的黄鹤楼发展史上，人们视觉上的黄鹤楼就如同是骨和肉，心目中的黄鹤楼就好比是血与髓。视觉的与心目中的两种形象相配合，才能组成外形雄伟壮丽而内涵厚重博大的黄鹤楼。

在中国这样一个有着几千年文明历史的国度，任何一个景点缺少了历史文化底蕴，就会显得轻飘无根，就不会驻扎在人们心中。由此我们不难理解为何在1700多年的岁月中，黄鹤楼虽然屡次被毁却又多次被重建，因为人们不能忍受世间缺少与心目中的黄鹤楼互为依托的视觉上的黄鹤楼。这也解释了为何在某些没有视觉上的黄鹤楼的日子里，人们会用别的楼阁建筑物来代替它。即使人们知道了视觉上的黄鹤楼已不存在，实际的登临已不可能，但仍作意的登临，仍在黄鹤楼故址上，追寻历史文化的记忆，对心目中的黄鹤楼抒发感慨，作一次抚今追昔的心灵之旅，视觉上的黄鹤楼已经不是最重要的了，它已经转化为一个文化象征符号，是一幅心理图景。众多黄鹤楼诗词的创作，都是如此。

可以这么说：作为本体的、真实的“黄鹤楼”几乎从未存在过，它只是中国文化中的一个符号、一个意象、一个载体，矗立在历朝历代的诗篇中，耸立于文人墨客的想象与记忆中。

所以，从黄鹤楼的历史变迁中，我们可以看见中国文化和历史的嬗变。在黄鹤楼上，其历史文化因子远远多于自然景观因子。黄鹤楼何以能担当“天下江山第一楼”的美誉，就是因为它所包蕴的历史文化内容最多，呈现中华楼阁文化的特色最全，黄鹤楼是实至名归的“天下江山第一楼”。

三、有此江城有此楼[①]

登临今日的黄鹤楼，不似古代，又似古代，在黄鹤楼上观赏，看不到古代，又看到了古代。真的，有多少中国式的故事，有多少中国式的情思，环绕着黄鹤楼，等着你用心去感受，用心去拾取。

黄鹤楼以其悠久的历史、深厚的文化底蕴赢得了“天下江山第一楼”的美誉，很多人是通过黄鹤楼认识和了解武汉这座城市的，说黄鹤楼是武汉城市文化的传播使者并不为过。

对于黄鹤楼文化，有学者总结为“五气”来认识，即：

第一，黄鹤楼具有地气。黄鹤楼的地理位置非常独特，它处在长江与汉水的交汇点上。大家可以从黄鹤楼上看到两江交汇、泾渭分明的奇观，这在世界各大城市中，是非常稀见的自然景观。黄鹤楼东接洞庭，西连匡庐，北望中原，南临潇湘。当年的湖广总督张之洞在这里写过一副对联：昔贤整顿乾坤，缔造皆从江汉起；今日交通文轨，登临不觉亚欧遥。意思是说：登高才能望远，有好眼光才能办大事。

第二，黄鹤楼具有仙气。黄鹤楼建立时正逢三国群雄割据，战争连年，老百姓苦不堪言，道教开始盛行。中国最有名的道教理论家和炼丹术家葛洪，就曾在黄鹤楼周边炼丹、传教、给人治病。黄鹤楼临江高耸，离天最近，是道教教徒心目中最理想的修炼之处，也是传说中的道教神仙们来往天地的休憩之地。黄鹤楼下江中的沙洲是天鹅的故乡，天鹅被幻化为仙风道骨的黄鹤，它供仙人们乘驾，于是，黄鹤楼从诞生不久开始，就被蒙上了厚厚一层仙气，一个又一个的神仙故事产生了。

第三，黄鹤楼具有文气。黄鹤楼地处“唯楚有才”的三楚腹地，在它还没有修造的几百年前，屈原曾在附近的江边行吟。黄鹤楼周边的道教文

---

① 以下内容较多摘引自华中师范大学姚伟钧教授《黄鹤楼的传说及其非物质文化遗产价值》一文，载《武汉文博》2011年第4期。

化、佛教文化、水文化、桥梁文化、码头文化、饮食文化、军事文化、三国文化、辛亥文化、抗战文化等，都各具特色，内容十分丰富。有关黄鹤楼的传说、故事、诗文、绘画、戏曲、曲艺、音乐作品比比皆是，从古至今，生生不息。

第四，黄鹤楼具有名气。5000 年的中国文明史被浓缩成“二十四史”，这二十四史中，有五史记载了黄鹤楼，没有哪一座楼阁有这种殊誉。1700 多年来，历代众多名人与黄鹤楼颇有因缘，如孙权、王羲之、崔颢、李白、王维、苏东坡、黄庭坚、岳飞、辛弃疾、朱元璋、李时珍、张献忠、张之洞、康有为、严复等，举不胜举。近现代革命先贤孙中山、陈独秀、瞿秋白、恽代英等都光临过黄鹤楼遗址。毛泽东更是与黄鹤楼有不解之缘，他曾 17 次在黄鹤楼下的长江搏击风浪，极目楚天，还用“白云黄鹤”四字来代称武汉。

第五，黄鹤楼具有福气。黄鹤楼主体像一只金黄的鹤，金黄是色中最为尊贵的色泽。楼脚下是蛇山，对面看是龟山。这样，中国古代生物观中最有灵气，最为吉祥长寿的三种文化生灵，自然地、绝佳地搭配组合在一起，许多游客慕名而来祈福。

正是由于这“五气”的存在，黄鹤楼成为古典与现代熔铸、诗化与美意构筑的精品。它处在山川灵气动荡吐纳的交点，正好映和中华民族喜好登高的民风民俗、亲近自然的空间意识、崇尚宇宙的哲学观念，黄鹤楼由此成为历代人心中辉煌的画楼。登黄鹤楼，不仅仅获得愉快，更能使心灵与宇宙意象互渗互融，从而使心灵净化。

黄鹤楼的文化遗产在今天有着十分重要的价值和意义，有学者概括为以下几点：

1. 繁荣学术价值

黄鹤楼传说的产生与嬗变、故事结构、创作方法、内容诠释、语言风格、美学价值、社会功能、传播流布等，都值得系统梳理和研究。著名学者冯天瑜先生认为：应当把黄鹤楼传说作为一种文化现象，对其进行深层次全方位的研究，开展对黄鹤楼传说的系统研究，不仅能探求坚固传说的学术根底，更好地保护和利用其资源，而且还能促进中国民间文学历史学、方志学、民俗学等多学科的研究和发展。

2. 精神享受价值

在我国民间，自古崇尚仙道，黄鹤楼传说将神仙引入楼，为楼披上神秘缥缈的色彩，文人名士纷纷将神仙黄鹤的传说编织进各种诗词文赋中去，迎合了我国历代各个阶层的审美情趣，黄鹤楼传说与名人名作互为依托，相得益彰。许多唐宋名家和历代民众用传说故事。诗词文赋将一座物质的黄鹤楼塑造成一座神仙楼、功德楼、智慧楼、伦理楼，成为三楚胜地的文化象征。在没有广播、电视、数码、网络传播、广告信息的一千多年中，这些美好的传说与诗文，通过南来北往游人的口耳相传，通过文献书籍的传抄传阅，使黄鹤楼享有人间仙境、天下绝景、“天下江山第一楼”等美称，使之成了一座千古名楼，给历代人民群众带来了极大的精神享受。

3. 文化产业价值

黄鹤楼传说渗透到其他姊妹艺术领域，相继有了“历代诗词版”“元代壁画版”“元代杂剧版”“清代年画版”“清末相声版”“新中国交响音乐版”以及“苏联动画版”等作品出现，它最具潜在价值的是可为新兴的动漫艺术提供丰富的素材，为动漫创意文化产业注入新的活力。黄鹤楼传说呼唤“中国动漫版”尽早问世。

丰富的文化内涵和广为流传的美名使黄鹤楼成为武汉著名的文化品牌，在地方经济活动中具有重要的影响力。借助黄鹤楼文化品牌的延伸和输出，武汉当地众多商品占有了极大的市场（如黄鹤楼烟、黄鹤楼酒），积累了丰富的品牌资产。

4. 文化交流价值

50年前黄鹤楼传说便走出国门，苏联的艺术家将《橘皮画鹤》的传说改编成动画片《黄鹤楼的故事》，风靡全苏联。改革开放以来，武汉市相继与日本、美国、法国、英国、罗马尼亚、苏丹、匈牙利、荷兰、韩国等相应的城市结为友好城市，传说都以最亮丽的名片方式，展现了中国传统文化的无穷魅力。此外每年 6 万人次以上的境外游客通过登黄鹤楼、通过传说，加深了对中国文化背景的认识和理解。

武汉市是古老的长江文化发祥地之一。武昌是中国历史文化名城与辛亥首义之地。蛇山是中国城市中少见的文化山体，有历史文化遗存近百处，现建有“黄鹤楼传说文化遗产小道”。武汉市正在努力打造这一历史文化名山。

身居闹市却又依山傍水，厚重的人文文化与大建筑的人文景观以及大革命的波澜壮阔的历史相互映衬，相得益彰，承载着厚重历史的黄鹤楼必将迎来璀璨的新时代。如今，黄鹤楼已成为武汉市的城市名片，放眼望去，神州大地，名楼众多，但还没有哪一座楼能够像黄鹤楼这样与武汉的关系如此密切。黄鹤楼为武汉增添了厚重的文化底蕴，它已成为新时代下的武汉文化地标，这是武汉人民的骄傲。那么，我们自然也就要积极建设和推广黄鹤楼文化，这也是武汉人民的责任所在。

黄鹤楼景区也被国家文化和旅游部评定为五 A 级旅游景区，不仅是武汉人民的文化休闲公园，也吸引着众多来自世界各地的旅游者慕名而来。大环境十分有利于黄鹤楼非物质文化的发掘、保护和利用。黄鹤楼的旅游开发一定能做到旅游发展与文化传承的双赢。随着旅游开发的不断深入，黄鹤楼的文化价值也会更加迷人。

四、江南名楼谱新篇

（一）历史记忆里的三大名楼成因

神州众多名楼中，黄鹤楼、岳阳楼与滕王阁的名气最大，其历史文化底蕴也最为丰厚，故称之为“神州三大名楼”或“江南三大名楼”。那为何这“神州三大名楼”都集中在江南呢？这“三大名楼”为何又有着如此丰厚的历史文化底蕴呢？这确实是一个很有意思的问题。

从最表层、最直接的因素看，江南三大名楼的成因都与文学有关，是文学名作成就了江南三大名楼。但如果我们把探针插入到历史风云的深处，就会发现，江南三大名楼的成因，远不是用文学就可以概括得了的，还有以下的因素。

1. 地理环境的因素

在前面第二讲时强调过，中国古代的楼阁多建筑在江岸、海堤等临水之地，便于登高怀古，极目远眺，故大凡名楼，多得地理之胜概。黄鹤楼濒临长江岸，岳阳楼依伴洞庭湖，滕王阁坐落赣江旁，都能使人登高临远，仰视星空，俯观流水，抒情言志。如果翻开中国地图，还会发现这三座名楼都处在长江中游，三座名楼呈“品”字形分布，正好位于长江、鄱阳湖、洞庭湖之间，而这也正是中国中西部自古以来水资源最充沛的地域。“名楼”的形成，需要人脉的积累，需要文化的沉淀，而三座名楼所在的鄂、湘、赣三省，地域相连，水系交通繁荣，便于人们的出行旅游，这都为三座楼的“出名”提供了不可或缺的条件。

2. 历史文化的因素

三座名楼所在的地区，从历史文化的渊源关系来看，同属于楚文化的构成地区。湖北的荆楚文化，湖南的湘楚文化，自是楚文化的一部分，就是江西的赣文化，也有着“吴头楚尾”之说，受吴、楚文化共同影响，何况在楚国的鼎盛时期，其疆土包括了华南及江西的大部分地区。

事实上，唐代时期的湖南、湖北同属江南西道，元、明两朝同属湖广省，直到清代康熙三年（1664）才正式分为两省，所以，两湖自古是一家。而在漫长的历史岁月中，两湖居民不乏从江西来的移民。

两湖民间流传着“江西填湖广”的说法。从现有的移民资料来看，江西移民最早可追溯到东汉末期，后一直延续至晚清，时间跨度一千多年。如三国时期，曹操恐沿江郡县被孙权所控，曾令庐江、九江、广陵等地居民北迁，这其中就有相当数量的人迁往了湖北麻城。南宋孝宗乾道八年（1172），“江湖大旱，流民北渡江，宋遣大理寺主薄薛季宣在黄冈、麻城设官庄二十二所，按户给屋，按人给田，并发耕牛、农具和种子，使边民垦殖”[①]，这是南宋政权第二次向大别山区有组织地移民，移民来源仍以江西为主。元末明初，两湖地区是主要的战场，人口锐减，朱元璋即位后，下令将人多地少的江西民众迁往两湖，而这一移民过程竟然持续了数百年。其根本原因在于当时两湖的经济开发落后于江西、江苏和安徽等地，有着相当广阔的开发空间接纳移民。据推算，两湖人口中，有60％～70％是江西移民的后代，正所谓“居楚之家，多豫章籍”也。而赣向鄂、湘移民的过程，也是长江中游流域内开发格局逐渐由东向西拓展的过程，而在这流动的过程中，地域文化也在融合、发展。

3. 商贸经济的因素

滕王阁所处的南昌城，始建于西汉初年。刘邦于垓下大败项羽后，迅速派将领灌婴率兵平定江南，进驻南昌地区，正式设置豫章郡，并以此为根据地，进而平定南越。唐代王勃于《滕王阁序》中所写的一段文字：“豫章故郡，洪都新府。星分翼轸，地接衡庐。襟三江而带五湖，控蛮荆而引瓯越。物华天宝，龙光射牛斗之墟；人杰地灵，徐孺下陈蕃之榻。”虽有文学的色彩，却也反映出了当时南昌城的真实情况。

在唐代之后的岁月里，南昌以及整个江西不仅是全国最富庶的地区之一，也是全国经济、文化的中心。就科举而言，两宋时期，江西一省就有5142名进士，占了两宋进士总数的1/6以上。在明代，更是有“朝士半江西”的说法。于文化上，江西籍的文人雅士也多：欧阳修、王安石、晏殊、晏几道、曾巩、姜夔、汤显祖、八大山人等。在科技上，江西籍的宋应星撰有《天工开物》一书，被誉为中国古代的“农业、手工业科技百科全书”。江西的雷氏家族，从雷发达开始，自清初参与营建北京紫金城，此后200多年间，共有七代人一直主持工部样式房，被世人称为“样式雷”。江西雷氏家族，丰富了一部中国古代建筑史。在经济上，一个瓷都景德镇，就为中国挣得了一个国名。而江西铅山的冶金、樟树的药材、进

① 《黄冈市志·大事记》。

贤的制笔，皆盛极一时。

南昌城的鼎盛时期是在明、清两代。南昌民间流行一句民谚：七门九洲十八坡，三湖九津通赣鄱。说的就是当时南昌城的盛况。清初之时，意大利传教士利玛窦曾客居南昌三年，他感受到了南昌的城市规模在继续扩大，人口在急剧增长，商业活动空前繁荣。他激动地写信告诉友人：南昌是江西省的首府，较广州更漂亮、更高尚，房舍美观，街道宽广且直，出了不少文人，人人有礼，性格也好。

因交通便利，加之文化、经济的发达，江西的商贸自然也就走在全国的前列。在古老的中国，江西商人多如过江之鲫，无处不在。赣商，又称江右商帮，这是一个已不为当今国人所知的名字，但却是中国第一个形成全国性规模的商帮。在赣商行走中国大地时，后来称雄一时的晋商、徽商还籍籍无名，那时只要有市场的地方，就有赣商的身影，所谓“无赣不成市”。赣商与后来崛起的晋商、徽商相比，后者是睥睨纵横，官商结合，富可敌国；前者则多为生计而谋略，挟小本，收微货，随收随卖，操业甚广，充满着“草根色彩”。湖南籍作家沈从文曾描写他眼中的江西布商是“一个包袱一把伞，跑到湖南当老板”。19 世纪末期，德国地质学家利希霍芬曾到中国游历、考察，活跃的赣商引起了他的关注，他分析道：江西人与邻省的湖南人明显不同，几乎没有军事倾向，但在小商业方面却有很高的天分和偏爱，掌握着长江中、下游地区的大部分小商业。湖南人没有商人，而军事思想十分突出。江西人则缺乏军事精神，取而代之的是对计算的兴趣和追求利益的念头。

赣商每到一地，都要修建一座万寿宫，为的是纪念江西的地方保护神——俗称“福主”的三国时吴国人许逊。许逊是江西人心目中的“人格神”，赣商的精神内核正是许逊所倡导的“诚信”“济民”精神。遍布全国，数以千计的万寿宫，串起来的是一个庞大的商业网络。

在江西居民迁徙两湖的过程中，三地的商贸往来频繁。如在明、清时期的汉口，盐、米、木材、药材、布、当铺，被称六大行业，都有赣商在经营。尤其是汉口的药材业，几乎被赣商垄断。20 世纪 40 年代的长沙城，只不过是一座几十万人口的小城，临近湘江有一条小巷子叫“坡子街”，是当时长沙最有名的金融街，街上做生意的，多为江西人。而汉口因长江、汉水之缘故，运输便利，所以旧时汉口多码头，其中最有名的宝庆码头，就是湖南人的专用码头。远在明代中叶，湖南人就通过湘、资、沅、澧等河流将木材运到武汉销售。生意好时，湖南木材商人和水手多至上万人，逐渐形成了一个庞大的湖南商帮群落，宝庆码头也就成为湘商在省外的主要集中地。

综上所述，可以看出，无论是地缘、地理的关系，还是政治、文化的因素，或是商贸经济使然，都使得鄂、湘、赣三省关系密切，浑然一体。而因交通的便利，文化的同属，处于这一地域的三大名楼，也是交相辉映，叫响了“江南三大名楼”的牌号。

（二）三城联手再现辉煌

21世纪的中国，经济在高速发展，以武汉、长沙、南昌三座已经形成的中心城市为核心，构成了一个位于中国中部地区的“中三角”地带，而这一地带也正好位于长江经济带的中游段。武汉、长沙、南昌三大城市群彼此相隔300公里，长江串起了三省区域内的鄱阳湖和洞庭湖，是中国中西部交通最便捷，水资源最充沛的地带。这也是一个极为关键地带，它呼应着长江三角洲和珠江三角洲，“中三角”将是未来中国经济增长较快的地方，应成为21世纪中国经济新的增长点。

“中三角”的形成，有着先天的历史渊源基础：三省文化相近、人缘相亲，有利于人员、物资、信息与资金的流动。而京广、京九、沪昆铁路和长江水道贯穿三省，在地缘上构成“井”字形交通结构。三省于现代农业、制造业、科技教育和高新技术等领域具备良好发展的基础，有着众多共同的利益诉求。为此，三省商议后签署了《加快构建长江中游城市集群战略合作框架协议》文件，携手打造“中三角”，寻求联合互动发展之路。

在“中三角”的长江中游城市群里，武汉的地位十分重要，将起着“领头羊”的作用。这不仅因为武汉是我国中部和长江中游地区唯一人口超千万、地区生产总值超万亿元的城市，还在于其区位优势突出，科教人才资源丰富，文化底蕴深厚，具备建设国家中心城市的基础条件。正因如此，2017 年初，国家发改委复函，支持武汉建设国家中心城市，并提出要以全国经济中心、高水平科技创新中心、商贸物流中心和国际交往中心四大功能作为支撑。

武汉建设国家中心城市的意义就在于：有利于增强辐射带动功能、支撑长江经济带发展，有利于激发改革创新动力、推动中西部地区供给侧结构性改革，有利于构筑内陆开放平台，纵深拓展国家开放总体格局。

武汉应如何建设国家中心城市呢？国家发改委提出的具体要求是：增强辐射中部的现代服务功能，打造全国重要的综合交通枢纽，构筑面向全球的内陆开放高地，建设国际知名的美丽宜居城市。

根据国家发改委的总体部署，武汉要做的工作就是：要全面提升武汉现代制造基地、服务高地、创新源地、开放平台功能，强化长江中游航运中心及综合交通枢纽建设，拓展沿江发展新空间，挺起长江经济带脊梁。而在这一建设过程中，武汉要坚持三大原则：一是创新驱动，提升功能；二是改革开放，增强活力；三是生态优先，绿色发展。

时代给了武汉一次发展的机会，武汉人是不会浪费这一机会的。

2017 年初春，武汉市政府明确提出了奋斗的目标，即武汉不仅要建设成为国家中心城市，更要成为中国经济发展核心板块之一。而历史上的武汉三镇也将成为历史，因为武汉长江新城的建设已经启动，武汉将成为长江经济带的中轴线，“中三角”或许还要加上安徽省，它将在“领头羊”武汉的带动下，书写中国经济发展的新篇章。

古老的黄鹤楼将见证这一历史。

【本讲小结】

本讲内容首先简要地介绍了在历史长河中黄鹤楼的兴衰轨迹；接着引用历史文献，从文化心理的角度，重点讲述了历代文人对黄鹤楼的文化心理情结；再从武汉文化建设的角度来阐述传承黄鹤楼优秀传统文化的现实意义；最后则是拓宽视野，将江南三大名楼联系起来，从经济与文化关系的角度看地域性文化的发展与经济的发展。

【思考与练习】

1. 为何说黄鹤楼还胜在历史变迁的文化心理上？

2. 如何理解作为本体的、真实的“黄鹤楼”几乎从未存在过，它只是中国文化中的一个符号、一个意象、一个载体？

3. 请论述“一首诗、一座楼与一座城市（武汉）文化”之间的关系。

【扩展阅读】

1. 姚伟钧，李明成. 黄鹤楼史话［M］. 武汉：武汉出版社，2013.

2. 向欣然. 黄鹤楼设计纪事［M］. 武汉：武汉出版社，2014.

3. 夏武全，韩玉晔. 品读黄鹤楼［M］. 武汉：武汉出版社，2013.

4. 俞汝捷，余启新. 胜景留踪［M］. 武汉：武汉出版社，2013.

5. 吴克坚，李安健，余楚民. 天下绝景黄鹤楼［M］. 武汉：武汉出版社，2012.

6. 姚伟钧. 黄鹤楼的传说及其非物质文化遗产价值［J］. 武汉文博，2011（4）.

参考文献

[1] 梁思成．图像中国建筑史［M］．北京：生活·读书·新知三联书店，2011.

[2] 楼庆西．中国古建筑二十讲［M］．北京：生活·读书·新知三联书店，2004.

[3] 钱正坤．中国建筑艺术史［M］．长沙：湖南大学出版社，2010.

[4] 张义忠，赵全儒．中国古代建筑艺术鉴赏［M］．北京：中国电力出版社，2012.

[5] 武汉市地名委员会．武汉市地名志［M］．武汉：武汉出版社，1987.

[6] 胡丹风．黄鹄山志［M］．武汉：湖北人民出版社，1984.

[7] 冯天瑜．黄鹤楼志［M］．武汉：武汉大学出版社，1999.

[8] 李剑国．唐前志怪小说辑释［M］．上海：上海古籍出版社，1986.

[9] 吕庆庚，哈经雄，等．中国民间故事集成·湖北卷［M］．北京：民间文艺出版社，1999.

［10］孙承荣．明刻黄鹤楼集［M］．武汉：湖北人民出版社，1984.

［11］张诚杰．黄鹤楼诗词文联选集［M］．武汉：华中工学院出版社，1984.

［12］黄侅，李远源，汪昭才，等．黄鹤楼诗词曲选详注［M］．武汉：武汉出版社，1989.

［13］白雉山．黄鹤新咏［M］．武汉：武汉出版社，2014.

［14］俞汝捷．汉英双语黄鹤楼碑廊诗注［M］．武汉：武汉出版社，2013.

［15］车万育．声律启蒙·附笠翁对韵［M］．成都：成都古籍书店，1981.

［16］朱承平．对偶辞格［M］．长沙：岳麓书社，2003.

［17］梁羽生．名联谈趣［M］．上海：上海古籍出版社，1993.

［18］徐明庭，李曼农．黄鹤楼古今楹联选注［M］．武汉：武汉出版社，1990.

［19］周俊杰，崔尔平，洪丕谟，等．书法知识千题［M］．郑州：河南美术出版社，1991.

［20］余楚民．黄鹤楼藏名家书法选［M］．武汉：武汉出版社，2015.

［21］杨蒲林，岳燕青．黄鹤楼藏古今名家书法选［M］．武汉：武汉出版社，2000.

［22］姚伟钧，李明成．黄鹤楼史话［M］．武汉：武汉出版社，2013.

［23］向欣然．黄鹤楼设计纪事［M］．武汉：武汉出版社，2014.

［24］夏武全，韩玉晔．品读黄鹤楼［M］．武汉：武汉出版社，2013.

［25］俞汝捷，余启新．胜景留踪［M］．武汉：武汉出版社，2013.

［26］吴克坚，李安健，余楚民．天下绝景黄鹤楼［M］．武汉：武汉出版社，2012.

［27］刘守华．黄鹤楼传说的“神仙情结”［J］. 中南民族大学学报，2013（5）.

［28］姚伟钧．黄鹤楼的传说及其非物质文化遗产价值［J］．武汉文博，2011（4）.

后记

此书的编写，源自同名的湖北省优质视频课——“千年黄鹤：黄鹤楼文化印象”。2014 年 3 月，湖北省教育厅发出通知，为了充分利用各高校的教学资源，要求全省各高校报一门视频公开课，参加省里的优质视频课的评选，并要从被评选上的省级优质视频课中再挑选若干门参加教育部的评选。学校接到省教育厅通知后十分重视，马上将此通知下发到学校各院系，要求各院系上报一选题供校领导及相关部门参考、决定。笔者所在的新闻学院接到通知后，召集了全体教师商议，老师们热情很高，提出了很多的授课题目，笔者当时提出可否讲“黄鹤楼”。学院领导及老师们经过再三权衡，最后认可了笔者提出的授课题目，并上报到了学校。学校最终也同意了这一选题，并将视频课的讲授录制任务交给了新闻学院。经过集体讨论，我们决定将“黄鹤楼”定位于文化层面，从中国建筑艺术、道教文化、古典诗词、书法艺术、文化传承等方面讲解黄鹤楼所蕴含的文化。当时决定录制六集：第一集是黄鹤楼与中华楼阁文化，第二集是黄鹤楼与道教文化，第三、四集是黄鹤楼与古典诗词，第五集是黄鹤楼与中国书法艺术，第六集是黄鹤楼与传统文化的传承。之所以这样安排，最主要的原因是时间紧迫。从我们接受任务开始，离省教育厅规定交视频录像成品的截止日期只有2个月的时间，而且大家还有着繁忙的教学任务。然而一切困难，大家都克服了，顺利地完成了撰稿、统稿、授课录制、后期制作、专家评审等，最后按时上报省教育厅。6月底，结果出来，共评出省级优质视频公开课40门，其中部属学校有10门，省属学校有30门，湖北经济学院的"黄鹤楼"名列其中。

2014年底，学校要求将"黄鹤楼"课程作为全校公选的通识课来开设，新闻学院要求笔者主讲，而原来作为视频课的讲稿内容就远远不够用了，所以，必须补充新的内容。

原视频课讲稿主要撰写者：第一集为钟一鸣老师，第二集为李艳副教授，第三集为王世立副教授，第四集为陈建华教授，第五集为彭书雄教授，第六集为谭少茹副教授。此外，张军教授、徐勇副教授以及秦宇霞老师、李丽老师为资料的收集、后期的制作贡献很多。笔者则对原视频课讲稿进行了最后的统稿。

现在的这本教材，就是笔者在原有视频课讲稿的基础上进行调整、扩充而成的。在教材编写的过程中，笔者充分尊重原视频课讲稿撰写者的劳动成果，少有删减，多有增添。并在讲授这门课时，曾在前三个轮次向授课学生征询意见，这也为笔者增添新内容提供了有力的支持。

本教材能够顺利出版，还要感谢新闻学院的王远坤院长、汤中秋书记、陈建华副院长的鼓励、支持，感谢教务处陶前功处长的关心、支持，感谢新闻学院中文部全体同仁的支持、配合。

谢谢大家！

钟一鸣

2017年11月17日于江夏汤逊湖畔